GLETSCHER 20000 v. Chr.

0 km   5 km   10 km

WERNEUCHEN

ALT-LANDSBERG

BERN

Spree

BERLIN

KÖNIGS-WUSTERHAUSEN

TELTOW

Nuthe

Havel

NAUEN

POTSDAM

WERDER

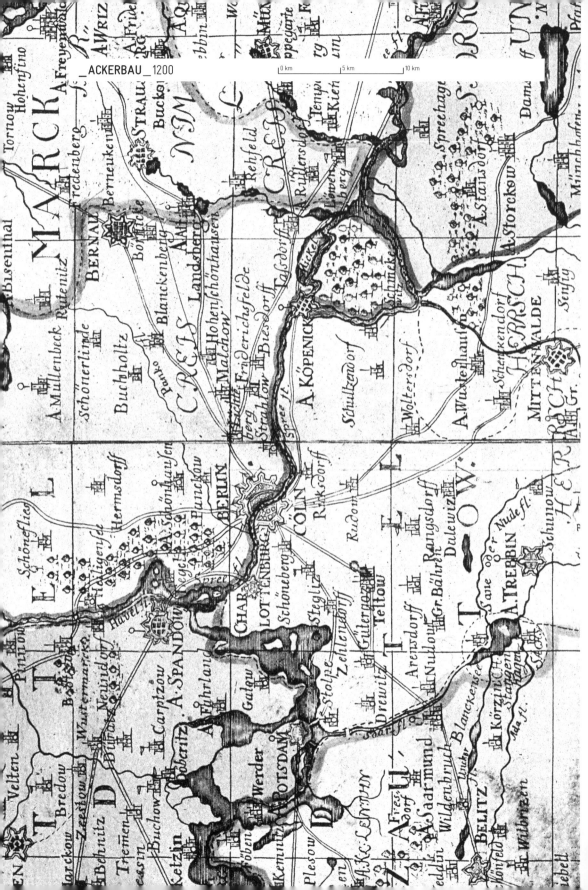

ACKERBAU 1200

0 km   5 km   10 km

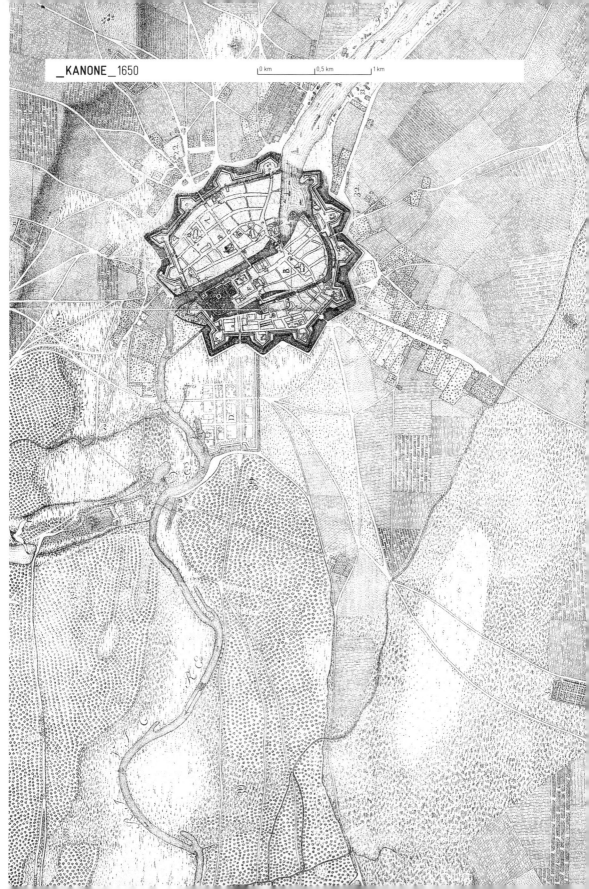

**KANONE** 1650

| 0 km | 0,5 km | 1 km |

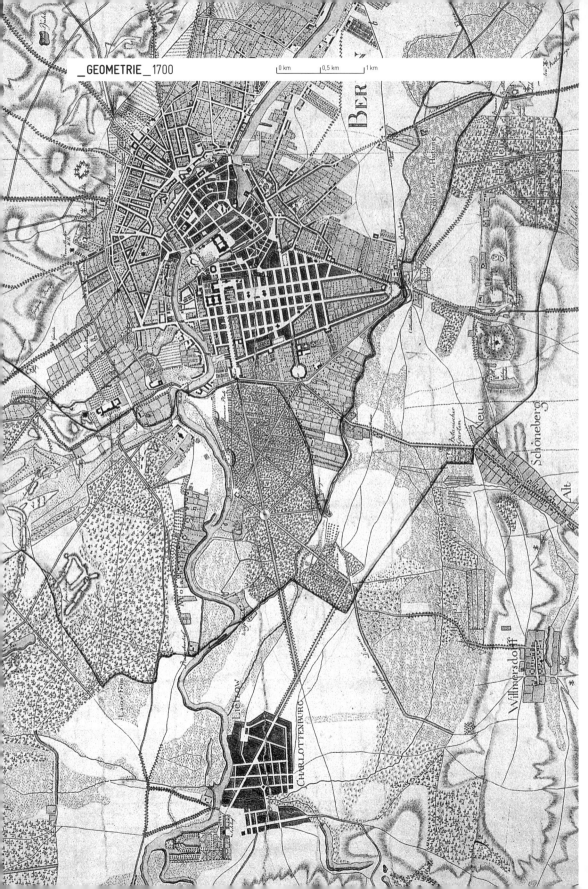

GEOMETRIE 1700

0 km   0,5 km   1 km

MASCHINE 1820

0 km   0,5 km   1 km

KOMPOSITION 1840

0 km 0,5 km 1 km

KANALISATION 1862

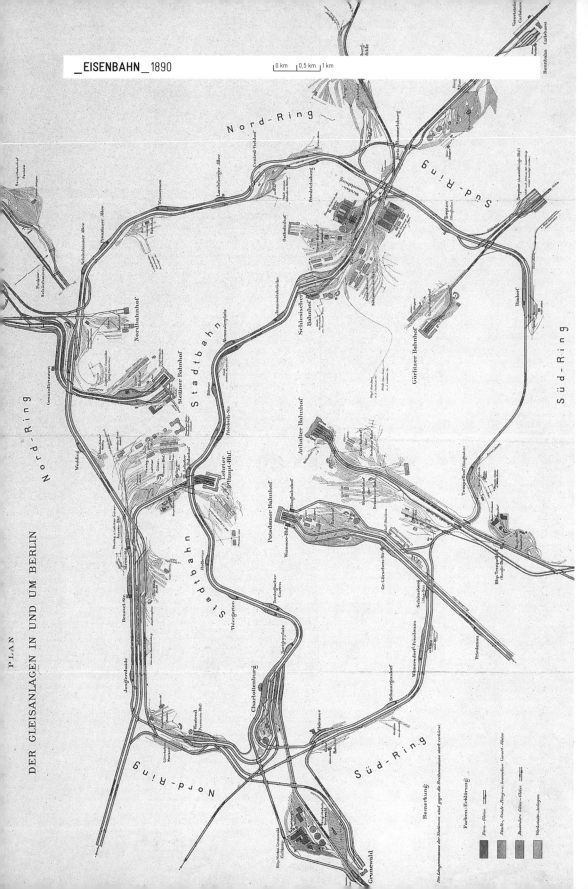

EISENBAHN 1890

0 km ⌐ 0,5 km ⌐ 1 km

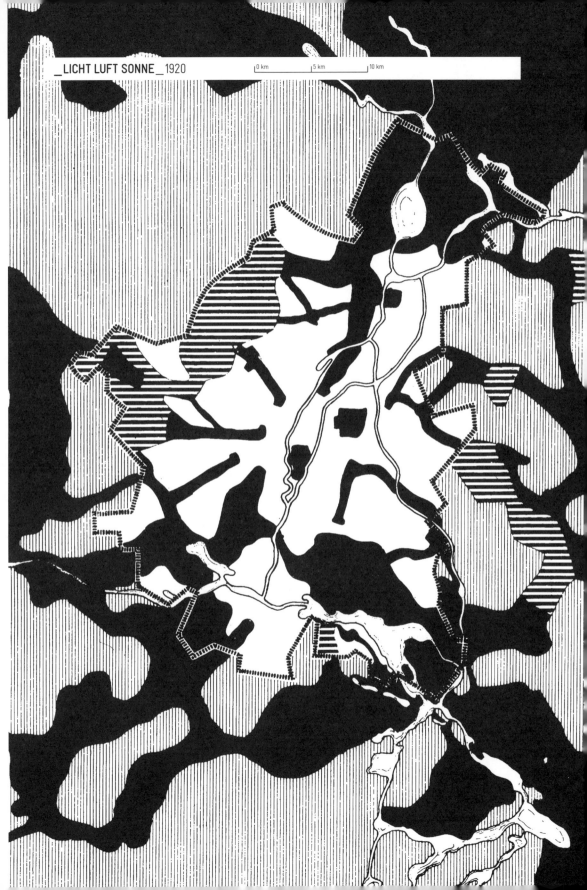

LICHT LUFT SONNE 1920

0 km   5 km   10 km

AUFMARSCH 1940

0 km　　5 km　　10 km

BOMBE 1945

0 km 0,5 km 1 km

AUTO 1950

0 km   5 km   10 km

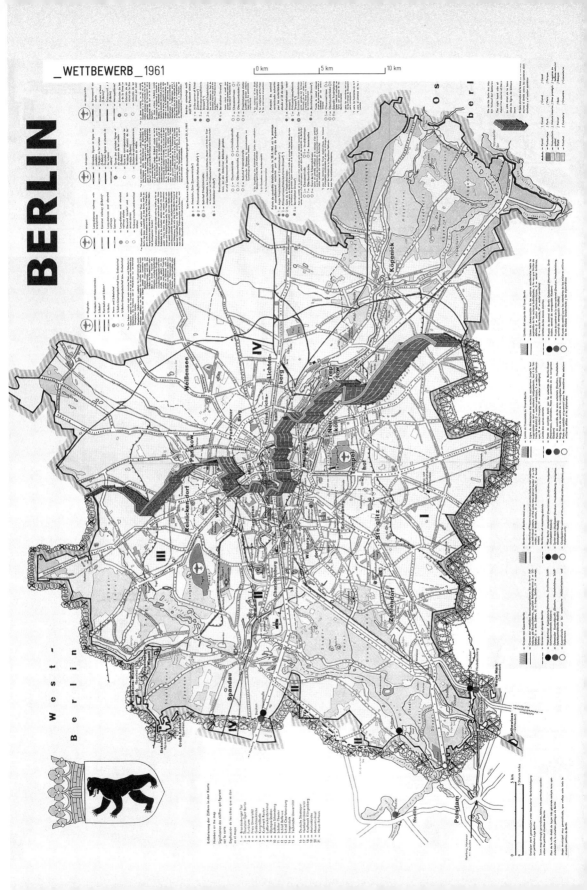

BERLIN

_ SERIENPRODUKTION _ 1975

0 km   5 km   10 km

Betonwerk
Großsiedlung
Sanierungsgebiet

Hellersdorf
Ahrensfelde
Marzahn
Hans-Loch-Viertel
Fennpfuhl
Hohenschönhausen
Karl-Marx-Allee
Märkisches Viertel
Gropiusstadt
Hildburghauser Straße
Falkenhagener Feld
Heerstraße Nord

SIMULATION 1995

0 km   0,5 km   1 km

← _KARTEN

BERLIN_STADT OHNE FORM
Strategien einer anderen Architektur

Philipp Oswalt

Unter Mitarbeit von Anthony Fontenot
und der Arbeitsgruppe Automatischer Urbanismus
sowie mit Beiträgen von Rudolf Stegers

Prestel
München · London · New York

An diesem Buch haben mitgearbeitet

STUDIE
_KONZEPT UND TEXT_Philipp Oswalt mit Anthony Fontenot
_RECHERCHE_Arbeitsgruppe Automatischer Urbanismus: Florian Kessel (Generatoren), Agnieszka Preibisz und Christoph Stolzenberg (Konglomerat), Ulrike Köppe (Zerstörung), Gabor Stark und Jan Timmermann (Leere), Klaus Overmeyer (Temporäres), Katrin Hass und Nora Müller (Kollision), Felix Wetzstein (Doppelung), Kilian Enders (Simulation), Kay Fingerle und Edgar Woeste (Masse), Kerstin Spilker und Sebastian Holtmann (Stoffwechsel)
_REDAKTION_Rudolf Stegers mit Stefanie Oswalt
_ZEICHNUNGEN_Sebastian Holtmann und Florian Kessel

PROJEKTE
_KONZEPT UND RECHERCHE_Philipp Oswalt mit Stefan Rethfeld
_TEXT_Rudolf Stegers (R.S.) sowie Nikolaus Knebel (N.K.)

_ VORWORT

Berlin zeichnet sich durch starke urbane Eigenarten aus, die neben Defiziten reiche Potentiale bergen. Seit dem Mauerfall 1989 waren Städtebau und Architektur jedoch durch eine vom Senat verordnete, konservative Ästhetik sowie durch die Interessen eines globalisierten Immobilienmarktes mit anonymer Bauherrenschaft geprägt. Damit blieben jene Ideen und Projekte weitgehend unberücksichtigt, die aus der Spezifität von Berlin Konzepte für einen zeitgenössischen Städtebau und eine zeitgenössische Architektur erarbeitet haben.

_Das Buch verfolgt die Absicht, eine andere Perspektive für die künftige Entwicklung von Berlin zu formulieren: einerseits durch die Analyse der prägnantesten Phänomene der Stadt, andererseits durch die Beschreibung einer Vielzahl bisher verstreuter entwurflicher Ansätze, die mittlerweile eine kritische Masse erreicht haben, aus der sich die Positionen einer neuen Generation von Architekten kristallisieren. Bei der Zusammenstellung der Projekte wurde darauf verzichtet, die bekannten Beispiele dieser anderen Strategien, etwa das Jüdische Museum von Daniel Libeskind oder die Hauptverwaltung der GSW von Matthias Sauerbruch und Louisa Hutton, noch einmal darzustellen, um weniger bekannte Arbeiten vorstellen zu können.

_Das Exposé der Studie wurde gemeinsam mit Anthony Fontenot verfasst,[1] der auch während ihrer Ausarbeitung ein wichtiger Gesprächspartner blieb. Wesentliche Teile der Recherche erfolgten durch Studenten und Absolventen der Technischen Universität Berlin im Kontext eines Seminars. Für Unterstützung sei besonders Andreas Matschens vom Landesarchiv Berlin, Katharina Wurm vom Prestel Verlag, München, dem Statistischen Landesamt Berlin sowie Kilian Enders, Sebastian Holtmann, Florian Kessel, Stefanie Oswalt, Stefan Rethfeld und Miriam Wiesel gedankt. Über Anregungen, Ergänzungen und Kritik würden wir uns freuen.[2]

Philipp Oswalt

_1 Siehe Philipp Oswalt und Anthony Fontenot: Automatischer Urbanismus. Berlin – Architektur des Formlosen, in: Eingriffe in die kommunale Freiraumplanung, hg. v. Jürgen Wenzel und Sören Schöbel, Berlin 2000, S. 19 ff. Ferner der Beitrag für die Expo online der Biennale Venedig 2000 (http://www.a.tu-berlin.de/research/berlin) sowie Anthony Fontenot und Philipp Oswalt: Automatic Urbanism. City of the formless, in: Sites of Recovery. Architecture's Interdisciplinary Role. Conference Proceedings, o. O. (Beirut) 1999, S. 135 ff.
_2 Kontakt unter http://www.berlin-formlos.de

Da ohne Tradition und mit schwacher Identität, hat Berlin wie keine andere Stadt die Kräfte des 20. Jahrhunderts absorbiert: erst Monarchie, Weltkrieg und Revolte, dann Faschismus, Stalinismus und Kalter Krieg, schließlich die Auflösung der Ost-West-Konfrontation. Die unbeabsichtigten Nebenwirkungen von politischem, ökonomischem und militärischem Handeln prägten die Stadt. Was Berlin Gestalt gab, waren keine Idealpläne und kein organisches Wachstum. Denn im sich wiederholenden Prozess des Erfindens, Zerstörens und Aufbauens gingen die ursprünglichen Intentionen aller großen Pläne bald verloren. Was Berlin geformt hat, war vielmehr ein automatischer Urbanismus. Wie bei einer mehrfach belichteten Fotografie treten aus der Überlagerung verschiedener Motive neue Figuren hervor. Die einander entgegengesetzten Kräfte erzeugen bis heute ungeplante Strukturen und Aktivitäten, urbane Phänomene jenseits der Kategorien von Städtebau und Architektur. Genau dies ist die Eigenart von Berlin.

_Berlin ist eine Stadt der Extreme, eine Stadt ohne Mittelgrund. Ihre unstete Entwicklung wechselt zwischen rasendem Tempo und lähmendem Stillstand. Als verspätete Metropole vollzieht sie in kürzester Zeit, was anderswo Jahrzehnte oder Jahrhunderte dauert, um anschließend wieder zu erstarren. Episoden von Euphorie folgen Depressionen: vom Jubel beim Ausbruch des Ersten Weltkriegs zur Niederlage, vom Rausch der zwanziger Jahre zur Weltwirtschaftskrise, von der Machtergreifung der Nationalsozialisten zur Kapitulation, von der Freude über den Mauerfall zur Ernüchterung der neunziger Jahre.

_In seiner Wurzellosigkeit schwankt Berlin zwischen nüchternem Pragmatismus und radikaler Ideologie. Ob Industrialisierung oder Historismus, Modernität oder Totalitarismus, Nationalismus oder Kosmopolitismus, Kalter Krieg oder Modernisierung, Massenkultur oder Rebellion: In der Hauptstadt der Ideologien greifen diese ungehemmter um sich als anderswo. Durch die Gleichzeitigkeit des Gegensätzlichen entwickelt sich die Stadt zu einem Vektorraum, in dem jedes Regime die Koordinaten, Richtungen und Zentren aufs Neue verschiebt, wie es die Geschichte der Berliner Monumente und Magistralen zeigt.[1] Gerade weil Berlin stets neuen Ordnungen unterworfen wurde, ist die Stadt ein Manifest von Paradoxien, Transformationen und Instabilitäten.

_Der extremen Ideologisierung entgegengesetzt ist der radikale Pragmatismus. Aufgrund fehlender kultureller Kontinuität hat die Stadt gerade bei den abrupten Wachstumsschüben des 19. und 20. Jahrhunderts nur geringe Gestaltungskraft und formenden Widerstand aufgebracht. Diese Haltung erwies sich als Schwäche und Stärke; als Schwäche, weil das neu Entstehende nicht in einen Kontext eingebunden wurde; als Stärke, weil die Stadt eine enorme Vitalität und Offenheit für das Kommende entfaltete. Nach 1900 sah man Berlin als ein »Amerika im Kleinformat«, als ein »Chicago an der Spree«.[2] »Berlin konnte und mußte sich amerikanisieren, weil es an der Entfaltung des wirtschaftlichen Materialismus durch tief wurzelnde Traditionen nicht verhindert wurde, weil es auf dem östlichen Boden seit Jahrhunderten eine Pionierstadt war, ähnlich den Städten der neuen Welt«,[3] schrieb Karl Scheffler 1910 in seinem großen Essay »Berlin − ein Stadtschicksal«.

_Mit der Rede von der Pionierstadt spricht Scheffler die periphere Lage Berlins an. Es lag über Jahrhunderte am Rande der deutschen Kulturzone, in einer unwirtlichen, dünn besiedelten Landschaft an der Grenze zum erst spät kolonisierten Osten.[4] Noch heute ist die Stadt eine inselhafte Agglomeration in der kaum bevölkerten Mark Brandenburg. Sie ähnelt damit eher einer Stadt in der Prärie oder Wüste, wie Calgary oder Las Vegas, als einem Knoten in einer urbanisierten Stadtregion, wie Paris, London oder Frankfurt am Main. Berlin liegt abseits des europäischen Wirtschaftskorridors, der sich zwischen London und Mailand erstreckt, am Rande zu Mittel- und Osteuropa.

_Berlin ist eine Einwandererstadt, die nicht aus sich selbst heraus gewachsen ist, sondern durch den Zustrom von Menschen aus entfernten Gegenden. Am Ende des 17. Jahrhunderts erstarkte es aufgrund der aktiven Anwerbungspolitik Friedrich Wilhelms I., der die Hugenotten aus Frankreich, aber auch Dänen, Holländer, Schotten, Böhmen und Juden willkommen hieß. Im 19. Jahrhundert war es vor allem der Zuzug von Schlesiern, Polen und Russen, darunter vielen Juden, die Berlin zu einer Millionenstadt werden ließen. Der englische Schriftsteller Stephen Spender nannte Berlin »eine Stadt, in der Tradition ein Witz war«. Und in Bezug auf die zwanziger Jahre des vergangenen Jahrhunderts schrieb der Essayist: »In dieser Stadt ohne allen Stil und Tradition war man sich klar darüber, daß jeder von einem Tag auf den anderen wieder beim Punkt Null anfängt. Die Stärke der Berliner bestand darin, daß sie ein vollkommen neues Leben anfangen konnten – denn es konnte sowieso niemand groß auf etwas davor zurückgreifen.«[5]

_Aufgrund politischer Ereignisse hat sich diese Wurzellosigkeit der Bevölkerung bis heute fortgesetzt. Die Nationalsozialisten ermordeten und vertrieben Hunderttausende aus der Stadt und mit ihnen auch den Großteil der kulturellen Eliten. Mit Ende des Zweiten Weltkriegs erreichte die Flüchtlingswelle aus dem Osten die Stadt. Bis zum Mauerbau setzte sich die Fluktuation von Osten nach Westen fort. Während der Teilung verließen zwei Drittel der Westberliner die Stadt, während fast ebenso viele Neubürger aus dem Westen zuwanderten. Seit der Umwälzung von 1989 ziehen jährlich über 100000 Menschen aus dem ›Neuen Berlin‹ fort, während andere von der neuen alten Hauptstadt angezogen werden.

_Wie schon früher verstehen sie sich oft als Pioniere. »Berlin schmeckte nach Zukunft und dafür nahm man den Dreck und die Kälte gerne in Kauf«, schrieb Carl Zuckmayer über das Berlin vor 1933.[6] Trotz seines geschichtlichen Ballasts zieht es auch heute die Menschen wieder an, da es hier noch keine etablierten Strukturen gibt. So kam der legendäre Partyveranstalter Cookie 1992 nach Berlin, weil »alles offen war; es war hier nicht so niedlich und sauber.«[7] Und für den Modemacher Jürgen Frisch ist Berlin der »einzige Ort, der in Frage kam, da er in Hinsicht auf Mode eine Wüste ist.«[8]

_Dank seiner exzentrischen Lage ist es bereit für das Exzentrische. Die städtische Formlosigkeit birgt »Spielraum für unbegrenzte Möglichkeiten«.[9] Berlin ist ein Experiment ohne Hypothese. Multiple Identitäten ermöglichen es, das ›Andere‹ zu absorbieren. Diese Offenheit geht allerdings mit Hässlichkeit einher. Die Stadt ist direkt, bar jeder Gefälligkeit. Sie ruft immer wieder Ablehnung hervor. Ihr fehlt ein Selbstbewusstsein, ein gelassener Umgang mit sich selbst. Sie erscheint wie der Körper eines Masochisten, der sich stets aufs Neue dem Missbrauch, der Zerstörung, der Demütigung und der Gewalt aussetzt.

_So gut wie unbekannt ist in Berlin der Mittelgrund kultivierter Artikulation. Was sich hier äußert, ist entweder extrem kontrolliert oder von vulgärer Unmittelbarkeit. Auf diesem mentalen Terrain entstanden die Formen und Verhaltensweisen der Kälte: die Nüchternheit der Neuen Sachlichkeit, der starre Neoklassizismus der Nationalsozialisten, die ordinäre Härte des Punk, die maschinelle Rigidität des Techno. Spätestens der Erste Weltkrieg machte die Kälte zum Thema von Berlin, ein Gefühl des Unbehaustseins angesichts von Verlust und Leerheit.[10] Auch die meisten Bauten der neunziger Jahre charakterisiert der erwähnte Mangel kultivierter Artikulation; sie sind entweder extrem kontrolliert oder extrem ordinär.

_Berlin ist hässlich, aber intensiv. Seine Qualitäten waren niemals intendiert. Es gibt keine

einzige Idee, kein einziges Konzept, keine einzige Geometrie, welche diese Stadt als ganze charakterisieren könnten. Berlin ist der Prototyp einer Stadt, wo das Gegensätzliche koexistiert. Der Filmemacher Wim Wenders sieht Berlin als eine Stadt, die »dadurch wach hält, daß man nicht wie in anderen Städten in ein geschlossenes System hereinkommt, sondern ständig gerüttelt wird.«[11]

_1 Siehe Alexander Moers: Ein Denkmalasyl in Berlin, Diplomarbeit am Fachbereich Architektur der Technischen Universität Berlin, Unveröffentlichtes Typoskript, Berlin 2000
_2 Beispielhaft die Aussprüche des Kunsthändlers Herwarth Walden, des Politikers Walther Rathenau oder des Schriftstellers Kurt Tucholsky
_3 Karl Scheffler: Berlin — ein Stadtschicksal, Berlin 1910, Reprint 1989, S. 118 f.
_4 Erwin Anton Gutkind: Urban Development. International History of City Development, Bd. 1: Central Europe, London 1964, S. 418 ff.
_5 Stephen Spender: European Witness, London 1946, zitiert nach Ian Buruma: Die kapitale Schnauze. Berlin — Selbst-zerstörung und wiederkehrende Selbsterzeugung, in: Lettre International, Winter 1998, S. 37
_6 Carl Zuckmayer: Als wär's ein Stück von mir. Horen der Freundschaft, Wien 1996, S. 313 f.
_7 Cookie, in: Children of Berlin. Voices, Katalog der Ausstellung des P.S.1 New York, Berlin 1999, S. 16
_8 Ebenda, S. 20
_9 Karl Scheffler, wie Anm. 3, S. 19
_10 Helmut Lethen hat das Phänomen der Kälte in Anlehnung an den Anthropologen Helmuth Plessner beschrieben. Siehe Helmut Lethen: Verhaltenslehren der Kälte. Lebensversuche zwischen den Kriegen, Frankfurt am Main 1994, S. 75 ff.
_11 Wim Wenders: The Act of Seeing. Essays, Reden und Gespräche, Frankfurt am Main 1992, S. 147

_GENERATOREN

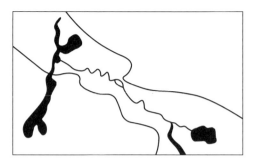

_GLETSCHER

Über die Jahrhunderte ist Berlin einer Folge von Ereignissen und Planungen ausgesetzt. Sie gehorchen einer je eigenen Logik. Während einige Episoden auf Intentionen beruhen, sind andere das Resultat von Prozessen, die ohne Absicht den Raum der Stadt organisieren. Die jeweils dominierende Kraft generiert eine ihr gemäße Struktur, die das Vorhandene überlagert. So schreibt sich im Lauf der Zeit ein nahezu komplettes Inventar urbaner Formen in den Körper der Stadt ein: Achse, Raster, Netzwerk, Aderngeflecht, Fraktal, amorphe Großform, Wucherung, Anhäufung isolierter Inseln, Zufallsverteilung. Auf den folgenden Seiten werden die am meisten prägenden Faktoren der Berliner Entwicklung dargestellt. Im Vorspann des Buches finden sich die entsprechenden historischen Pläne.

Die dreimalige Vergletscherung Nord- und Mitteleuropas zwischen 400000 und 20000 v. Chr. und die folgenden Tauperioden prägen die flache Topographie des Berliner Raums mit seinen sandigen Böden und zahlreichen Seen. Nach der letzten Eiszeit schmelzen die Gletscher ab. Die Schmelzwässer bilden über lange Strecken ziehende Urstromtäler. Im Berliner Raum trennt das Warschau-Berliner Urstromtal die nördliche Hochfläche des Teltow von der südlichen Hochfläche des Barnim. Durch das Abtauen der Toteiskörper im Untergrund entstehen um 8000 v. Chr. zahlreiche Hohlräume, die zur Bildung der vielen Seen in der Berliner Landschaft führen. Während dieser Tauperiode erhalten auch die Flüsse ihren heutigen Verlauf. Die natürlichen Gegebenheiten formen die Entwicklung der Siedlung bis heute. An den Flussübergängen mit Schutz bietenden Inseln entstehen mit Spandau, Köpenick, Berlin und Cölln die wichtigsten Siedlungskerne im Berliner Großraum. Die Areale mit guten Gründungsverhältnissen werden bevorzugt bebaut, so dass hier die bedeutenderen Bauten, etwa die mittelalterlichen Kirchen, errichtet werden. Morastige Bereiche bleiben hingegen über Jahrhunderte — manchmal bis heute — von der Bebauung ausgespart. Ihnen verdanken der Volkspark Wilmersdorf sowie mehrere Stadtplätze, Kleingarten- und Sportanlagen ihre Existenz.

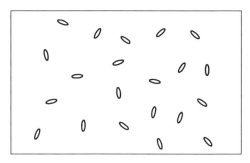

_ACKERBAU

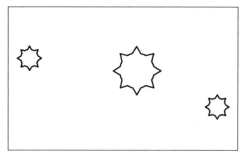

_KANONE

Mit dem Aufkommen des Ackerbaus im vierten Jahrtausend v. Chr. wird die Bevölkerung sesshaft. Die frühen Ansiedlungen entstehen zunächst entlang des Urstromtals und seiner Nebentäler. Im frühen Mittelalter erfolgt durch die Kolonisation der Hochflächen des Teltow und des Barnim eine flächendeckende Besiedlung des Berliner Raums. Ein gleichmäßiger Teppich aus Dörfern breitet sich aus. Ihr Abstand und ihre Größe ergibt sich aus der Erreichbarkeit der Felder und der Anlage gemeinschaftlicher Einrichtungen wie Brunnen und Kirchen. Im heutigen Stadtgebiet befinden sich etwa 40 Dörfer, welche später die Ausbildung des Stadtgrundrisses wesentlich prägen. Die Struktur der Dorfkerne bleibt im Straßennetz erhalten; die ehemaligen Dorfanger sind an der Aufweitung von Durchgangsstraßen oft noch heute zu erkennen. Die Verbindungswege zwischen den Dörfern sind die heutigen Berliner Hauptstraßen zwischen den einzelnen Stadtteilen, die ihre Namen ebenfalls den ländlichen Siedlungen verdanken. Die Bebauung hingegen wird im Lauf der Verstädterung weitestgehend ausgetauscht.

Im gleichförmigen Siedlungsteppich der Dörfer kristallisieren sich an den strategisch bedeutsamen Flussübergängen die Keimzellen der künftigen städtischen Zentren von Spandau, Köpenick und Berlin/Cölln heraus. Die Verleihung von Stadtrechten im 13. Jahrhundert sowie der Bau von Anlagen zur Verteidigung stärkt diese erste Hierarchie der Besiedlung. Die Einführung von Feuerwaffen führt zum Bau moderner Festungen, in Spandau im 16. Jahrhundert, in Berlin im 17. Jahrhundert. Ihre regelmäßigen Formen werden nach den Regeln der Ballistik entwickelt. Die Zitadelle Spandau basiert auf einem quadratischen Grundriss mit großen Eckbastionen, die 100 Jahre später erbaute Fortifikation Berlin und Cölln auf einem Kreisgrundriss mit 13 Bastionen. Bald erweisen sich die Befestigungen als Hindernis für das Wachstum der Städte. In Berlin beginnt man schon wenige Jahrzehnte nach ihrer Fertigstellung mit dem Abriss. Der Festungsgraben jedoch wird erst Ende des 19. Jahrhunderts für den Bau der Stadtbahn zugeschüttet. Der wellenförmige Verlauf des Viadukts zwischen Museumsinsel und Jannowitzbrücke zeichnet das Vor und Zurück der früheren Bastionen nach. Als weitere Spuren erweisen sich eine Straßenfolge – die einst auf der Innenseite der Festungsmauer verlief – sowie der Hausvogteiplatz, der an der Stelle der Bastion 3 entsteht. Der Verlauf der Fortifikation der Spandauer Altstadt, die Ende des 19. Jahrhunderts abgerissen wird, ist durch Wassergraben und Grünanlage deutlicher als in Berlin erkennbar. Die Zitadelle steht noch heute.

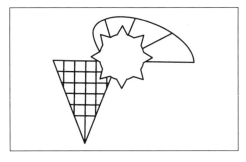

_GEOMETRIE

_MASCHINE

Während des Barock werden zur planvollen Erweiterung der Stadt mehrere Neustädte gegründet. Um die Ideale von regelmäßiger Geometrie und endloser Perspektive zu verwirklichen, nehmen die Strukturen bewusst keinen Bezug auf die existente Stadt. Ab 1674 erfolgt westlich der Altstadt die Anlage der Dorotheenstadt und der nördlichen Friedrichstadt in einem strikten Raster. Der Anschlussbereich zum befestigten Berlin bleibt als Brachfläche vorerst unbebaut. Mit der Anlage der südlichen Friedrichstadt ab 1732 finden die barocken Erweiterungen ihren Abschluss. Das Rondell des Belle-Alliance-Platzes mit drei fächerförmigen Straßenzügen ergänzt die noch unvollständige Struktur. Im Westen bilden das Karree des Pariser Platzes und das Oktogon des Leipziger Platzes die wichtigsten Eingänge der Neustadt. In Charlottenburg entsteht mit dem Bau des Schlosses ab 1695 sowie mit der Gründung der Stadt 1705 eine weitere barocke Ansiedlung im Berliner Raum, die ebenfalls auf einem strengen Raster und der Anlage von Sichtachsen basiert. Die Straße Unter den Linden wird nach Charlottenburg verlängert; im Tiergarten wird auf halbem Wege ein Platz mit sternförmigen Sichtachsen angelegt. Durch den Mauerbau, die Erweiterung der Leipziger Straße und die von Hans Scharoun konzipierte neue Bebauung des ehemaligen Belle-Alliance-Platzes, des heutigen Mehringplatzes, wird die barocke Anlage der Friedrichstadt überformt, deren Struktur sich im Übrigen bis heute erhalten hat.

In der zweiten Hälfte des 18. Jahrhunderts beginnt in Preußen unter staatlicher Förderung die industrielle Entwicklung, die sich im Lauf des 19. Jahrhunderts beschleunigt. Preußen erlangt unter Führung Berlins eine wirtschaftliche Vormachtstellung im deutschen Raum. Die Bevölkerung Berlins steigt von 110000 Einwohnern im Jahr 1750 auf 420000 Einwohner im Jahr 1850. Die Gewerbefreiheit wird 1810 eingeführt, das Privateigentum an Grund und Boden im Zuge der Bauernbefreiung Anfang des 19. Jahrhunderts. Für die Expansion der Kommune gibt es keine übergeordnete Planung. Gebaut wird entlang der Überlandstraßen und Wasserläufe sowie vor den Toren der Stadt auf Basis privater Initiativen. Darunter fallen die Fabriken im Norden und Osten sowie die Landhäuser im Westen Berlins. Die Verstädterung von Strukturen ackerbaulicher Landschaften schreibt deren Formen fest und verhindert später eine geordnete Stadterweiterung.

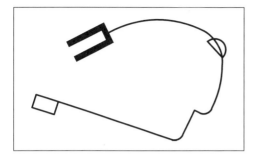

_KOMPOSITION

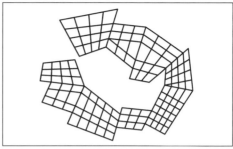

_KANALISATION

Der Landschaftsarchitekt Peter Joseph Lenné legt 1840 im Auftrag des preußischen Innenministeriums einen Plan für ›Projectierte Schmuck- und Grenzzüge von Berlin und seiner nächsten Umgebung‹ vor. Der Entwurf versucht die ungeregelte Entwicklung der Stadt in disparate Teile durch kompositorische Eingriffe in ein Gesamtkonzept zu fügen. Nach Prinzipien der englischen Garten- und Stadtbaukunst soll mittels lokaler Interventionen — etwa der Anlage einer Ringstraße sowie von Plätzen, Parks und Kanälen — die ausufernde Stadt in eine räumliche Ordnung überführt werden. Das Konzept kann sich jedoch gegenüber der Dominanz ökonomischer Interessen nicht durchsetzen. Die für die wirtschaftliche Entwicklung der Kommune förderlichen Teile wie der Ausbau des Landwehrkanals und der Bau des Luisenstädtischen Kanals als Gütertransportwege werden realisiert, die eher ästhetisch und sozial begründeten Elemente wie die Ringstraße werden nicht oder nur stückweise verwirklicht.

Im Auftrag des Polizeipräsidenten von Berlin verfasst der Vermessungsingenieur und Baumeister für Wasser-, Wege- und Eisenbahnbau James Hobrecht von 1859 bis 1862 einen Bebauungsplan für Berlin und seine Umgebung. Für die beabsichtigte Verfünffachung der Fläche der rasch wachsenden Großstadt legt der Plan lediglich eine grobmaschige Erschließungsstruktur einschließlich eines Kanalisationssystems fest. Bauliche Vorgaben werden nicht gemacht. Gemäß den Wünschen des Auftraggebers bezieht der Plan in einer Haltung von radikalem Pragmatismus alle vorhandenen Elemente wie Wege, Bauten und Grundstücksgrenzen ein. Durch große Tiefe der Bebauungsblocks sowie durch Vermeidung spitzer und stumpfer Winkel sollen weitere Kosten gespart werden. Diese Maßgaben resultieren in der ›schwachen Form‹ eines unregelmäßigen Erschließungsnetzes, das zudem während der folgenden Jahrzehnte aufgrund neuer Anforderungen noch vielfach modifiziert wird. Die wenigen gestalterischen Elemente — etwa die Vielzahl von Plätzen sowie der Generalszug im Süden — werden nur fragmentarisch realisiert und dabei bis zur Unkenntlichkeit entstellt.

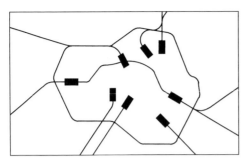

_EISENBAHN

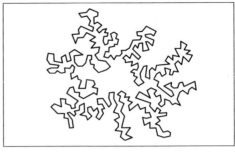

_LICHT LUFT SONNE

Mit dem Aufkommen der Eisenbahn errichten private Gesellschaften zwischen 1838 und 1878 acht voneinander unabhängige Schienenstrecken zwischen Berlin und anderen deutschen Städten. Der Bau der Anlagen durchkreuzt jede städtebauliche Planung; die Trassen zerschneiden vorhandene sowie geplante bauliche Strukturen und Straßenfolgen. Jede Eisenbahngesellschaft errichtet ihren eigenen Kopfbahnhof, der sich in der Regel unmittelbar außerhalb der Stadtmauer befindet. Auf staatliche Initiative hin werden – zunächst vorwiegend aus militärischen Gründen – die einzelnen Bahnhöfe 1851 miteinander verbunden; der Aus- und Neubau dieser Strecken zur Ringbahn erfolgt bis 1877. Im Jahr 1882 wird die Stadtbahn als Ost-West-Verbindung eröffnet; das Netz wird zu einem dezentral organisierten Nah- und Fernverkehrssystem vervollständigt. Nach 1945 werden die meisten Bahnanlagen stillgelegt, viele später zu innerstädtischen Grünanlagen umgewandelt. Das S-Bahn-System der Ring- und Stadtbahn bleibt jedoch erhalten. Für die Fernbahn wird zur Zeit ein zentraler Kreuzungsbahnhof am Spreebogen errichtet.

Seit dem Ende des 19. Jahrhunderts wächst die Stadt entlang der neu gebauten Vorortbahnen strahlenförmig in das Umland. Die konzentrische Entwicklung der Siedlung wird durch ein fraktales Stadtwachstum abgelöst. Sowohl beabsichtigt als auch ungeplant durchdringen Stadt und Land einander, im kleinen wie großen Maßstab. Wie der Zeilenbau der Moderne Natur und Haus verknüpfen, so verbindet die Regionalplanung Grünareale und Bebauungsgebiete. Bereits beim städtebaulichen Wettbewerb Groß-Berlin von 1910 liegen Entwürfe vor, die ein auf das Zentrum gerichtetes Radialsystem von Grünkeilen vorsehen. Zwar bleiben diese Vorschläge unrealisiert, doch erwirbt der Zweckverband Groß-Berlin 1915 den Grunewald, den Tegeler und den Spandauer Forst sowie den Köpenicker und den Grünauer Forst; man sichert 10000 Hektar innerstädtischen Waldgebiets, das bis heute weitgehend erhalten ist. Nicht verfolgt wird der von Stadtbaurat Martin Wagner 1929 vorgelegte Freiflächenplan, der einen Ausbau der Grünanlagen zu deren Verzahnung mit den Wohngebieten vorsieht.

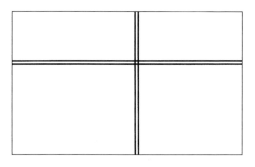

_AUFMARSCH

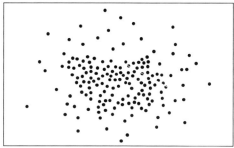

_BOMBE

Das ungeordnete Stadtbild ruft bei Adolf Hitler Ablehnung hervor; er möchte Berlin zur ›Welthauptstadt Germania‹ umgestalten. Gleich nach der Machtergreifung 1933 führt er Gespräche mit der Berliner Stadtverwaltung, um eine monumentale Nord-Süd-Achse als Paradestraße zu realisieren. 1937 beauftragt er Albert Speer mit der Planung und verleiht ihm durch das ›Gesetz über die Neugestaltung deutscher Städte‹ umfassende Vollmachten. Nach mehreren Vorentwürfen legt Speer 1942 einen Generalbebauungsplan vor, der – als Rückgrat eines neuen Stadtgrundrisses – ein Achsenkreuz vorsieht, dessen Schnittpunkt unweit westlich des Brandenburger Tores liegt. Bereits in den Jahren von 1937 bis 1939 werden die Charlottenburger Chaussee als westlicher Teil der geplanten Ost-West-Achse verbreitert und der Große Stern mit der dorthin versetzten Siegessäule neu gestaltet. Für den Bau der Nord-Süd-Achse wird 1938 mit umfangreichen Abrissen im Alsen- und Diplomatenviertel begonnen, die bis 1942 fortgesetzt werden. Mit dem ›Haus des Fremdenverkehrs‹ steht das erste Gebäude der Achse im Rohbau fertig. Mit dem östlichen Teil der Ost-West-Achse, der Abrisse zwischen dem Stadtschloss und der Frankfurter Allee erfordern würde, wird nicht mehr begonnen. Eine analoge Achsenplanung wird jedoch ab 1951 mit der Stalinallee realisiert.

Berlin als Zentrale des nationalsozialistischen Terrors, Sitz der militärischen Führung sowie Industrie- und Rüstungszentrum bildet das wichtigste Ziel im Bombenkrieg der britischen und amerikanischen Streitkräfte gegen Deutschland. Nach der ersten Phase von Sommer 1940 bis Herbst 1941 beginnt 1943 die zweite Phase der Luftangriffe von weit größerer Dimension. Bei zahlreichen Angriffen wird die Stadt – zum Teil von mehr als 1000 Fliegern je Angriff – zunächst während der Nacht, später auch am Tage bombardiert. Bei einem der schwersten Angriffe werden im Februar 1945 große Teile des Zentrums zerstört. Über 50000 Tonnen Brand-, Spreng-, Phosphor- und Splitterbomben sowie Luftminen fallen auf Berlin; 20000 Menschen kommen dabei ums Leben. Der Bombenteppich von örtlich unterschiedlicher Dichte perforiert den Stadtkörper und löscht die Stadt partiell aus. Auf dem Berliner Stadtgebiet werden etwa 70000 Gebäude mit 500000 Wohnungen zerstört oder schwer beschädigt; 1,5 Millionen Einwohner werden obdachlos.

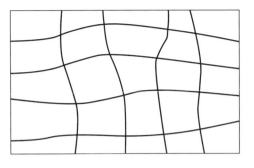

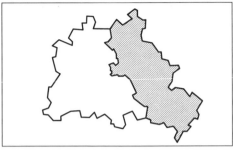

_AUTO

_WETTBEWERB

Für den Wiederaufbau von Berlin legt ein Planungskollektiv unter der Leitung von Baustadtrat Hans Scharoun im Jahr 1946 einen Generalplan vor. Dieser nimmt die Zerstörung zum Anlass einer völligen Neuordnung Berlins als einer organischen Stadtlandschaft. Der Plan einer Bandstadt wird als realitätsfern und zu radikal abgelehnt, die Idee eines neuen Netzes von Schnellstraßen jedoch in die späteren Planungen übernommen. Sie wird sogar zu ihrem wesentlichen Merkmal. 1950 beschließt die westliche Stadtregierung einen Flächennutzungsplan für Gesamtberlin, dessen Verkehrskonzept einen Schnellstraßenring entlang der S-Bahn sowie vier innerstädtische Tangenten vorsieht. Dieses Projekt wird, angesichts des zunehmenden Autoverkehrs, Mitte der fünfziger Jahre zu einem System kreuzungsfreier Autobahnen erweitert. Als erster Abschnitt wird mit dem Bau des Süd-West-Bereichs des Stadtautobahnrings begonnen. Weitere Teile des Systems werden in Charlottenburg mit Durchbrüchen wie der Lietzenburger Straße und der Lewishamstraße realisiert. Andere Trassen folgen im Rahmen der Kahlschlagsanierung in Stadtteilen wie Kreuzberg und Schöneberg, aber ohne dass die Verkehrsinfrastruktur später erstellt würde. Ähnliche Durchbrüche gibt es im Ostteil der Stadt mit dem Neubau von Mollstraße, Lichtenbergstraße, Leipziger Straße und Gertraudenstraße. Anhand von Brachflächen und rückspringenden Baufluchten ist bis heute in vielen städtischen Gegenden der Verlauf nicht gebauter Schnellstraßen und Autobahnen ablesbar.

Im Londoner Protokoll von 1944 und seinen Zusätzen wird die Aufteilung Berlins in zunächst drei, nach dem Beitritt Frankreichs vier alliierte Besatzungszonen festgelegt. Die anfänglich gemeinsame Stadtregierung zerbricht mit Einführung der Währungsreform in Westdeutschland 1948. Wenige Tage später beginnt die mehr als einjährige Blockade Westberlins durch die Sowjets. Die Erklärung Berlins zur Hauptstadt der DDR 1949 und das Inkrafttreten einer Verfassung für Westberlin besiegeln die politische Teilung. Ihr folgt mit dem Mauerbau 1961 auch die hermetische räumliche Abgrenzung. In den Jahren der Ost-West-Konfrontation wird die Stadt zum wichtigsten Schauplatz des Kalten Krieges. Aufgrund der scharfen Konkurrenz zwischen Kapitalismus und Sozialismus werden beide Berliner Stadthälften mit massiven Mitteln von auswärts zu ›Schaufenstern‹ ihrer jeweiligen Gesellschaft aus- und umgebaut. Bauliche Ensembles zu beiden Seiten des Mauerstreifens sowie die Doppelung zahlreicher kultureller Institutionen dokumentieren noch heute den Wettbewerb der Systeme und die vorübergehende ›Autonomie‹ der beiden Teile der Stadt. Während Westberlin in der Hoffnung auf baldige Wiedervereinigung jahrzehntelang ausgesprochen dezentral entwickelt wird, führen in Ostberlin die Existenz der alten Stadtmitte sowie das gesellschaftliche Selbstverständnis der DDR zu einer zentralistischen Struktur.

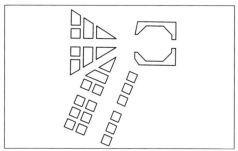

_ SERIENPRODUKTION

_ SIMULATION

In beiden Hälften der Stadt erfolgt zwischen Ende der fünfziger und Ende der achtziger Jahre eine industrielle Massenproduktion von Wohnungen in unbekanntem Ausmaß. Staatlich finanziert entstehen 650000 neue Einheiten auf Basis fordistischer Regeln, nach denen sowohl das Bauen als auch das Wohnen selbst organisiert werden. Sämtlich in offener Bauweise errichtet, sind die Cluster von ihrem städtebaulichen Kontext zumeist isoliert und relativ homogen. Die frühen Siedlungen — etwa Charlottenburg-Nord und die Otto-Suhr-Siedlung im Westen, die westliche Karl-Marx-Allee und das Hans-Loch-Viertel im Osten — sind mit einigen Tausend Wohnungen noch klein und zumeist innerstädtisch gelegen. Anfang der sechziger Jahre beginnt mit der Planung der Gropiusstadt die Entwicklung von Großsiedlungen mit jeweils über 15000 Einheiten am Stadtrand. Während man diese Phase in Westberlin Mitte der siebziger Jahre abschließt, setzt man sie in Ostberlin in radikalisierter Form fort. Im Nordosten entstehen mit Marzahn, Hohenschönhausen und Hellersdorf die größten Plattenbausiedlungen Deutschlands mit etwa 150000 Wohnungen.

Nach dem Mauerfall 1989 setzt sich eine Städtebau- und Architekturpolitik durch, die mittels staatlich verordneter ›steinerner‹ Ästhetik das Erscheinungsbild von Berlin zu revidieren sucht. Die Heterogenität und die Brüche des Stadtkörpers sollen durch ein homogenes Fassadenbild im Sinne eines ›berlinisch preußischen Stils‹ kaschiert werden. Das neue Leitbild wird erstmals bei der Entscheidung im städtebaulichen Wettbewerb Potsdamer und Leipziger Platz 1991 durchgesetzt. Nach dem Bild der so genannten ›europäischen Stadt‹ errichten dort Daimler Benz und Sony zwei Urban Entertainment Centers mit teilweise ›italienischem‹ Flair. Trotz massiver Einflussnahme durch die Auswahl der Architekten und Juroren bei allen wichtigen Wettbewerben, durch die Genehmigungsverfahren und die Öffentlichkeitsarbeit können die Vorgaben bei den Vorhaben der zumeist global agierenden Investoren nur partiell durchgesetzt werden. Für das Gebiet der Innenstadt legt die Senatsverwaltung für Stadtentwicklung, Umweltschutz und Technologie 1997 mit dem ›Planwerk‹ einen flächendeckenden Masterplan vor. Durch die Errichtung von Straßenfronten in den Baufluchten und Traufhöhen des 19. Jahrhunderts — mit ›zeitgemäßer‹ Architektur — soll einerseits die Innenstadt verdichtet und andererseits Identität gestiftet werden. Angesichts der Abwanderung der Bevölkerung in das Umland und der Schwäche des Immobilienmarktes bleibt die Umsetzung des Konzeptes fraglich.

_KONGLOMERAT

Ein wahres Bombardement von stets neuen Konzepten und Ideologien überformte Berlin im Verlauf der Jahrhunderte. Jedes von ihnen gab der Stadt eine Prägung, doch keines von ihnen war stark genug, ihr eine Struktur zu verleihen. Wie Sisyphos stellte man in einer permanenten heroischen Anstrengung Gesamtpläne auf, die immer wieder an gegenläufigen Kräften, an der Größe der Stadt und ihrer kontinuierlichen Instabilität scheiterten und daher unvollständig blieben. Während einzelne Bereiche Berlins vom Charakter eines Planes oder Ereignisses bestimmt sind, entfalten sich andernorts Zonen der Überlagerung und Durchdringung unterschiedlichster Einflüsse. Hier artikuliert sich, was der Stadt auch als Ganzes wesentlich ist: Im Prozess der Überlagerung hat sich etwas Neues gebildet, das sich nicht auf die Qualitäten einzelner Pläne und Einflusskräfte zurückführen lässt, sondern aus dem Prozess selbst hervorgegangen ist. Die Überlappung der verschiedenen historischen Schichten und Ereignisfelder schuf ein heterogenes Kontinuum, ein Feld von Ambiguitäten, das vielerorts eine geradezu dramatische Qualität aufweist.

_Dieses Phänomen findet man in vielen Städten, doch hat es sich in Berlin ungewöhnlich intensiv und radikal entwickelt. Und dies bereits vor den tief greifenden Veränderungen durch Nationalsozialismus, Zweiten Weltkrieg und dessen Folgen. 1930 schrieb Joseph Roth: »Berlin ist eine junge, unglückliche und zukünftige Stadt. Ihre Tradition hat fragmentarischen Charakter. Ihre häufig unterbrochene, noch häufiger ab- und umgelenkte Entwicklung wird von unbewußten Irrtümern, bewußt bösen Tendenzen gehemmt und gefördert zugleich; gewissermaßen mittels Hemmungen gefördert. Die Resultate – denn diese Stadt hat so viele Physiognomien, daß man nicht von einem Resultat sprechen kann – sind ein penibles Konglomerat; ... eine ordentliche Verworrenheit; eine planmäßig exakte Willkür.«[1]

_Während sich die Planer bis heute um Ordnung und Homogenität bemühen und in ihrem ständigen Scheitern die Unordnung noch vermehren, hatten die bildenden Künste bereits zu Beginn des 20. Jahrhunderts diese Eigenart der Stadt erfasst und sie in ihren Werken thematisiert. So zeigen Gemälde wie Ernst Ludwig Kirchners ›Potsdamer Platz‹ 1914, George Grosz' ›Metropolis‹ 1916/17 oder ›Deutschland, ein Wintermärchen‹ 1918 Berlin anhand dynamisierter, vielschichtiger städtischer Räume. Und in der Zeit zwischen Ende des Ersten Weltkriegs und Untergang des Kaiserreichs erfinden die Berliner Dadaisten die Photocollage. In der Multiperspektivität der Arbeiten von Künstler wie Raoul Hausmann, George Grosz, John Heartfield und Hannah Höch findet nicht nur der Widerstreit gesellschaftlicher Kräfte und politischer Ideologien Ausdruck. Zugleich spiegeln sie das Stadterlebnis von Fragmentierung, Simultaneität und Multiplizität, von Durchdringung, Überschneidung und Überlagerung.[2] Die unbewusst entstandenen Realcollagen des Stadtraums – etwa das Durchschneiden von Baublöcken durch Eisenbahntrassen oder die Montage von Lichtreklamen auf überkommenen Bauten – werden nunmehr von den Künstlern aufgegriffen und als Konzept entwickelt.

_In der Zuspitzung der latenten Themen Berlins scheinen die Künstler und Schriftsteller vorwegzunehmen, was sich in den folgenden Jahrzehnten ereignen soll: die permanente Reorganisation einer stagnierenden Stadt, welche die Ideologien des Jahrhunderts in sich bündelt, absorbiert und hervorbringt. Während die klassische Moderne neben den stadterweiternden Wohnsiedlungen eine Serie von weitgehend unrealisierten stadtchirurgischen Eingriffen wie am Alexanderplatz, am Potsdamer Platz und am Platz der Republik konzipiert, setzt mit den nationalsozialistischen Planungen von Albert Speer eine radikale Reorganisation des gesamten

Berlin-Schöneberg, Pallasstraße, Foto: Ramon Prat

Stadtkörpers ein, die – da die Vorhaben allesamt unvollendet blieben – die Heterogenität Berlins verstärkt. In einer atemberaubend schnellen Abfolge gestalteten die Planungen und politischen Ereignisse die Großstadt ständig um: Achsenkreuz, Autobahnnetz und Kahlschlagsanierung einerseits, Kriegszerstörung, Kalter Krieg und Teilung andererseits. Exemplarisch hierfür sind Situationen wie östlich des Alexanderplatzes, wo Fragmente der Mietskasernenbebauung, Plattenbauten der sechziger Jahre und die neoklassizistische Stalinallee aufeinander treffen. Oder die südliche Friedrichstadt, wo barocke Straßenstruktur, Korridore der Schnellbahntrassen, die halbfertig abgebrochene Kahlschlagsanierung der sechziger Jahre, das Zwiegespräch der Hochhäuser über die ehemalige Mauer, die Postmoderne der achtziger Jahre und spekulativer Bürobau der Nachwendezeit zusammen kommen.

_Als momentan letzter Versuch zu einer Gesamtplanung setzt das ›Planwerk Innenstadt‹ von 1997 diese Tradition fort. Gerade wegen seines Strebens nach Kontinuität und Homogenität wird es die Heterogenität der Stadt intensivieren: wenn etwa ›historische Straßen‹ quer durch Neubausiedlungen geschlagen und mit Elementen einer Straßenrandbebauung gesäumt werden; oder wenn zwischen den Wohnhochhäusern Fragmente einer ›Blockrandbebauung‹ eingeführt oder dominante Hochhäuser durch den Rückbau von Straßen und durch neue Randbauten in Hinterhöfe verbannt werden.

_In solchen Kontaminierungen zeigt sich ein Prinzip, das sich in dem permanenten Streben nach der Überformung des Vorangegangenen durch alle Epochen der Stadtgeschichte zieht. Das jeweilige Scheitern dieser Versuche und die darin begründete Unvollständigkeit hat zu einer erstaunlichen Koexistenz unterschiedlicher Stadtmodelle geführt. Das Charakteristische an

Berlin-Lichtenberg, Frankfurter Allee, Foto: Jordi Bernadó

Berlins Heterogenität ist nicht ein bezugsloses Nebeneinander von Bauten auf dem neutralen Grund eines Straßenrasters — wie in Tokio oder New York —, sondern ein Flechtwerk sich wechselseitig durchdringender Strukturen. Hier sind Grund und Texturen selber vielfältig. Was zunächst wie ein Unfall der Geschichte erscheint, birgt ungewollte Qualitäten. Für den Soziologen Ulrich Beck deutet das existierende Berlin ein zukunftsweisendes Stadtmodell einer ›Zweiten Moderne‹ an. Er stellt dem tradierten Modell einer ›Stadt des Entweder-Oder‹ das Modell einer ›Stadt des Und‹ gegenüber: »dort Trennung, Ab- und Eingrenzung, das Verlangen nach Eindeutigkeit, Beherrschbarkeit, Sicherheit und Kontrolle; hier Vielfalt, Differenz, unabschließbare Globalität, die Frage nach Zusammenhang, Zusammenhalt, die Bejahung von Ambivalenz.«[3]
_Im Stadtbild Berlins werden die Diskontinuität der Geschichte und die Gleichzeitigkeit widerstreitender Kräfte anschaulich. Die Heterogenität der Stadt zeigt den für die Neuzeit charakteristischen Verfall eines einheitlichen Weltbildes; sie verkörpert die Pluralität und die gesellschaftlichen Konflikte. Dank ihrer physischen Präsenz erweist sich die Stadt als einer der wenigen authentischen Orte in einer zunehmend medialisierten Welt, wo gesellschaftliche Wirklichkeiten sichtbar werden und unmittelbare Erfahrungen gemacht werden können. Insofern hat die Stadt, allen Manipulationsversuchen zum Trotz, ein aufklärerisches Potential. Es bietet die Möglichkeit zur Selbstreflexion der Gesellschaft und formuliert damit eine Basis für eine ›reflexive Modernisierung‹. Denn das Nebeneinander unterschiedlicher Strukturen und Formen stellt diese in einen Zusammenhang und relativiert sie. Sie sind nicht mehr absolut; ihre ursprüngliche Bedeutung wird destruiert. Durch die Zusammensetzung entsteht eine neue Bedeutung, die jedoch nicht mehr eindeutig ist.

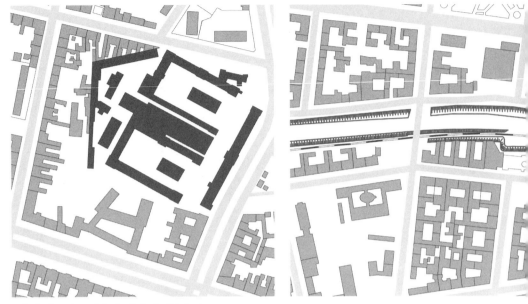

↑ Berlin-Kreuzberg, Ecke Yorckstraße Mehringdamm
→ Berlin-Prenzlauer Berg, S-Bahn-Trasse und Quartiere

_Die Auflösung einer ganzheitlichen Struktur weist dem Stadtbenutzer eine aktive Rolle zu: Der Zusammenhang zwischen den mannigfaltigen Elementen ist immer wieder neu herzustellen. Die Beziehungen und Bedeutungen des Materials sind instabil und ambivalent. Erst der Betrachter stellt im Alltagsgebrauch die Relationen her. »Die Ordnungslosigkeit der Zeichen, die Desintegration der Umrisse, das Explodieren der Konfigurationen lädt uns dazu ein, selbst Beziehungen herzustellen,«[4] schreibt Umberto Eco in seinem Buch ›Das offene Kunstwerk‹. So entstehe ein Verständnis von Form als einem Möglichkeitsfeld. Und Eco weist noch auf eine zweite Qualität hin: ›Offene Kunstwerke‹ bilden keine gesetzten, absoluten Formen, sondern verweisen auf ihre Entstehung. Am Beispiel von Jackson Pollocks Malerei beschreibt er, dass hier zwischen der Gebärde der Herstellung »und dem Zeichen eine besondere, unwiederholbare Ausgewogenheit herrscht, die durch eine gelungene Verbindung des unbeweglichen Materials mit der formenden Energie zustande gekommen ist, durch ein wechselseitiges Sichaufeinanderbeziehen der Zeichen, das so geartet ist, daß es unsere Aufmerksamkeit auf bestimmte Verhältnisse lenkt, die formale Verhältnisse sind, Verhältnisse von Zeichen, aber zugleich gestischen Beziehungen, Verhältnisse von Intentionen«. Die Formen verweisen auf ihre Entstehung. Oder anders gesagt, die Formen organisieren nicht die Materie, sondern »die Materialien verweisen auf Kräfte und dienen ihnen als Symptome.«[5]
_In analoger Weise wird der heterogene Stadtraum Berlins erfahren. Die Dramatik des Stadtkörpers verweist auf die widerstrebenden Kräfte, die auf die Stadt einwirken. Die stadträumlichen Gesten brechen unvermutet ab. Was bleibt, sind keine mit Absicht so gesetzten Formen, sondern Spuren von Prozessen wie Zerteilen, Durchdringen, Aufschneiden, Abbrechen, Umhüllen, Deformieren, Verschieben, Verdrehen, Perforieren, Auflösen. Indem die Formen ihren Entstehungsprozess erkennen lassen, erscheinen sie nicht als dauerhaft, sondern deuten mögliche weitere Entwicklungen an. Die Stadt erscheint als promiske und zugleich träge Masse: Ständig saugt sie neue Kräfte auf, welche sich in ihr ausformen und zugleich in ihrer Zähheit und Widerspenstigkeit verlieren. Die weiche Masse Stadt wuchert, erstarrt und zerfällt. Ihre Heterogenität ist in sich vielfältig: Es ist eine Mannigfaltigkeit und Durchmischung der Texturen,

Berlin-Kreuzberg, im ›Planwerk Innenstadt‹ vorgesehene ›Rekonstruktion‹ der Sebastianstraße und der Alexandrinenstraße

Typologien und Bauten, eine Vielfalt der wirksamen Kräfte, eine Durchdringung von Stadt und Land, von Intensität und Leere, von Lebendigkeit und Verfall, von Präsenzen, Absenzen und Verweisen.

_Diese Masse ist weniger ein traditionelles städtisches Gewebe als eine Art Filz, »eine Verschlingung von Fasern ..., offen und in allen Richtungen unbegrenzt.«[6] Wie Gilles Deleuze und Félix Guattari darlegen, ist die Konsistenz von Filz beispielhaft für einen glatten, kontinuierlichen und doch heterogenen Raum. Auch im urbanen Geflecht sind Grenzen nicht eindeutig definierbar. Die einzelnen Episoden überlappen und durchdringen sich, durchzogen von Zonen des Un-definierbaren. Der Raum ist entgrenzt. Durch die ungeplanten Kollisionen werden existierende Hierarchien und Ordnungen unterminiert. Spannung tritt verschoben zu den Zentren und Knoten der Struktur auf, verschiebt damit die Aufmerksamkeit, enthierarchisiert den Raum. Die Offenheit und Vieldeutigkeit der Struktur erlaubt die Absorption des unerwarteten Neuen. Hierin liegt auch die gemeinhin bekannte Hässlichkeit Berlins begründet. Die Stadt widerspricht allen klassischen Schönheitsvorstellungen. Sie sollte daher anders betrachtet werden. Etwa aus der Perspektive des ›pittoresken Blicks‹, jener Sehweise, die sich in England Mitte des 18. Jahrhunderts aus der unmittelbaren Beobachtung der freien Naturlandschaft entwickelte und eine Kategorie für jene Qualitäten schuf, die sich dem klassischen Schema des Schönen und Erhabenen nicht unterordnen ließen: Rauheit, Irritation, Unregelmäßigkeit, Mannigfaltigkeit, Deformation, Absurdität und Unklarheit.[7]

_Überhaupt hat Berlins Stadtbild Wesenszüge einer Landschaft, wie Siegfried Kracauer 1931 feststellte: »Man kann zwischen zwei Arten von Stadtbildern unterscheiden: den einen, die bewußt geformt sind, und den anderen, die sich absichtslos ergeben. Jene entspringen dem künstlerischen Willen, der sich in Plätzen, Durchblicken, Gebäudegruppen und perspektivischen Effekten verwirklicht, die der Baedeker gemeinhin mit einem Sternchen beleuchtet. Diese dagegen entstehen, ohne vorher geplant worden zu sein. Sie sind keine Kompositionen, die wie der Pariser Platz oder die Concorde ihr Dasein einer einheitlichen Baugesinnung zu verdanken hätten, sondern Geschöpfe des Zufalls, die sich nicht zur Rechenschaft ziehen lassen. Wo immer sich Steinmassen

Berlin-Mitte, Leipziger Straße, 1996, Foto: Ulrich Wüst

und Straßenzüge zusammenfinden, deren Elemente aus ganz verschiedenen Interessen hervorgehen, kommt ein solches Stadtbild zustande. Es ist sowenig gestaltet wie die Natur und gleicht einer Landschaft darin, daß es sich bewußtlos behauptet. Unbekümmert um sein Gesicht dämmert es durch die Zeit. Diese Landschaft ist ungestelltes Berlin. Ohne Absicht sprechen sich in ihr, die von selber gewachsen ist, seine Gegensätze aus, seine Härte, seine Offenheit, sein Nebeneinander, sein Glanz.«[8]

_Die Analogie zur Landschaft offenbart jene ungeplanten Qualitäten, die sich klassischen architektonischen Kategorien entziehen. Landschaft ist ständiger Wandlung unterworfen und räumlich nicht abgeschlossen. Sie hat kein allgemeines Prinzip, sondern bildet sich lokal spezifisch aus. Sie ist kontinuierlich und vielfältig zugleich. Sie bildet keine Gegensätze, sondern ermöglicht Koexistenz. Sie ist ein Ort, wo sich Formen und Eigenschaften aller Art entfalten und vermischen können. In der Landschaft formen nicht die Strukturen die Ereignisse, sondern die Ereignisse bilden die Strukturen.[9]

_Hierin liegt der Schlüssel für einen neuen Umgang mit der Stadt. Wenn an die Stelle des Urbanisten als Ingenieur der Urbanist als Bricoleur tritt, wird das vergebliche Bemühen des Sisyphos durchbrochen. Dann wird die Struktur nicht anhand von Begriffen und Idealen, sondern — wie bei einem Landschaftspark — aus dem vorhandenen mannigfaltigen Material entwickelt.

44

Berlin-Kreuzberg, Charlottenstraße, 2000, Foto: Frank Hülsbömer

_1 Joseph Roth in Berlin. Ein Lesebuch für Spaziergänger, hg. von Michael Bienert, Köln 1996, S. 163

_2 Wie z.B. bei László Moholy-Nagys Photocollage für das Bühnenbild für den ›Kaufmann von Berlin‹ von 1929

_3 Ulrich Beck: Risiko Stadt – Architektur in der reflexiven Moderne, in: Risiko Stadt, hg. von Ullrich Schwarz, Hamburg 1995, S. 43, 56

_4 Umberto Eco: Das offene Kunstwerk, Frankfurt am Main 1973, S. 182 f.

_5 Gilles Deleuze, Felix Guattari: Tausend Plateaus, Berlin 1992, S. 659 ff., S. 664

_6 Gilles Deleuze, Felix Guattari: ebenda, S. 659 ff.

_7 Siehe Adrian von Buttlar: Der Landschaftsgarten, Köln 1989, S. 71

_8 Siegfried Kracauer: Berliner Landschaft, 1931, in ders.: Straßen in Berlin und anderswo, Berlin 1987, S. 40

_9 Siehe Claude Lévi-Strauss: Das wilde Denken, Frankfurt am Main 1968, S. 36

_ZERSTÖRUNG

Mit dem Ruf »Es lebe der Futurismus« wirft Filippo Tommaso Marinetti 1912 aus dem Wagen Flugblätter mit dem ›Futuristischen Manifest‹ unter die Passanten auf der Leipziger Straße und der Friedrichstraße.[1] Er wirbt für die Ausstellung der Futuristen in der Galerie Tannhauser, ebenso wie Plakate auf den Litfaßsäulen: »Wir wollen den Krieg verherrlichen – diese einzige Hygiene der Welt – den Militarismus, den Patriotismus, die Vernichtungstat der Anarchisten ... Wir wollen die Museen, die Bibliotheken und die Akademien jeder Art zerstören«, heißt es dort. Man prophezeit, dass man selber in den Strudel der Zerstörung geraten werde: »Unsere Nachfolger werden ... sich auf uns stürzen, um uns zu töten, und der Hass, der sie treibt, wird unversöhnlich sein, weil ihre Herzen voll von Liebe und Bewunderung für uns sind.«[2]
_Berlin wird im 20. Jahrhundert zum Futuristischen Manifest. In erschreckender Weise absorbiert und generiert diese Stadt die destruktiven Kräfte des Jahrhunderts der Ideologien. Der Erste und der Zweite Weltkrieg gehen von hier aus; der industrielle Massenmord wird hier erfunden und generalstabsmäßig organisiert; die ersten Flächenbombardements, denen Guernica und Rotterdam zum Opfer fallen, werden von hier befohlen. Und beinahe wäre die Stadt zum Ziel der ersten Atombombe geworden, die wegen der nationalsozialistischen Bedrohung von den Amerikanern seit 1940 entwickelt worden war.
_Berlin ist ein Ort voller Geschichte und ohne Tradition. Die städtebauliche Entwicklung geht einher mit der politischen Geschichte der Stadt. Fünf unterschiedliche Staatssysteme haben das Bild Berlins im 20. Jahrhundert geprägt. Im Prozess eines kontinuierlichen Vatermords hat nahezu jede Generation die Orte der Identität der vorherigen Generation ausgelöscht und damit versucht, die Identität der Stadt neu zu definieren. Infolge dieser stetigen Zerstörung entwickelte allein der Akt der Zerstörung Kontinuität und Permanenz.
_Im Mittelalter waren Berlin und Cölln zwar mehrfach durch Feuersbrünste weitgehend vernichtet worden, doch der Akt der willentlichen Zerstörung zur tief greifenden Umgestaltung kommt erst mit der frühen Moderne auf. Die Tradition der Traditionslosigkeit beginnt Anfang des 19. Jahrhunderts. Auf dem Höhepunkt ihrer Macht lassen die Herrscher Preußens die nicht einmal 100 Jahre alte Residenzstadt radikal umgestalten. Innerhalb weniger Jahrzehnte wird die barocke Architektur durch den Klassizismus ersetzt. Der Pariser Platz, der Boulevard Unter den Linden und weite Teile der Friedrichstadt erhalten eine neue Bebauung. Wo nicht neu gebaut wird, erfolgt eine radikale Umgestaltung der vorhandenen Bauten, wie etwa der völlige Umbau des gerade erst 60 Jahre alten Doms durch Karl Friedrich Schinkel. Außer dem Dom und zahlreichen barocken Palais gestaltet er auch die Gertraudenkapelle am Spittelmarkt neu und relativiert durch seine städtebaulichen Eingriffe um den Lustgarten die Bedeutung des Schlosses. Die Stadt erhält ein neues Gesicht. Doch der Stadtgrundriss bleibt noch weitestgehend gewahrt.
_Mit der Reichsgründung von 1871 beginnt eine neue Ära des Stadtumbaus, in der nicht mehr lediglich die Physiognomie überformt, sondern auch die Maßstäblichkeit und die Proportionen der existierenden Stadt gesprengt werden. So stellt der Publizist Wolf Jobst Siedler fest, dass das alte Berlin bereits in der wilhelminischen Epoche vernichtet worden sei. Es sei »in der kurzen Spanne zwischen dem Deutsch-Französischen Krieg und dem Ersten Weltkrieg durch ein Neubaufieber ausgelöscht worden, das die Entwicklung der Königsstadt zur Kaisermetropole architektonisch ausdrücken wollte.«[3] Antriebskraft dieser Zerstörung ist zum einen die extrem schnelle Industrialisierung. Eine Vielzahl neuer, großmaßstäblicher Programme wie Kaufhäuser, Verwaltungs- und Hotelbauten wird in die alte Stadt implantiert. Ganze Quartiere müssen dafür

Sturm auf das Zeughaus, 1848   Abriss und Neubau am Mühlendamm, 1891

weichen; große Teile des mittelalterlichen Berlins und zahlreiche bedeutende Bauten werden abgerissen. Für das Hotel Adlon etwa fällt das barocke, von Schinkel umgestaltete Palais Redern, für den Reichstag das nicht einmal 40 Jahre alte, als Museum dienende Palais Raczynski von Johann Heinrich Strack. Andere Bauten weichen Straßendurchbrüchen. Teils dienen sie der Erleichterung des Verkehrs; teils erfolgen sie aufgrund privater Spekulation mit Grundstücken.

_Ein zweiter Motor für die völlige Neugestaltung der Stadt ist der politische Wille zur Repräsentation. Nach der Erhebung Berlins zur Reichshauptstadt erscheint das alte, vorindustrielle Berlin mit einem Schlag als provinziell. Um mit den traditionsreichen europäischen Metropolen Wien, Paris und London konkurrieren zu können, soll die alte Stadt verschwinden und eine neue entstehen.[4] Während man mit historistischen Neubauten die Geschichte beschwört, werden die Zeugnisse der Vergangenheit beseitigt. Hierin äußert sich zum ersten Mal das Thema, welches für die bauliche Entwicklung Berlins im 20. Jahrhundert so charakteristisch wird.

_Für die Darstellung seiner Macht lässt Kaiser Wilhelm II. den erst wenige Jahrzehnte zuvor von Schinkel umgestalteten Dom abreißen und durch einen monströsen Neubau ersetzen. Im gleichen Zuge wird die Schlossfreiheit abgebrochen, um dem Nationaldenkmal für Kaiser Wilhelm I. Platz zu machen. Das Stadtschloss verliert seinen städtebaulichen Halt. Die Krolloper von Ludwig Persius und Eduard Tietz soll auf Geheiß Wilhelms II. für einen pompösen Neubau weichen. Unter dem Beifall der Zeitgenossen entstehen zahlreiche Monumentalbauten. So ist am Ende der wilhelminischen Ära auch ein guter Teil des architektonischen Erbes verschwunden: Bauten von Philipp Gerlach, Andreas Schlüter, Heinrich Gentz, Karl Friedrich Schinkel; Kirchen, Rathäuser, Palais, Kolonnaden, Museen. Schon kurz nach dem Ende der Epoche sieht man dies kritisch, etwa wenn Carl Sternheim 1920 schreibt: »Fortgesetzt riß man erst Hingebautes ab, baute gewaltiger neu, baute in Erde und Luft. Errichtete Denkmäler reihen- und gruppenweise, demolierte, um größere Apotheosen hinzusetzten, verbrauchte atemlos.«[5]

_Doch mit neuem Vorzeichen wiederholt sich der alte Prozess. Mit der Kritik am Wilhelminismus keimt auch der Wunsch nach Beseitigung seiner baulichen Hinterlassenschaft. Es wird weniger abgerissen als Bestehendes überformt; Gebäude werden umgebaut, mit neuen Fassaden versehen. Zuweilen entsteht dabei Bedeutendes, etwa bei Erich Mendelsohns Umgestaltung des Rudolf-Mosse-Hauses; doch oft werden lediglich Stuck und Dekor entfernt, nach der Art, wie es

Abriss des Doms am Lustgarten, 1893   Polizeipräsidium während der Märzrevolution, 1919

Adolf Behne propagiert.[6] Im wesentlichen werden die Strategien des Stadtumbaus aus der Zeit des Wilhelminismus fortgesetzt, wobei an die Stelle privatwirtschaftlicher Spekulation und staatlicher Machtdemonstration ein verstärkter Ausbau innerstädtischer Infrastruktur tritt. Neugestaltungen für den Alexanderplatz, den Potsdamer und Leipziger Platz, den Platz der Republik und den Hermannplatz werden konzipiert, aber aufgrund der andauernden Wirtschaftskrise so gut wie nicht umgesetzt.

_Eine Radikalisierung der städtebaulichen Zerstörungen setzt erst mit dem Nationalsozialismus ein. Die geplante Nord-Süd-Achse bricht eine etwa einen Kilometer breite Bresche quer durch die ganze Stadt. Ähnlich rigorose Abrisspläne gibt es für die Ost-West-Achse sowie für das alte Zentrum rund um die Museumsinsel. Mit den Abbrucharbeiten für die Nord-Süd-Achse wird 1938 im Spreebogen und Diplomatenviertel begonnen; das gesamte spätklassizistische Alsenviertel wird niedergelegt. Doch dem Generalbauinspektor für die Reichshauptstadt Albert Speer gehen die Arbeiten nicht schnell genug voran. Im Mai 1940 verlangt er »neuartige Abrißmethoden durch Sprengung oder dergleichen«.[7] So begrüßt dann auch Speers Behörde im Jahr 1941 die britischen Bomben, welche die Arbeiten »erleichtern« würden, was eine »wertvolle Vorarbeit für Zwecke der Neugestaltung« darstelle.[8] Und noch im Sommer 1944 spricht Joseph Goebbels davon, dass sich »hier eine Entwicklung anbahnt, die ohne den Krieg zweifellos länger gedauert hätte und der der Krieg selbst eine ungeheure Beschleunigung verliehen hat.«[9]

_Im Nationalsozialismus zeigt sich erstmals – und zugleich in extremer Weise – eine Verselbständigung des Zerstörungsdrangs. Zerstörung dient nicht mehr der Schaffung von etwas Neuem, sondern wird zum eigentlichen Ziel. Destruktion wird zum direkten politischen Instrument. Besonders deutlich wird dies beim Reichstagsbrand 1933 und dem antisemitischen Pogrom der ›Reichskristallnacht‹ 1938. Ebenso werden kurz nach der Machtergreifung das Liebknecht-Luxemburg-Denkmal von Ludwig Mies van der Rohe sowie die Reste des Scheunenviertels als Symbole und Orte des kommunistischen Berlins abgerissen. Im Scheunenviertel war der Nationalsozialist Horst Wessel unweit der KPD-Zentrale 1930 ermordet worden; mit dem Abriss sollte die »Brutstätte des Kommunismus«[10] beseitigt werden.

_Ab August 1940 bombardiert die britische, ab März 1944 auch die amerikanische Luftwaffe Berlin. In insgesamt über 400 Luftangriffen werden 50000 Tonnen Brand-, Spreng-, Phosphor- und

Abriss des mittelalterlichen Krögels, 1934   Luftangriff auf den Spittelmarkt, 1944

Splitterbomben abgeworfen. Die Wirkung ist verheerend; schließlich hatte die US Army unter Mitarbeit von Erich Mendelsohn Berliner Mietskasernen in der Wüste von Utah nachgebaut und deren Brandverhalten untersucht, um die zerstörerische Wirkung zu maximieren.[11] Im Mai 1945 liegen 70 Prozent des Berliner Zentrums in Trümmern; etwa 80000 Häuser sind zerstört oder schwer beschädigt. 1,5 Millionen Berliner sind obdachlos.

_Den Kriegszerstörungen folgten die Abrisswellen der Nachkriegszeit. Zunächst werden – meist auf Initiative der Alliierten – die markantesten Orte der Naziherrschaft beseitigt. In den ersten Nachkriegsjahren verschwinden die Reichskanzlei von Albert Speer sowie mit der Kunstgewerbeschule und dem Prinz-Albrecht-Palais von Schinkel die Hauptquartiere von Gestapo und SS. Das ›Haus des Fremdenverkehrs‹ als erster Bau der Speer'schen Nord-Süd-Achse wird abgebrochen; der Rohbau der ›Wehrtechnischen Fakultät‹ verschwindet unter der Trümmeraufschüttung des Teufelsbergs. Auch das Stadtschloss als Herrschaftssitz der Hohenzollern fällt auf Geheiß Walter Ulbrichts dieser Zerstörung von missliebigen Symbolen zur Inszenierung eines Neuanfangs zum Opfer.

_Das moralische Versagen der deutschen Gesellschaft führt zu einem allgemeinen Drang, die Spuren der eigenen Geschichte zu tilgen. Ohne Unterscheidung wird eine Vielzahl von Monumenten als Träger kollektiver Erinnerung zerstört, gleichermaßen in Ost- und Westberlin: der Anhalter Bahnhof von Franz Heinrich Schwechten, das noch nach dem Krieg genutzte Völkerkundemuseum, die bereits im Wiederaufbau befindliche Bauakademie von Schinkel, die Garnisonkirche und die barocke Jerusalemskirche, die ehemals mittelalterliche, nach Bränden vierfach wieder aufgebaute Petrikirche, der Sportpalast als Stätte zahlreicher historischer Ereignisse aus Politik und Sport, das von Hans Poelzig für Max Reinhardt erbaute Große Schauspielhaus. Selbst vor den verbliebenen Zeugnissen jüdischer Kultur macht die Abrisswut nicht Halt. In der Nachkriegszeit werden über zwölf Synagogen zerstört, mehr als während der Nazizeit. Bezeichnenderweise machen die alten Gebäude nicht Platz für neue, sondern es geht nur um die Beseitigung des noch Vorhandenen. Die meisten dieser Orte sind noch heute unbebaut.

_Der Zerstörungskult ergreift die Stadt als Ganzes. 1946 legen Hans Scharoun und seine Mitarbeiter den ›Kollektivplan‹ vor, der für Gesamtberlin eine grundlegend neue Struktur vorsieht. Die Stadt wird in vier Ost-West-verlaufende Funktionsbänder unterteilt, die von einem Schnell-

Abriss der Reichskanzlei, 1950   Sprengung des Schlosses, 1950

straßennetz überlagert werden. Zwar scheitert der Plan an seinem utopischen Charakter wie an der Spaltung der Stadt, doch sein Verkehrskonzept wird in banalisierter und technokratischer Form in beiden Teilen weiter verfolgt. Im Unterschied zu früheren Straßendurchbrüchen und Straßenerweiterungen basiert es nicht mehr auf einer Ergänzung des bestehenden Netzes, sondern sieht ein völlig neues vor. Einzelne Fragmente dieses Systems von Stadtautobahnen und Schnellstraßen werden in den folgenden Jahrzehnten realisiert, wofür breite Schneisen durch den Stadtkörper geschlagen werden. Auch hier zeigt sich, dass es primär um die Destruktion als solche geht. Viele der frei geräumten Korridore werden nie für den Straßenbau genutzt, sondern liegen über Jahrzehnte brach.

_Der Straßenplanung folgt die Flächensanierung von Altbauquartieren. In Westberlin werden 430000 Altbauwohnungen als mangelhaft eingestuft; Anfang der sechziger Jahre weist man die ersten Sanierungsgebiete aus. Der Totalabriss ist für die Planer die beste Lösung, da sie nur so ihre fixe Idee einer idealen städtebaulichen Dichte realisieren können.[12] In den Bezirken Wedding, Schöneberg und Kreuzberg werden ganze Quartiere niedergelegt, bevor Protestbewegungen Mitte der siebziger Jahre eine Änderung der Sanierungskonzepte erwirken. Zeitgleich werden in Ostberlin mit dem Abriss des Fischerkiezes die letzten Spuren des mittelalterlichen Berlins beseitigt.

_In den achtziger Jahren vollzieht sich scheinbar eine Kehrtwendung: Nun ist die Architektur der Moderne ›out‹ und das historische Bauen ›in‹. Rechtzeitig zur 750-Jahr-Feier werden historische Bauten rekonstruiert; Denkmäler, die man nach 1945 in Lagerhallen verbannt hatte, werden wieder hervorgeholt und im Straßenraum aufgestellt; der mit Hilfe öffentlicher Subventionen abgeschlagene Stuck wird rekonstruiert.

_Doch spätestens nach dem Mauerfall zeigt sich, dass Baupolitiker und Architekten keine tolerantere oder gar respektvollere Einstellung gegenüber geschichtlichen Zeugnissen gewonnen haben. Nur das Feindbild hat gewechselt. Von nun an ist das Moderne verpönt. Die nun einsetzende Zerstörungswelle hat vor allem die baulichen Symbole der DDR im Visier. Innerhalb weniger Jahre wird der Boulevard Unter den Linden umgestaltet: das Lindencorso, die Ungarische Botschaft und das Ministerium für Auswärtige Angelegenheiten der DDR wurden abgerissen, die ehemaligen Ministerien für Volksbildung und Außenhandel mit einem völlig neuen Äußeren versehen. Das Hotel Unter den Linden ist zum Abriss vorgesehen, ebenso das ehemalige Palast-Hotel am

Brand des Columbushauses, 17. Juni 1953   Sprengung der Synagoge an der Fasanenstraße, 1958

Marx-Engels-Platz, große Teile der Komischen Oper, das Restaurant Ahornblatt auf der Fischerinsel und inzwischen wohl auch der Palast der Republik. Zwar musste Senatsbaudirektor Hans Stimmann seine Idee fallen lassen, den Fernsehturm abzureißen, doch Hans Kollhoffs Pläne für den Totalabriss der Quartiere rings um den Alexanderplatz sind inzwischen zum Bebauungsplan geworden. Der Entwurf sieht die Zerstörung von sieben Baublöcken vor, mit Ausnahme der beiden zu Beginn der dreißiger Jahren entstandenen Gebäude von Peter Behrens. Auf diese Weise werden binnen anderthalb Jahrzehnten die zentralen öffentlichen Räume Ostberlins gänzlich umgestaltet und das bauliche Erbe des Sozialismus symbolisch liquidiert sein. Auch quantitativ ist das Resultat des Bauens unter dem Signum der ›Kritischen Rekonstruktion‹ beeindruckend. In den ersten fünf Jahren nach dem Berliner Mauerfall wurden allein im Stadtbezirk Mitte 200 Abrissanträge gestellt; in den neunziger Jahren wurden jährlich bis zu einer Million Quadratmeter Gebäudefläche abgerissen.

_Nach Bereinigung der City Ost soll nun die City West ›redesigned‹ werden. Das denkmalgeschützte Schimmelpfenghaus am Breitscheidplatz soll demnächst einem Neubau weichen. Im Frühjahr 2000 veröffentlichte die Frankfurter Allgemeine Zeitung eine Artikelserie unter dem Motto »Abriss West«; die Autoren rufen zur Beseitigung der Nachkriegsmoderne in Westberlin auf. Die Vorschläge reichen vom Europacenter aus den sechziger Jahren über das Internationale Congress Centrum (ICC) aus den siebziger Jahren bis zu IBA-Bauten aus den achtziger Jahren. Auch vor dem gerade erbauten Kranzlereck von Helmut Jahn macht diese Lust und Wut nicht Halt. Dem aus der Berliner Geschichte bekannten Satz »Baupolitik ist Abrisspolitik« folgt nun die Position des »Abriss als Architekturkritik«. Es wirkt, als ob man um das Wohl der Stadt besorgt sei. Doch der soignierte und ins Feuilleton gehobene Zerstörungsdrang ist nur die bürgerliche, also durch Sprache gezähmte Kehrseite jenes zum Ritual gewordenen Vandalismus, durch den an jedem 1. Mai ganze Straßenzüge von Jugendlichen verwüstet werden.

_Die in Berlin stattfindenden Zerstörungen gehen über eine übliche Modernisierung hinaus. Die Stadt wird nicht nur stets neuen Programmen, Wirtschaftsformen, Verkehrsmitteln und größeren Maßstäben adaptiert. Vielmehr versucht jedes Regime aufs Neue, die Stadt einer neuen Ideologie anzupassen und die Spuren der vorangegangenen auszulöschen. Die Geschichtlichkeit ist weniger lesbar in der Akkumulation historischer Bausubstanz, als vielmehr in den Spuren

Sprengung des Anhalter Bahnhofs, 1961   Kahlschlagsanierung im Wedding, 1977

ihrer permanenten Auslöschung. Der Prozess der Zerstörung von Symbolen hat Symbole der Zerstörung hervorgebracht[13]: Brachflächen, Brandwände, abbrechende Straßenzüge, verspringende Baufluchten. Es ist das Paradox Berlins, dass es gerade aufgrund des Fehlens der meisten seiner bedeutenden historischen Bauten als ein Ort voller Geschichte erscheint.

_Berlin ist eine geisterhafte Stadt voller Verweise auf Verschwundenes. Es gibt Straßenschilder und U-Bahn-Stationen mit Namen längst vernichteter Plätze, ins Leere laufende Straßenzüge. Das kollektive Gedächtnis lässt uns umherirren auf der Suche nach Vergangenem, wie den Geschichtenerzähler Homer in Wim Wenders' Film ›Der Himmel über Berlin‹ oder wie die unzähligen Touristen, die vergeblich nach Spuren der Berliner Mauer suchen. Die geisterhafte Präsenz des Untergegangenen zeigt sich auch in jenen Formen des Neuen, die sich vielfach nur aus der Abgrenzung von Vergangenem oder in der Sehnsucht nach ihm erklären lassen. Überall ist wie im Film ein ›Off‹ gegenwärtig, ein jenseits des Sichtbaren größeres Ganzes, das Gilles Deleuze zufolge »ein radikales Anderswo, außerhalb des homogenen Raums und der homogenen Zeit«[14] bildet.

_Die permanente Destruktion hat Berlin zu einer Stadt der Moderne gemacht. Kaum etwas aus der Zeit vor der Industrialisierung blieb erhalten. Das wenige, etwa die Marienkirche am Marx-Engels-Platz, wirkt wie ein Fremdkörper aus einer anderen Welt. In seiner Akkumulation von geschichtlichen Spuren der Moderne stellt Berlin quasi ein ›modernes Rom‹ dar. Im Gegensatz zu anderen modernen Städten — New York oder Los Angeles, Brasilia oder Chandigarh — hat Berlin keine homogene Struktur. Durch die Abfolge konträrer Regime hat es im Zeitraffer eine vielschichtige Verformung durchlebt; in weniger als einem Jahrhundert hat sich ein komplexer Stadtkörper gebildet. Die für vergangene Epochen charakteristischen Strukturen sind nicht mehr lesbar, sondern zu Kryptogrammen in einem mitunter wirren Konglomerat von Texturen geworden. So lassen sich heute weder der mittelalterliche Stadtgrundriss noch der Verlauf der Festungsanlage, weder die barocke Stadtanlage noch der Verlauf der Berliner Mauer nachvollziehen. Nicht allein die Bauwerke der vergangenen Epochen wurden entfernt, sondern auch die Spuren im Stadtgrundriss verwischt, die Namen der Plätze und Straßen geändert, die räumlichen Konzepte konterkariert.

Sprengung der Versöhnungskirche
an der Bernauer Straße, 1985

Abriss der Mauer an der Bernauer Straße, 1990

_Der Drang zur Auslöschung des Vorangegangenen hat in Berlin zu einer ›Kultur der Zerstörung‹ geführt. Sie beginnt mit dem Expressionismus und Dada, geht über die Punk-Bewegung bis hin zur Gabba-Musik der neunziger Jahre. Jede Generation hat in Berlin auf ihre Weise das Thema der Zerstörung in Kunst und Musik reflektiert, sie zur künstlerischen Technik erhoben und eine Ästhetik der Zerstörung entwickelt. Auch in der Architektur, etwa wenn das Jüdische Museum von Daniel Libeskind die Form eines zersplitterten Davidsterns annimmt und die Fassade des Baukörpers wie von Einschnitten und Narben gezeichnet erscheint.

_Während der Expressionismus Gewalt und Zerstörung zum Bildmotiv machte, entwickelte der Dadaismus den Akt der Zerstörung zur künstlerischen Technik. Die populären Subkulturen des Punk und des Hard-Core-Techno Gabba zelebrieren einen Kult der Zerstörung bis hin zur bewussten Erzeugung von körperlichen Schmerzen durch eine Musik zu hoher Frequenzen und zu schneller Beats. Die kulturellen Aktivitäten schillern zwischen einer Kritik der Gewalt, Selbstzerstörung und der Zerstörung als befreiendem Akt. Am aggressivsten propagiert die zu Beginn der achtziger Jahre gegründete Berliner Musikgruppe ›Einstürzende Neubauten‹ die Kultur der Zerstörung. Die Gruppe rühmt sich, dass nach der Aufnahme ihres Songs ›Tanz den Untergang‹ mehrere Bauten in Berlin eingestürzt seien. Blixa Bargeld, der Sänger der Gruppe, empfiehlt den destruktiven Charakter als »heiter und freundlich. Er kennt nur eine Devise: Platz schaffen. Er weiß nicht, was er will, sondern nur, daß er alles, was ist, nicht will.«[15]

_Für den englischen Publizisten Ian Buruma ist es »kein Zufall, dass sowohl Los Angeles als auch Tokio in geologischen Risikogebieten entstanden. Die ständige Gefahr sofortiger Erdbeben-zerstörung gibt diesen Städten das Gefühl von Unbeständigkeit — oder anders, Wurzellosigkeit. Wo nichts von Dauer ist, ist alles möglich.«[16] Was sich in Berlin zeigt, ist weniger eine befreiende Zerstörung zur Schaffung von etwas Neuem, als der zwanghafte Drang eines Social Engineering, die bestehende Stadt den eigenen fixen Bildern gewaltsam anzupassen. »In der Geschichte Berlins war die Vergangenheit immer etwas, das zerstört, gereinigt oder in verfälschter und verzerrter Form neu erfunden wurde,«[17] heißt es bei Ian Buruma. So ist Berlin heute zum wiederholten Male Zerstörungen ausgesetzt, die versuchen, eine neue Geschichte zu kreieren. Denn die Deutschen träumen nicht von einer anderen Zukunft, sondern von einer anderen Vergangenheit.

Abriss des Lenindenkmals, 1991   Abriss des Hotels Berolina, 1996

_1 Christa Baumgarth: Geschichte des Futurismus, Reinbek bei Hamburg 1966, S. 85
_2 Manifest des Futurismus von 1909, in: Wolfgang Asholt, Walter Fähnders: Manifeste und Proklamationen der europäischen Avantgarde, Stuttgart 1995, S. 5 f.
_3 Wolf Jobst Siedler: Phoenix im Sand. Glanz und Elend der Hauptstadt, Berlin 1998, S. 60 ff.
_4 Siehe Harald Bodenschatz: Stadterneuerung in Berlin, in: Stadtentwicklung Berlins nach 1945, ISR Diskussionsbeiträge Nr. 17, hg. von W. Schäche, W. Streich, Berlin 1985, S. 75
_5 Carl Sternheim: Berlin oder Juste Milieu, München 1920, S. 59
_6 Adolf Behne: Neues Wohnen — Neues Bauen, Leipzig 1927, S. 148 f.
_7 Zitiert nach Wolfgang Schäche: Von Berlin nach Germania, Berlin 1998, S. 154 f. Wolfgang Schäche verdanke ich einige wertvolle Hinweise für diesen Artikel.
_8 Ebenda, S. 158
_9 Das Reich, Berlin, 11.6.1944
_10 Brief des Reichsarbeitsministers an den Reichsminister der Finanzen vom 20.1.1934, in: Johann Friedrich Geist und Klaus Kürvers: Das Berliner Mietshaus 1945-1989, München 1989, S. 539
_11 Mike Davis: Berlin's Skeleton in Utah's Closet, in: Grandstreet Nr. 69, Sommer 1999
_12 Erster Bericht über die Stadterneuerung 1964, S. 7 f.
_13 Die Zukunft der Metropolen, Katalog der Ausstellung der Technischen Universität Berlin, Bd. 3: Utopischer Ort Berlin, hg. v. Karl Schwarz, Berlin 1984, S. 149
_14 Gilles Deleuze: Das Bewegungs-Bild. Kino 1, Frankfurt am Main 1997, S. 34
_15 Blixa Bargeld, in: Kursbuch 68, 1982, S. 106
_16 Ian Buruma: Die kapitale Schnauze, Berlin — Selbstzerstörung und wiederkehrende Selbsterzeugung, in: Lettre International, Winter 1998, S. 38
_17 Ebenda, S. 36

»Die tiefste Bedeutung und Faszination Berlins« liegt nach Ansicht des amerikanischen Philosophen Richard Shusterman »in den sich überlagernden Schichten seiner anwesenden Abwesenheiten – wie es bei dem gespenstischen Palast der Republik der Fall ist. In weißem Marmor erbaut auf einem Platz, der von den Kommunisten kahlgeschlagen worden war, indem sie das alte Stadtschloss abrissen, steht er nun seit 1990 leer, im Augenblick aufgrund giftiger Asbestwände sowohl unbewohnbar als auch unvernichtbar. Um dieses Spiel anwesender Abwesenheiten noch komplizierter zu machen, wurde davor vorübergehend ein Modell des alten Stadtschlosses errichtet, um so dem öffentlichen Wunsch besser nachzukommen, diesen abwesenden aristokratischen Palast wieder aufzubauen und den leeren kommunistischen Palast auszulöschen.«[1]

_Berlin ist eine Stadt der Leerräume, eine Ansammlung von Abwesenheiten des Vergangenen und des Zukünftigen. Diese Leere, erstmals von Ernst Bloch in seinem Essay »Berlin: Funktionen im Hohlraum«[2] Anfang der dreißiger Jahre beschrieben, war schon in den zwanziger Jahren spürbar. Denn mit dem Untergang des Kaiserreichs 1918 hatte auch die wilhelminische bürgerliche Kultur ein Ende gefunden. Ein Hohlraum war entstanden, in dem sich die Moderne entwickelte. Kaum etabliert, wurde sie vom Nationalsozialismus beseitigt, der seinerseits eine mehrfache Leere schuf: einen kulturellen Exodus, der nicht nur das jüdische Leben, sondern die ganze junge Kultur der Weimarer Zeit zerstörte und eine Wüstenei hinterließ, die in der Trümmerlandschaft der einstigen Hauptstadt 1945 ihren Ausdruck fand. In den Zeiten des Kalten Krieges wurde die Leere zu einem unübersehbaren Monument im Herzen der Stadt.

_Heute ist die Leere scheinbar verschwunden. Sie ist fragmentiert und absorbiert von geisterhaften Bauten, aufgesogen vom Inneren des Stadtkörpers. Das wieder vereinte Berlin, überschüttet von Erwartungen auf die Wiedergeburt der Metropole, ist angestrengt bemüht, die Fata Morgana einer Weltstadt einzuholen. Stets auf der Suche nach dem, was sie nicht ist, fehlt der Stadt eine selbstverständliche Gelassenheit. Vielleicht entwickelt sie gerade in diesem permanenten Scheitern ihre Intensität, ihr Potential, gar ihre Größe. Heute bildet Berlin eine Ansammlung unterschiedlicher Abwesenheiten. Da sind zunächst die Spuren der deutschen Geschichte, die Zeugnisse der Zerstörungen. Etwa die gespenstische Leere des Jüdischen Friedhofs in Weißensee mit Hunderttausenden verlassener Gräber; oder die heute noch an vielen Stellen erfahrbare Perforation des Stadtkörpers durch die Bomben im Zweiten Weltkrieg. Ferner die anwesenden Abwesenheiten des NS-Regimes, wie zum Beispiel die Leere um das abgerissene Prinz-Albrecht-Palais, das ehemalige Hauptquartier von Gestapo und SS, oder die nie realisierte Speer'sche Nord-Süd-Achse. Sie hat sich in das kollektive Bewusstsein gebrannt und durch den Versuch ihrer mehrfachen Auslöschung zunehmend an Substanz gewonnen. Die Platzierung der Bauten, die absichtlich die große Achse durchkreuzen – das Sowjetische Ehrenmal an der Straße des 17. Juni, die Staatsbibliothek von Hans Scharoun und das ›Band des Bundes‹ von Axel Schultes und Charlotte Frank – ziehen ex negativo eine Spur dieser Achse.

_Durch den ungelösten Konflikt zwischen den im Lauf der Geschichte wechselnden Ideologien entstehen konzeptuelle Leerräume, die sich physisch manifestieren. In der Geschichte Berlins prallten immer wieder unvereinbare städtebauliche Konzepte aufeinander: die barocke Stadterweiterung auf die Festungsanlage, die Stadtautobahnpläne auf den Hobrechtplan, das ›Planwerk Innenstadt‹ auf den sozialistischen Plattenbau. Wo diese Konzepte vernäht werden müssten, klaffen Lücken, die weder Teil der einen noch der anderen städtebaulichen Textur sind.

Das Scheitern von Gesamtvisionen und Idealentwürfen hinterließ zudem Leeren durch Unvollständigkeit, wie die frei geräumten, aber nie bebauten Korridore der Verkehrsplanung der fünfziger Jahre oder das jüngste Scheitern von Axel Schultes' ›Band des Bundes‹, in dem nunmehr die Lücke des ›Bürgerforums‹ klafft.

_Doch dies sind nicht die einzigen Leerstellen vergangener Ideologien. Als ein Leichnam bleiben ihre steinernen Zeugnisse im Stadtraum zurück, wie nach dem Zusammenbruch der DDR der Palast der Republik, die verlassenen Kindergärten der Großsiedlungen oder die Militäranlagen der Roten Armee. Berlin ist eine Stadt der abrupten Wechsel zwischen Beschleunigung und Verlangsamung, Boomtown und Schrumpfung. Die unregelmäßige Entwicklung schafft immer wieder Verwerfungen, die Spuren der Leere hinterlassen. Die Schrumpfung des geteilten Berlins führte zur Auflösung der Stadt von innen, zur Ausbildung der inneren Peripherie. Durch den Bauboom nach der Wiedervereinigung wurden diese Leerstellen zwar gefüllt, doch tat sich eine Diskrepanz zwischen Hoffnung und Wirklichkeit auf, die neue Leerräume erzeugte. Während man in der Aufbruchseuphorie davon ausging, Berlin werde stark wachsen, hat längst eine Ernüchterung eingesetzt. Statt der erwarteten Hunderttausende oder gar Millionen Neuberliner sinkt die Einwohnerschaft langsam, doch stetig. Die Arbeitslosigkeit steigt, die Kaufkraft verringert sich. Die Folge ist ein enormer Leerstand. 1,3 Millionen Quadratmeter Bürofläche stehen leer, 40 Prozent der neuen Gewerbeparks im Umland liegen brach.

_Die enttäuschten Erwartungen manifestieren sich auch in nie begonnenen oder abgebrochenen Bauvorhaben. Als bizarre minimalistische Großskulpturen warten sie auf andere Zeiten, wie Claude Vasconis ›Spandauer Tor‹, Aldo Rossis ›Landsberger Arkaden‹ oder die Brachfläche des Stadions der Weltjugend, Zeichen der gescheiterten Olympiabewerbung Berlins. Was sich andernorts kontinuierlich entwickelte, wurde in Berlin 1989 nach jahrzehntelanger Stagnation schockartig freigesetzt. Die Brachen der veralteten Bahninfrastruktur, der überkommenen Industrieanlagen und der inneren Peripherie entlang der Mauer werden erst im Verlauf von Jahrzehnten gefüllt und belebt werden können. Um diese Kluft zu überbrücken, hat sich ein eigenes Gewerbe gebildet. Die Firma Sitex versiegelte in Berlin und im übrigen Osten Deutschlands Hunderte von Bauten mit Stahlplatten; die leeren Gebäude verharren im Wartezustand.

_Die Leeren Berlins zeigen sichtbarer als anderswo ein allgemeines Phänomen. So brachte »Berlins Kaleidoskop der Abwesenheiten« Richard Shusterman »auf die Idee, dass Abwesenheiten ein wesentliches Strukturprinzip von städtischer Ästhetik im Allgemeinen sein könnten, ein paradoxer Teil ihrer Ökonomie der Fülle.«[3] Die Leere ist der Modernisierung eingeschrieben. Ihr permanenter Wandel führt zu ständiger Entleerung. Wie eine Raupe ihre Schalen abwirft, so liegen in der modernen Metropole die Hüllen des Gestern herum. Die Reorganisation des Raums erzeugt aufgegebene Areale, Restflächen zwischen dissoziierten Elementen. Gleichzeitig wird Raum freigehalten als Option auf die Zukunft: Korridore für Verkehrsstrassen, Erweiterungsflächen und Masterpläne. Andernorts klaffen die nicht verwertbaren Resträume zwischen Infrastrukturen und bebauten Inseln. Und immer wieder tauchen die Lücken der Fehlplanungen auf, unvermeidliche Irrtümer, der Tribut an die Langsamkeit des Bauens. Während die Leerräume von gestern in den Körper der Stadt integriert werden, entstehen anderswo neue Vakanzen.

_Die Leere ist für die Metropole so unverzichtbar wie der brachliegende Acker für die Dreifelderwirtschaft. Im Zyklus der Bewirtschaftung des Ackerlandes dient die Brache der Regeneration des Bodens, der Wiedergewinnung der Fruchtbarkeit. Und erst die städtische Brache erlaubt die Erneuerung der Stadt. Die Städte werden porös. Schon 1928 bemerkt Walter Benjamin, große Städte seien »allerorten durchbrochen vom eindringenden Land.«[4] Die einst kompakte Stadt hat sich aufgelöst in die Region. Das Außen dringt in das Innerste der Stadt. Die Durchlöcherung der Stadt führt zu einer räumlichen Offenheit, zur Erfahrung von Weite. Mitten in der Stadt erblickt man den Horizont und den freien Himmel.

Berlin-Kreuzberg, Wilhelmstraße, um 1985, Foto: John Davies

Berlin-Mitte, Ecke Rosenthaler Straße Gipsstraße, stillgelegte Baustelle, 1997

_Diese räumliche Offenheit erlaubt es in den Augen des Regisseurs Wim Wenders zugleich, »die Zeit zu überschauen«. Diese Qualität des Berliner Stadtraums vergleicht er mit der Rezeption von Filmen: »Im Leben definiert die Zeit die Geschichte. Bei Filmen kann man eine ähnliche Beobachtung machen. Nur solche Filme, die Platz für Lücken zwischen den Bildern freilassen, erzählen eine Geschichte. Eine Geschichte wird erst im Kopf des Zuschauers oder Zuhörers zum Leben erweckt. Jene anderen Filme, diese geschlossenen Systeme, geben nur vor, eine Geschichte zu erzählen.«[5]

Berlin-Mitte, Alexanderstraße, Foto: Jordi Bernadó

_Dem Stadtbewohner erscheinen die Leerräume als ein Ort des Anderen. Dem Alltag entzogen, sind sie wie weiße Flecken auf der Landkarte, unbesetztes Terrain, offen für Entdeckungen. So beschreibt J. G. Ballard in seinem Roman ›Concrete Island‹ einen modernen Robinson Crusoe, der durch einen Unfall in den unzugänglichen Zwischenraum einer Autobahnkreuzung gerät und hier die Freiheit des Undefinierten entdeckt.[6] Im Herzen der Metropole liegen die Orte der Wildnis und des Unbekannten der modernen Zivilisation. Es sind die Stätten, wo der Mensch seiner Sehnsucht nach Entdeckung, nach dem Heraustreten aus der alltäglichen Welt nachkommen kann. Die Leere ist ambivalent. Sie ist ein Raum der Erinnerung und zugleich ein Ort des Zukünftigen. Die Leere ist instabil und temporär, ein Zustand des Nicht-mehr und Noch-nicht. Sie ist das Gegenstück zur Dauerhaftigkeit und Abgeschlossenheit des gebauten Raums. In ihrer Unvollständigkeit ist sie offen, ein Möglichkeitsraum ohne Struktur, Form und Richtung. Wo Nichts ist, ist alles vorstellbar.

_Dieses Freiheitsversprechen war als Keim im Programm der klassischen Moderne enthalten, in der Entleerung des bürgerlichen Interieurs, in der Neutralität der weißen Wand, bevor die Leere zu einem sterilen Purismus erstarrte. Doch Anfang der fünfziger Jahre begannen der Komponist John Cage und der Maler Robert Rauschenberg wieder mit dem Potential von Stille und Leere zu experimentieren. 1952 schuf Cage seine legendäre Komposition ›4'33"‹, ein völlig lautloses Stück in drei Sätzen. Die Stille war kein Selbstzweck; Cage selbst wies in seinen Schriften darauf hin, dass es völlige Stille ohnedies nicht gebe. Vielmehr führte sie zur Wahrnehmung von Klängen und Geräuschen des Alltags, die gemeinhin überhört werden.[7] Das Hörbare der Komposition ist das Nichtkomponierte. Es bleibt damit dem Zufall überlassen. Eine analoge Konzeption verfolgte Rauschenberg mit seinen ›Weißen Bildern‹ aus den Jahren 1951 bis 1953: »Ich habe immer geglaubt, dass die weißen Bilder nicht etwa passiv sind, sondern ... übersensibel. Man konnte sie betrachten und konnte beinahe durch den Schattenwurf sehen, wie viele Menschen im Zimmer waren oder welche Tageszeit es war.« Die weißen Bilder absorbieren quasi alle Bilder, die sich im Raum zeigen; sie geben Platz für die Vorstellungskraft. Für Rauschenberg war die Herstellung von Leere ein kreativer Akt. Und so schuf er 1953 eine Arbeit, bei der er nicht mehr tat, als dass er eine Zeichnung von Willem de Kooning ausradierte. Ihm ging es darum, »in der Lage zu sein, seinen eigenen Kopf leer zu machen.«[8]

_Während sich diese künstlerischen Experimente auf die Möglichkeiten von Imagination und Wahrnehmung fokussierten, entdeckten die Architekten Anfang der siebziger Jahre die Leere als

Berlin-Marzahn, leerer Kindergarten, Foto: Gerrit Engel

architektonisches und städtebauliches Konzept. So war für Rem Koolhaas die Berliner Mauer »die erste Demonstration der Fähigkeit der Leere, des Nichts, mit größerer Effizienz, Subtilität und Flexibilität zu funktionieren als irgend ein Objekt an seiner Stelle. Es war eine Warnung, dass in der Architektur Abwesenheit in einem Wettstreit mit Anwesenheit immer gewinnt.«[9] In den achtziger Jahren entwickelte sich in den Arbeiten von O.M.A. hieraus die Entwurfsstrategie des »Sich das Nichts vorstellen«. Denn: »Wo nichts ist, ist alles möglich. Wo Architektur ist, ist nichts anderes möglich. Wichtiger als das Entwerfen von Städten ist das Entwerfen ihres Verfalls. Nur durch einen revolutionären Prozess der Auslöschung und der Schaffung ›befreiter Zonen‹, konzeptueller Nevadas, in denen alle Gesetze der Architektur aufgehoben sind, wird es möglich sein, manche Qualen zu kurieren, die dem städtischen Leben eigen sind.«[10]

_Architektur und Städtebau werden somit nicht mehr als eine Geste verstanden, die Aktivitäten definiert und für diese Räume bildet. Sie wird vielmehr zu einer Geste, die Zonen von Absenzen schafft, die offen sind für das Unerwartete. Möglich wird dies nur durch eine bewusste Unvollständigkeit von städtebaulichen oder architektonischen Projekten. Erst in der Abwesenheit von Planung und Intentionen kann sich das Potential der Leere entfalten. Die Leere ist ein Paradox: Wo nichts ist, wird mehr sein. Die Leere generiert das unvorhergesehene Neue. Am Ende dieses Prozesses ist durch das Schaffen von Leere mehr da als zuvor. So beginnt auch die Erschaffung der Welt nach dem jüdischen Schöpfungsmythos des ›Zimzum‹ mit der Leere. Der zunächst allgegenwärtige Gott zieht sich in sich selbst zurück und schafft ein Vakuum, eine Abwesenheit, aus dem heraus die Welt entsteht.[11]

_1 Richard Shusterman: Ästhetik der Abwesenheit. Der Wert der Leere. Pragmatische Überlegungen zu Berlin, in: Lettre International, Winter 1998, S. 30 ff.
_2 In: Ernst Bloch: Erbschaft dieser Zeit, Frankfurt am Main 1973, S. 212 ff., erstmals erschienen Zürich 1935
_3 Shusterman, a.a.O., S. 32
_4 Walter Benjamin: Einbahnstraße, Frankfurt am Main 1985, S. 36
_5 Wim Wenders: The Act of Seeing. Essays, Reden und Gespräche, Frankfurt am Main 1992, S. 124
_6 J. G. Ballard: Concrete Island, London 1974
_7 Siehe Herbert Henck: Vom Klang der Stille – John Cages ›4'33"‹, in: Raum, Zeit, Stille, Katalog zur Ausstellung im Kölnischen Kunstverein 1985, hg. von Wulf Herzogenrath
_8 Robert Rauschenberg im Gespräch mit Barbara Rose, Köln 1989
_9 Rem Koolhaas/O.M.A.: SMLXL, Rotterdam 1995, S. 228
_10 L'Architecture d'aujourd'hui, Nr. 238, April 1985
_11 Siehe Christoph Schulte: Zimzum in European Philosophy, in: Jewish Studies in a new Europe, hg. von Ulf Haxen u.a., Kopenhagen 1998, S. 745 ff.

In Zeiten des Wandels wurde die Stadt immer wieder radikal umorganisiert, wobei große Areale undefiniert blieben. Der Zusammenbruch von vier deutschen Staaten, die Zerstörungen des Zweiten Weltkriegs, die Teilung der Stadt, Stagnation und Schrumpfung, Fehlplanungen und Deindustrialisierung führten zu Verwerfungen und schufen Räume, die dem normalen Zyklus der ökonomischen Verwertung wie auch dem Alltag der Bevölkerung entzogen waren. So entstanden scheinbar funktionslose Räume, die einen Nährboden für unerwartete Aktivitäten bildeten.

_Abseits der herkömmlichen gesellschaftlichen Regeln entwickelte sich hier eine enorme Bandbreite spontaner, oft illegaler Aktivitäten von Gartenbau, Wagenburgen, Märkten, Sport und Erholung bis zu Kunstbetrieb und Nightlife. Mit diesen entstanden neue Moden, Kulturen, Lebensstile. Waren es in den siebziger und frühen achtziger Jahren die Hausbesetzer-, die Alternativ- und die Punkbewegung, die mit kollektiven Lebensformen und subversiver Ästhetik experimentierten, so bildete sich in den ersten Jahren der Nachwendezeit die Clubkultur und Technoszene aus, die eine neue Kunst- und Musikszene hervorgebracht haben. Sie stehen exemplarisch für die Aufbruchseuphorie des neuen Berlin und haben den neuen Hauptstadtmythos entscheidend geprägt.

_Die Orte der Subkultur sind Zonen der Unabhängigkeit. Als Gegenwelten bieten sie Raum für Aktivitäten, die von der Gesellschaft ausgegrenzt oder nicht vorgesehen sind. Rem Koolhaas beschreibt in seiner Untersuchung zum Thema Shopping den »Paradigmawechsel vom Öffentlichen und Privaten zum Kontrollierten und Residualen«,[1] das heißt Übriggebliebenen. Ihm zufolge geht es nicht mehr um Öffentlichkeit versus Privatheit, sondern um den Gegensatz zwischen kontrollierten und aufgegebenen Räumen. Einerseits gibt es Areale wie Shopping Malls oder Flughäfen, die bis ins letzte Detail und mit einem extremen Wissen geplant und betrieben werden und weder öffentlich noch privat sind, andererseits gibt es verwahrloste Resträume, Zonen des Residualen.

_Berlin war im 20. Jahrhundert ein urbanes Laboratorium zur Untersuchung des Residualen. Offen für das Unbekannte, stellen die Residualräume die Experimentierfelder der Stadt dar, Katalysatoren für die Entstehung des Neuen. Sie existieren nur vorübergehend und werden früher oder später der kontrollierten Substanz des Stadtorganismus wieder einverleibt; doch zugleich bilden sich andernorts erneut Räume, die für die allgemeine gesellschaftliche Verwertung nutzlos sind. Wie die Residualräume sind auch die temporären Aktivitäten instabil. Sie transformieren sich und verschwinden so spontan wie sie entstehen. Sie reagieren damit auf ihre Ausgrenzung und Verdrängung. So wurden die ›Polenmärkte‹ der frühen neunziger Jahre vom Potsdamer Platz erst an den Stadtrand Berlins und dann jenseits der deutsch-polnischen Grenze gedrängt. Die Clubszene der Nachwendezeit hat durch ihren Erfolg Entwicklungen stimuliert, die sie nunmehr selbst verdrängen. So wanderte sie von Kreuzberg über Mitte nach Prenzlauer Berg und Friedrichshain. Der Nomadismus resultiert aus dem äußeren Druck und der zurückgewonnenen Kontrolle etablierter Gesellschaftsstrukuren über die Territorien, doch liegt er auch im Wesen temporärer Nutzungen.

_Aufgrund ihrer Flüchtigkeit sind diese Aktivitäten nicht greifbar. Das Umherziehen wird zu einer Strategie des Verbergens. Beispielhaft dafür ist das ›UFO‹, die erste Technodisco aus der Vorwendezeit. Als illegaler Club entzog er sich durch ständigen Ortswechsel dem polizeilichen Zugriff und informierte die Gäste über Telefonketten. »Das UFO Konzept war einfach. Es steigt auf und landet irgendwo«,[2] sagt Dimitri Hegemann, Initiator des UFO. Viele Clubs haben dieses

Berlin-Mitte, Am Engelbecken, Foto: Christoph Petras

Konzept kopiert, immer auf der Suche nach neuen, außergewöhnlichen Locations. Mittels Musikanlage, Stroboskoplicht, Nebelmaschine, Drinks und Drogen ließen sich ausgefallene Orte in wenigen Stunden in die gefragtesten Clubräume verwandeln. Noch einfacher war die Installation einer der legendären Wochentagbars, die nur einmal wöchentlich geöffnet sind. Die Instabilität wird zum Motor der ständigen Neuerfindung. Mit dem Ortswechsel geht die Aktualisierung der Konzeption einher. Und so drohen Clubs zu versteinern, wenn sie sesshaft werden. Um dies zu vermeiden, wurde das Prinzip des Club im Club entwickelt. So dient das ›Maria am Ostbahnhof‹ als Plattform für andere Veranstalter wie ›Flittchen-Bar‹, ›Hirschbar‹, ›Suicide-Club‹ oder ›Lomographische Botschaft‹, die jeweils ein eigenes Programm verfolgen und ein anderes Publikum ansprechen. Durch dieses Prinzip wird der Wandel aufrecht erhalten, der durch die äußeren Umstände nicht mehr gegeben ist.

_Temporäre Nutzungen entstehen aus losen Gruppierungen, die sich finden, wachsen, aufspalten, verschmelzen und zerfallen. Diese agieren lokal und flexibel. In einer Art urbaner Guerillataktik nutzen sie sich auftuende Möglichkeiten und passen sich veränderten Bedingungen an. Eine extreme Dynamik entwickelt sich. Temporäre Aktivitäten schaffen ein Maximum an Intensität mit einem Minimum an Substanz. Bestehende Infrastrukturen, Bauten und Flächenreserven werden mit geringsten lokalen Mitteln aktiviert. Die Leichtigkeit erlaubt es Akteuren ohne Kapital, die Stadt und ihren Raum aktiv zu gestalten. Die Grundregeln des Kapitalismus scheinen in diesen Zonen außer Kraft gesetzt: Fast ohne Geldmittel können kulturelle und urbane Experimente realisiert werden und entfalten dabei häufig eine enorme Wirksamkeit.

_Sie breiten sich wie ein Rhizom aus, durchdringen wie ein Flechtwerk die Stadt, nisten sich in Nischen und Lücken ein. Oder sie kapern etablierte Orte. Durch diese Infiltration urbanisieren sie homogene Stadtviertel, erzeugen eine Durchmischung von Aktivitäten und kompensieren programmatische Defizite. Als eine Zone des Andersseins strahlen sie auf die Zone des Alltäglichen und Selbstverständlichen zurück. Sie unterminieren bestehende Kategorien und Annahmen und destabilisieren existierende Strukturen.

_Sie reprogrammieren aufgelassene, brachliegende Räume. Umspannwerke, Bunker, Kohlenhandlungen werden zu Orten der Freizeitkultur, Supermärkte und Verwaltungsräume zu Kunstgalerien, Fabrikbauten zu Wohnungen und Kulturzentren. Wie in einer surrealistischen Collage treffen Elemente entgegengesetzter Welten aufeinander. Wohnzimmer werden zu Clubräumen, die Clubszene verschmilzt mit Jugendsport, Kunst oder Literatur. Es kommt zum Crossover unterschiedlicher, zuvor getrennter Kulturbereiche. Basis dafür bildet der Club, der als eine Plattform fungiert, offen für verschiedene Programme. Der Club wird zum Ort, der lediglich den Raum und die Infrastruktur für unterschiedliche Aktivitäten und Events bietet. Herkömmliche Ordnungen werden dabei suspendiert. Im verflüssigten Raum wird Unterschiedliches miteinander verknüpft. Wenn etwa aus dem Samplen, Rekombinieren und Verschmelzen vorhandenen musikalischen Materials neue Musikstile entstehen, wenn Techno mit Jazz oder Choral, Punk mit Classic oder Salsa, HipHop mit John Cage rekombiniert wird. Gleiches gilt für die Interieurs der Clubkultur. Hier treffen Materialien und Gegenstände aus den unterschiedlichsten Kontexten zusammen. So öffnet sich ein Raum zur Auseinandersetzung mit verworfenen, ausgegrenzten Ästhetiken: Während die DDR-Ästhetik im offiziellen Berlin der neunziger Jahre systematisch eliminiert wurde, hat sich die Club- und Kunstszene über das Recycling von vorgefundenem Material diese kritisch angeeignet.

_Auch auf soziale Kategorien wirkt sich das Prinzip des Crossovers aus. So waren die Ende der achtziger Jahre in Westberlin aufkommenden ›Polenmärkte‹ Orte, wo sich Polen, Türken und Deutsche in einer sonst unbekannten Intensität und Direktheit begegneten. Ein weiteres Beispiel sozialer Mischung ist das von einer privaten Initiative organisierte ›Volxgolf‹ auf dem Gelände des ehemaligen Stadions der Weltjugend. Hier treffen sich Bauarbeiter, Manager, Flüchtlingskinder, die Szene aus Mitte und Türken aus dem Wedding zum Golfen, spielen mit fluoreszierenden Bällen zuweilen Nachts bei Grillfeuer und Bier. Überhaupt stellen die innerstädtischen Brachflächen unvermutet suburbane oder ländliche Szenen im Herzen der Großstadt dar: Boulespiel auf der Brache am Potsdamer Platz in den achtziger Jahren, Spaziergehen und Grillen auf dem Gleisdreieck, Ponyreiten auf dem ehemaligen Mauerstreifen hinter dem Hochhaus des Springerkonzerns in Mitte. Oder auch die Szenen aus der Nachkriegszeit, als die Not leidende Bevölkerung Gemüsegärten vor dem Reichstag anlegte, Ackerbau im Tiergarten betrieb oder in den Bombenlöchern baden ging. Und wie der Mensch entfaltet sich auch die Natur. Die Brachflächen Berlins sind mit über 1300 Pflanzenarten die artenreichsten Biotope Europas.

_Ihren subversiven Charakter entfalten temporäre Aktivitäten in politischen Aktionen. Sit-ins und Sleep-ins sind eine radikalisierte Version des Reprogramming. Anstatt sich in vorhandene Nischen einzunisten, werden existierende Institutionen wie Fabriken oder Hochschulen durch die Besetzung ihrem normativen Alltag entzogen und für ein alternatives Szenario genutzt. Diese Piraterie ist Mittel zum Zweck, die aggressive Reprogrammierung des Raums ein Werkzeug, um etablierte Strukturen zu verändern. Eingeführt durch die Studentenbewegung der sechziger Jahre, hat sich dieses Mittel des gewaltfreien Widerstands über Hochschul- und Arbeiterstreiks bis in unsere Tage fortgesetzt. Jüngstes Beispiel war die Umwandlung des Alcatel-Kabelwerks in Neukölln im September 1999 in das ›Hotel Alcatel‹. Unter diesem Namen besetzte die von Entlassung bedrohte Belegschaft ihre Fabrik.

_Aufgrund ihrer Instabilität bilden temporäre Nutzungen für einen Ort zumeist nur eine kürzere oder längere Übergangsperiode. Als Lückenbüßer können temporäre Programme von andersartigen verdrängt werden und spurlos verschwinden. Oft allerdings bilden sie ein Initial.

Gemüsegärten im Tiergarten, 1947

Polenmarkt am Potsdamer Platz, 1989, Foto: Karsten Burkert

So kann sich eine temporäre Nutzung auch etablieren und eine permanente Form annehmen. Beispielhaft hierfür sind die Hausbesetzungen der achtziger und neunziger Jahre. Zwei Drittel der knapp 500 Häuser wurden geräumt, aber zirka ein Drittel gelangten über Kauf- oder Mietverträge zu einer dauerhaften Nutzung. Heute bilden diese Häuser ein Netzwerk der Alternativkultur, zu dem neben zahlreichen Wohn- und Arbeitskollektiven kulturelle Einrichtungen wie die ›UFA-Fabrik‹, das ›Kerngehäuse‹, der ›Schokoladen‹ oder das ›Tacheles‹ gehören. Ein anderes Beispiel ist die Auguststraße, wo im Sommer 1992 die einwöchige Ausstellung ›37 Räume‹ stattfand. Für verschiedene leer stehende Bauten konzipierten 37 Kuratoren jeweils einen Raum. Dieses einmalige Kunstereignis wurde quasi zu einem Probelauf für die dort inzwischen über 20 etablierten kommerziellen Galerien. Immobilieneigentümer machen sich die Vorteile solcher Initialnutzungen zu eigen. Sie tolerieren oder initiieren zunehmend nicht kommerzielle temporäre Aktivitäten, um künftige Nutzungen vorzubereiten, die Immobilie als ›Location‹ bekannt zu machen, ihren Wert zu erhöhen und ihre Vermarktung zu erleichtern.

_Für ihre Initiatoren und Betreiber sind temporäre Nutzungen oft eine Durchgangsstation zur Professionalisierung und Etablierung. Exemplarisch dafür sind die Karrieren des Leiters und des Dramaturgen der Baracke des Deutschen Theaters, Thomas Ostermeier und Jens Hillje. Bekannt geworden durch ihre Arbeit für die provisorische Experimentierbühne in Containerbauten Mitte der neunziger Jahre, haben sie inzwischen die Leitung der Schaubühne am Lehniner Platz mit übernommen. Gleiches gilt auch für die Club- und Galerieszene, die unter anderem zur Gründung von Musiklabels oder Kulturinstitutionen wie den ›Kunstwerken‹ in der Auguststraße geführt hat.

_Etablierte Institutionen wie Museen oder die Marketingabteilungen großer Konzerne kopieren mittlerweile die nomadische Strategie und den Eventcharakter temporärer Nutzungen. Durch eine Verflüssigung ihrer Strukturen und Konzepte versuchen sie, in die Jugend- und Kulturszene einzudringen. Sie inszenieren Events im Straßenraum, wie etwa 1995 den Street-Soccer-World-Cup im Berliner Lustgarten auf der Museumsinsel, der von der Sportartikelfirma Puma als Teil einer Werbekampagne organisiert wurde. Oder die seit 1997 halbjährlich stattfindende ›Lange Nacht der Museen‹, in der die Berliner Museumswelt quasi als Partyveranstalter auftritt.

_So droht die Urbanität des Temporären in Berlin zum einen durch Verdrängung, zum anderen durch Etablierung oder ›feindliche Übernahme‹ zu verschwinden. Gleichzeitig entsteht Neues in den abseitiger gelegenen residualen Zonen, unbemerkt von der Öffentlichkeit. In den temporären Nutzungen drückt sich die Instabilität der Großstadt aus. Hier kann sich die überschüssige Energie der großen Stadt entladen, können sich die ›freien Radikalen‹ entfalten. Entgegen der Trägheit der Architektur, der Erstarrung des Gebauten sind temporäre Aktivitäten dank ihrer Leichtigkeit flexibel und wandelbar. Sie generieren und absorbieren das unerwartete Neue. Und so unberechenbar sie sind, werden sie auch in Zukunft immer wieder unerwartet auftauchen.

_1 Vortrag auf der Konferenz »Learning from the Mall of America«, 22. November 1997 an der Universität von Minnesota/USA. Die Arbeit ist Resultat einer 1996/1997 mit Studenten durchgeführten Studie des ›Harvard Project on the City‹.
_2 Zitiert nach Oliva Henkel, Karsten Wolff: Berlin Underground. Techno und HipHop zwischen Mythos und Ausverkauf, Berlin 1996, S. 32

Die räumliche Ausgrenzung des Unerwünschten lässt sich aufgrund der städtischen Dynamik langfristig nicht aufrecht erhalten. Durch Ausdehnung und Schrumpfung absorbiert die Stadt das Ausgesonderte in der nächst folgenden Entwicklungsphase. Die einst voneinander getrennten Qualitäten wie Kernstadt/Vorstadt, Strukturiert/Ungeplant, Sauber/Bedrohlich, Textur/Solitär oder Sozialismus/Kapitalismus kollidieren nach dem Zerfall der Grenzen in grober Weise. Das einstige Ordnungswerkzeug wird zum Generator von Unordnung.

_Wie in vielen anderen Städten werden in Berlin seit dem Mittelalter mehrfach Stadtmauern errichtet, die jeweils nur von begrenzter Dauer waren. Die erste Stadtmauer von Berlin-Cölln entsteht zwischen 1260 und 1300, wenige Jahrzehnte nach Gründung der Doppelstadt. Anfangs befindet sich die Bebauung fast ausschließlich innerhalb der Mauern. Im 16. Jahrhundert beginnt eine Vorstadtentwicklung mit Häusern, Scheunen, Buden und Gartenhäuschen. Für die Lebensfähigkeit der Stadt ist die Zone jenseits der Mauer von großer Wichtigkeit, da sich hier neben Äckern, Gärten, Mühlen und Meiereien zur Versorgung der Stadtbevölkerung auch Krankenhäuser, Friedhöfe und Gewerbebetriebe befinden, also jene städtischen Funktionen, die man als störend empfand, die jedoch unverzichtbar waren. Damit deutet sich das System einer Stadt an, die in zwei Zonen organisiert ist: einen inneren, geordneten Bereich und einen Außenbereich mit all jenen Elementen, welche die innere Ordnung gefährden können.

_Die Stadtmauer erweist sich während des Dreißigjährigen Krieges als militärisch unbrauchbar, so dass sie von 1658 bis 1683 durch eine moderne Festungsanlage ersetzt wird. Die neue Ummauerung ist mit anderthalb Kilometern Umfang kaum größer als ihr Vorläufer. Noch während des Baus der Fortifikation wächst die Stadt weit über ihre neue Grenze hinaus. Zwar lässt Kurfürst Friedrich Wilhelm im Westen zwei Neustädte anlegen, zu deren Schutz auch eine Erweiterung der Festungsanlage geplant ist; doch die ungeplanten Vorstädte im Norden, Osten und Süden — entlang der Ausfallstraßen vor den Toren der Stadt — sind bald größer als die geplante Erweiterung. Im ungeregelten Straßennetz der Vorstädte siedeln sich mehr und mehr Funktionen an, die als gefährlich oder unansehnlich gelten. Schießplätze, Lagerhäuser, Friedhöfe, Krankenhäuser, Webereien und Ziegeleien sind durchmischt von Wohnbauten, Nutzgärten und Scheunen. Doch dies ist nicht alles. Man beginnt die Vorzüge des Lebens auf dem Lande zu entdecken. Um 1700 errichtet der Hof im brandenburgischen Umland von Berlin über 20 Lust- und Jagdschlösser. Diesem Zug nach draußen folgt kaum 100 Jahre später das wohlhabende Bürgertum. Aus der Sehnsucht nach Natur und Individualität entstehen die Vorläufer eines Eigenheims im Grünen, wie es bereits im Florenz des 15. Jahrhunderts zu bemerken war. »Es liegt eine große Genugtuung darin, einen angenehmen Zufluchtsort nahe der Stadt zu haben, wo man tun kann, was einem gefällt,« schreibt Leon Battista Alberti 1485. »In der Stadt bist du genötigt, dir entsprechend den Vorrechten deines Nachbarn in mancherlei Hinsicht Beschränkungen aufzulegen, während du auf dem Lande viel mehr Freiheit hast.«[1]

_Im Gegensatz zur Stadt ist das Umland ohne Plan und somit offen für eine Vielzahl widersprüchlicher Erscheinungen. Hier überlagert sich das Patchwork von Dörfern und Feldern mit dem Netz der Schlösser und den verstreuten Fragmenten ausgegrenzter städtischer Funktionen. Es ist ein Konglomerat paralleler Systeme mit jeweils eigener Ordnung. Die Zone des Andersartigen stellt die Gegenwelt zum städtischen Ordnungssystem dar und nimmt alles auf, was von diesem ausgeschlossen ist. Doch die Abgrenzung lässt sich nur vorübergehend aufrecht erhalten, so dass die Welt des Anderen in das System der Stadt eindringt und mit diesem

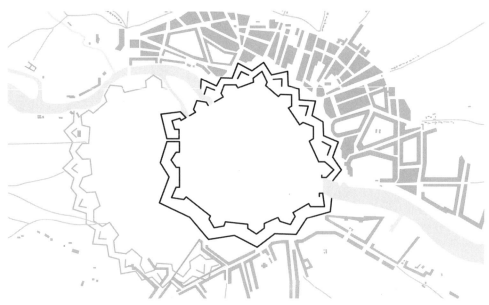

Bebauung vor der Stadtmauer mit der geplanten Erweiterung der Fortifikation, um 1720

kollidiert. In Berlin sind die Vorstädte bereits 50 Jahre nach Fertigstellung der Festung so sehr gewachsen, dass die Grenze der Stadt neu festgelegt werden muss. Um 1736 wird eine neue Stadtmauer angelegt, durch die sich das umschlossene Gebiet verzehnfacht. Die vier Meter hohe und 14,5 km lange Mauer hat keine Verteidigungsfunktion mehr. Mit der Kontrolle des Überlandverkehrs sollen vielmehr Steuern eingetrieben und die Desertion von Soldaten verhindert werden.
_Mit der Inkorporation der Vorstädte wird das einst Ausgegrenzte zu einem Teil der Stadt. Ihre Strukturen werden übernommen und fortgeschrieben. Von nun an bestimmt also gerade das, was man einst außen vor lassen wollte, in weiten Teilen das städtische Gefüge. Überlandwege werden zu innerstädtischen Hauptstraßen, Einzelbauten auf freiem Felde zu Gebäuden in der Stadt, Freiflächen vor den Toren zu zentralen Stadtplätzen, etwa dem Alexanderplatz und dem Hackeschen Markt. Das 1710 außerhalb der Mauern angelegte Pesthaus wird zum Nukleus des Krankenhauses Charité, das in der weiteren Entwicklung die Struktur eines ganzen Viertels bestimmt. Die einst zur Brandvorbeugung vor den Toren errichteten Scheunen zur Aufbewahrung von leicht brennbarem Material bilden die Grundstruktur des Scheunenviertels, das schnell ein dicht besiedelter Stadtteil wird.
_Obgleich die neue Stadtmauer viel unbebautes Terrain umschließt, unterbindet sie nicht die Entwicklung neuer Vorstädte extra muros. Ab 1752 entsteht vor den Toren die Rosenthaler Vorstadt. Durch die Bauernbefreiung Anfang des 19. Jahrhunderts und die damit einhergehende Umwandlung des Agrarlandes in frei verfügbaren und damit bebaubaren Grundbesitz beschleunigt sich die Vorstadtentwicklung enorm. Von nun an ist die Parzellierung des Bodens in Bauland vor den Toren der Stadt in der Regel schneller durchführbar als innerhalb. Während in der Luisenstadt bis 1830 mehr als drei Quadratkilometer potentiellen Baulandes brachliegen, wachsen im Norden die Vorstädte. So berichtet ein zeitgenössischer Kriminalbeamter von der Rosenthaler Vorstadt, dass sie »weit mehr ist als eine bloße Vorstadt, es ist eine Stadt für sich. Auch die Gewerbe, Sitten und die Gebräuche der Einwohner sind von denen der Residenz völlig verschieden.«[2]
_Die Andersartigkeit der Vorstädte macht diese für manches attraktiver als die eigentliche Stadt. Das liegt auch an dem anderen Besteuerungssystem, welches für Gewerbetreibende günstiger und besser zu kalkulieren ist.[3] Neben dem größeren Platzangebot und den hinreichend

Bebauung
Exerzierplätze
Friedhöfe

Bebauung vor der Stadtmauer, um 1850

ansässigen Arbeitskräften veranlasst dies viele Unternehmer, ihre Betriebe in die Vorstädte zu verlegen oder hier neue Fabriken zu gründen. Während im Westen, südlich des Tiergartens, mit der Friedrichvorstadt seit 1790 zahlreiche großbürgerliche Land- und Sommerhäuser sowie Ausflugslokale entstehen, siedeln sich im Norden und entlang der Spree Maschinenbauanstalten, Gießereien und weitere Industrien an. Hierhin werden, wie schon früher, jene Funktionen verlagert, welche man mit dem Erscheinungsbild einer Residenzstadt für unvereinbar hält. Von 1746 bis 1748 wird nördlich der Stadtmauern das Invalidenhaus errichtet, damit die Kriegsversehrten aus dem Stadtbild verschwinden. Ebenso entstehen in und am Rand von Moabit in der ersten Hälfte des 19. Jahrhunderts drei Gefängnisse und zwei Krankenhäuser.

_Überhaupt ist der Stadtteil Moabit eine prototypische Vorstadt. Die Hugenotten, die 1717 diese morastige Gegend erstmalig besiedelten, gaben ihr in Anlehnung an das Alte Testament den programmatischen Namen ›Pays de Moab‹. Von nun an ließen sich hier die Geflohenen und Verstoßenen nieder. Zugleich war es, wie der Architekt Hans Kollhoff einmal bemerkte, »Ausweichgelände für alles, was die Homogenität der alten Stadt gestört hätte: Krankenhäuser, Exerzierplätze, Kasernen, Gefängnisse, Bahnhöfe, Ausstellungshallen, Hafenanlagen, Industriebetriebe, Brauereien, also die gesamte großstädtische Typologie, die sich seit der Aufklärung und im Zuge der Industrialisierung entwickelt hat. Seither ist Moabit eine Insel für alles Gewalttätige, Ausgestoßene, Kuriose – ein Ort für Außenseiter.«[4] Die Elemente von Industrie und Militär sind durchsetzt mit Fabrikantenvillen, Gärtnereien, Sommerhäusern, Ausflugslokalen und dem ehemaligen Jagdrevier des Kleinen Tiergartens.

_Diese Entwicklung bleibt nicht auf den Nordraum Berlins begrenzt. In mehreren losen Ringen gruppieren sich verschiedene Funktionen um die Stadt, die für sie zu sperrig oder unerwünscht sind. Direkt vor den Mauern entstehen über ein Dutzend Friedhöfe, etwas weiter außerhalb die riesigen Exerzierplätze und zwischen beiden lose verstreut die ab 1826 aufkommenden Gasanstalten. 1838 wird für die Potsdamer Bahn der erste Bahnhof vor den Toren der Stadt fertiggestellt, dem bis 1878 sechs weitere folgen, welche sich wie eine lose Kette um die Stadtmauer legen. Die Anlage der Bahnhöfe verhindert einerseits eine systematische Stadterweiterung; andererseits stimulieren sie eine enorme urbane Entwicklung in ihrem Umfeld und

75

Shopping Malls und Multiplexkinos, 1990-2000

bilden somit Gegenpole zur Innenstadt. Fabrik- und Mietshausbau lagern sich dort an; die Infrastruktur wird entwickelt; die einst ländlichen Vorstädte gewinnen zunehmend urbanen Charakter. Die Knoten der neuen Infrastruktur werden zu zentralen Orten, welche die überkommene Struktur der Stadt durch die Multiplizierung ihrer Zentren untergraben.

_Die Transformation Berlins in eine Industriemetropole erfolgt über mehrere Jahrzehnte ohne übergeordnete Planung. Erst 1862 wird von James Hobrecht ein umfassender Plan für die Entwicklung der Umgebung Berlins vorgelegt. Doch statt eine neue, konsistente Form zu entwerfen, übernimmt der gestaltschwache Plan in einem Akt des Hyperpragmatismus alles, was bereits existiert. Bestehende Eigentumsgrenzen, Wege, Straßen und Bauten sowie natürliche Hindernisse werden integriert und zum Bestandteil der weiteren Stadtentwicklung gemacht. So prägen zum wiederholten Male die einst ausgegrenzten Elemente die Grundzüge der zukünftigen Struktur. Die durch das Anwachsen der Metropole längst obsolet gewordene Stadtmauer wird zwischen 1866 und 1869 bis auf das Brandenburger Tor abgerissen. In großer Geschwindigkeit wächst nun die Stadt in ihr ehemaliges Umland.

_Viele der einst vorstädtischen Elemente bestehen in der Stadt fort, wie etwa die Friedhöfe, Gefängnisse, Krankenhäuser und Landschlösser. Andere verschwinden zwar aufgrund von technologischem Wandel, doch schreiben sie ihren Umriss in die Struktur der Stadt, hinterlassen eine Art Abdruck im städtischen Gewebe. Exemplarisch hierfür sind die großflächigen Exerzierplätze, die zumeist nach dem Ersten Weltkrieg aufgegeben werden und verschiedene großmaßstäbliche Sonderfunktionen aufnehmen. Auf ihnen entstehen die Flughäfen Tempelhof und Tegel, die Sportanlagen des Poststadions, des Jahn-Sport-Parks und des Stadions der Weltjugend, der Volkspark Hasenheide und der Fritz-Schloß-Park, der Platz der Republik mit dem Reichstag sowie das Charlottenburger Messegelände. In analoger Weise werden die Gelände der Gaswerke in den Ernst-Thälmann-Park, in das Eisstadion Wedding, in das Stadion Wilmersdorf und in den Böcklerpark mit dem Prinzenbad umgewandelt, wohingegen die Gasometer in Schöneberg und am Südstern in Kreuzberg als Baudenkmäler erhalten bleiben. Die zahlreichen Kopfbahnhöfe werden nach dem Zweiten Weltkrieg aufgegeben und in Parks verwandelt, die nun

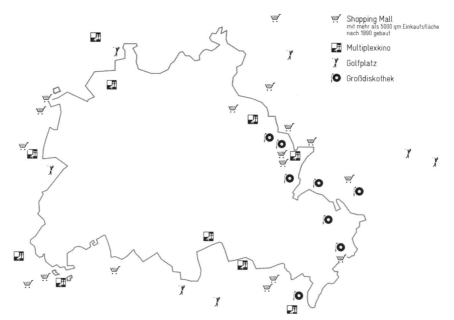

Shopping Mall
mit mehr als 5000 qm Einkaufsfläche
nach 1990 gebaut

Multiplexkino

Golfplatz

Großdiskothek

Urbane Programme entlang der Stadtgrenze, 1990-2000

wie eine Umkehrung des ursprünglichen Siedlungsbildes einen Negativabdruck in der dichten Bebauung ihres Umfeldes bilden. Neben den früheren Exerzierplätzen, Gasanstalten und Trümmerbergen gehören die Areale des Potsdamer, des Anhalter, des Görlitzer und des Nord-bahnhofs sowie ihrer jeweiligen Güterbahnhöfe zu den wichtigsten Parkanlagen Berlins.

_Seit dem Abriss der alten Zollmauer im 19. Jahrhundert hat sich die Funktion der Stadtgrenze immer weiter transformiert und schließlich aufgelöst; ihre räumliche Definition hat an Sichtbarkeit und Bedeutung verloren, weil einerseits der Gegensatz zwischen Stadt und Land im juristischen, ökonomischen und politischen Sinne weitgehend aufgehoben wurde, und weil andererseits sich mit der Bildung der Nationalstaaten wesentliche Grenzfunktionen an die Staatsgrenzen verschoben haben. Durch die Differenzierung der Verwaltung entsteht eine Vielzahl territorialer Abgrenzungen, die sich teilweise überlagern und durchkreuzen. Die Grenzen verlieren in ihrer Vielzahl an stadträumlicher Anschaulichkeit. Allerdings unterbricht die Teilung Berlins 1948, vor allem die Errichtung der Mauer 1961, diese Entwicklung in dramatischer Form. Entlang an sich untergeordneter innerstädtischer Verwaltungsgrenzen erfolgt die Abgrenzung zweier Staaten und damit zugleich die Trennlinie zwischen zwei Supermächten. Eine geopolitische Konstellation kristallisiert sich zu einem urbanen und baulichen Phänomen. Die rigide innerstädtische Grenzziehung führt zur allmählichen Peripherisierung des Zentrums. Dem vom Umland abgeschnittenen Westteil der Stadt widerfährt eine partielle Desurbanisierung. In Umkehrung des Wachstums wird nicht mehr die suburbane Zone in die Stadt inkorporiert, sondern das Umland bricht nun in die Stadt ein. Große Areale in zentraler Lage liegen über Jahrzehnte brach. Stadt und Umland kollidieren in umgekehrter Weise.

_Mit dem Fall der Mauer 1989 entfaltet diese eine zweite, ihrer ursprünglichen Absicht konträre städtebauliche Wirkung. Die temporäre Existenz des ›Schutzwalls‹ führt letztendlich dazu, dass der Osten einer im Vergleich zum Westen viel radikaleren Form des Kapitalismus ausgesetzt wird. Die Intention der DDR von 1961 verkehrt sich in ihr Gegenteil. Weitgehend befreit von üblichen Mechanismen der Kontrolle, bemächtigt sich das Kapital nach 1989 der sozialistischen Stadt. Im Ostteil von Berlin entstehen etwa 30 Shopping Centers mit 500000 Quadratmetern Verkaufsfläche.

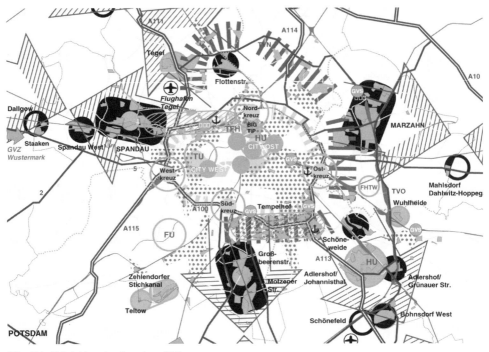

Räumliche Entwicklung des Gewerbes, 1997

Weitere 22 kommen in den nächsten beiden Jahren hinzu. »Was wir hier sehen«, sagt der Branchenfachmann Mike Dawson, »ähnelt dem, was in den Vereinigten Staaten vor 20 Jahren passiert ist. Es geschieht in Berlin nur sehr viel schneller.«[5] Anders als im Westen konzentrieren sich die Einzelhandelsflächen auf introvertierte Malls, die mehr und mehr Funktionen in sich aufnehmen: Neben den Kaufhäusern, Läden, Fast-food-Restaurants und Cafés der großen Ketten befinden sich hier je nach Standort Postamt, Rathaus, Kino ebenso wie Telefone, Bankautomaten, Parkplätze und Toiletten. Zur Animation der Kunden werden Events veranstaltet und zunehmend Freizeitvergnügungen wie Musicaltheater integriert, etwa beim ›Urban Entertainment Center‹ von Sony am Potsdamer Platz oder in den Malls der Ostberliner Großsiedlungen. Eine analoge Konzentration vollzieht sich bei den Kinos. Während die Kinowelt im Westen noch vorwiegend von Dutzenden kleinerer und mittlerer Häuser geprägt ist, werden in Ostberlin sowie auf dem ehemaligen Mauerstreifen seit 1989 neun Multiplexkinos mit jeweils mehr als sieben Kinosälen und 1600 Sitzplätzen errichtet. Zusammen mit den drei Westberliner Multiplexkinos stellen sie etwa die Hälfte der gut 60000 Kinoplätze der Stadt.

_Die Initiatoren solcher Großprojekte sind, wie in den übrigen ostdeutschen Städten, vor allem Immobilienfonds, internationale Investmentfirmen und Developer. »Das Immobilienkapital tritt als ›Stadtentwickler‹ mit einer Bedeutung und mit Möglichkeiten auf den Plan, wie es bisher aus deutschen Städten nicht bekannt war,« resümiert der Stadtsoziologe Hartmut Häußermann. »In den ostdeutschen Städten werden damit neue Wege der Stadtentwicklung auf breiter Front beschritten, die allesamt auf Ökonomisierung und Privatisierung der Stadtentwicklung hinaus-laufen. Hinsichtlich ihrer Eigentümerstruktur und ihrer räumlichen Struktur sind die Städte in den neuen Bundesländern bereits heute die ›amerikanischsten‹, doch stellen sie nur Vorboten einer Entwicklung dar, die ebenso für die westdeutschen Städte strukturbestimmend werden dürfte.«[6]

_Gefördert wird diese Entwicklung durch die enormen Abschreibungsmöglichkeiten nach der Wende, durch die Schwäche der neu entstandenen Kommunalverwaltungen sowie durch die

Globalisierung und Professionalisierung des Immobilienmarktes. Dies führt neben der Konzentration innerhalb der Städte zu einer rapiden Suburbanisierung. Während sich in Westdeutschland etwa 25 Prozent des Einzelhandels auf der ›Grünen Wiese‹ befinden, sind es in Ostdeutschland über 50 Prozent. So entstehen im Berliner Umland über eine Million Quadratmeter Einzelhandelsflächen, zumeist in Einkaufszentren von bis zu 85000 Quadratmetern. Inzwischen zählt zu diesen auch das erste Factory Outlet Center Deutschlands mit 70 Läden auf 11000 Quadratmetern.[7] Zu Beginn der neunziger Jahre gehört es zu den Gemeinplätzen der Planer, sich für den Erhalt der durch die politische Teilung bedingten scharfen Kante zwischen der Stadt Berlin und dem Land Brandenburg stark zu machen. Man habe, so hieß es oft, die einmalige Chance, einen ›Speckgürtel‹ zu vermeiden. Zehn Jahre später sieht die Wirklichkeit anders aus: Sobald man Berlin auf einer der Ausfallstraßen verlässt, kann man sicher sein, unmittelbar hinter der Stadtgrenze ein Einkaufszentrum oder einen Gewerbepark zu passieren. Weitere Orte dieser Art liegen an den Kreuzungen von Bundesstraßen und Autobahnen oder an deren Abfahrten. Wie eine Kruste legen sich diese urbanen Programme um die Stadt und bilden eine Art ›Bandstadt‹. Zum Inventar solcher Korridore rasanter Urbanisierung gehören auch zahlreiche Multiplexkinos und Großraumdiskotheken.[8]

_Die riesigen kollektiven Programme konzentrieren sich mehr und mehr auf jenen strategischen Bereich zwischen Stadt und Umland. Die Funktion der Grenze hat sich damit umgekehrt: Einst als Trennung unterschiedlicher Bereiche gedacht, wird sie hier zu einer Schnittstelle zwischen zwei Zonen, die eine große Anzahl von Programmen anzieht. Diese profitieren von den Vorzügen sowohl der ›städtischen‹ als auch der ›ländlichen‹ Situation: einfache Planungsverfahren, große Grundstücke, niedrigere Bodenpreise und Steuersätze einerseits, großes Kundenpotential, Nähe zu anderen Programmen und den Zentren andererseits. An den Hauptinfrastrukturen gelegen, sind sie von den Bewohnern Brandenburgs und Berlins gleichermaßen gut zu erreichen. Die urbanen Programme verhalten sich wie die aus der Chemie bekannten ›grenzflächenaktiven Stoffe‹, die sich aufgrund des bipolaren Aufbaus ihrer Moleküle bevorzugt an den Grenzschichten zwischen zwei unterschiedlichen Phasen sammeln.

_In den heutigen Stadtregionen ist dies nur ein Grenzphänomen unter vielen. Der Begriff der Grenze hat seine Eindeutigkeit verloren. Den städtischen Raum durchziehen unterschiedlichste Grenzen: Besteuerungsgrenzen, Eigentumsgrenzen, Verwaltungsgrenzen, Sanierungs- und Entwicklungsgebietsgrenzen, Planungsgrenzen und schließlich Bannmeilen. Grenzen haben sich vervielfacht. Die Stadt ist heute eine Ansammlung sich teilweise überlagernder Inseln verschiedener sozialer, planerischer und staatlicher Kontrolle. Die jeweiligen Grenzen sind nur temporär. Ihre baulichen Manifestationen sind Kristallisationen eines vorübergehenden Zustands. In der Stadt erscheinen sie wie das auf dem Monitor eines älteren Computers eingebrannte Bild eines Programms, das längst geändert wurde.

_1 Leon Battista Alberti: Zehn Bücher über die Baukunst, 1485. Zitiert nach Lewis Mumford: Die Stadt. Geschichte und Ausblick, Köln 1963, S. 565 f.
_2 Zitiert nach Johann Friedrich Geist und Klaus Kürvers: Das Berliner Mietshaus 1740-1862, München 1980, S. 269
_3 Felix Escher: Berlin und sein Umland, Berlin 1985, S. 147
_4 Hans Kollhoff, Erläuterungstext zum Projekt ›Moabit. Zurück in die Zukunft‹, in: Großstadtarchitektur, Sechs Entwürfe für Berlin-Moabit, hg. v. Nicola Battista, Rom 1988, S. 26
_5 Zitiert nach Zitty, Illustrierte Stadtzeitung, 22/1999, S. 14 f.
_6 Hartmut Häußermann: Von der Stadt im Sozialimus zur Stadt im Kapitalismus, in: Stadtentwicklung in Ostdeutschland, hg. von Hartmut Häußermann und Reiner Neef, Opladen 1996, S. 27. Ferner Hartmut Häußermann: ›Amerikanisierung‹ der deutschen Städte, in: Peripherie ist überall, hg. von Walter Prigge, Frankfurt am Main 1998, S. 82
_7 Friederike Böge: Kunden im Outlet Center sind einfach anders, in: Berliner Zeitung, 26.5.2000
_8 Michael Dörschel: Volkstanz im Umland. Platz für 7000 Diskogäste, in: Berliner Zeitung, 10.3.2000

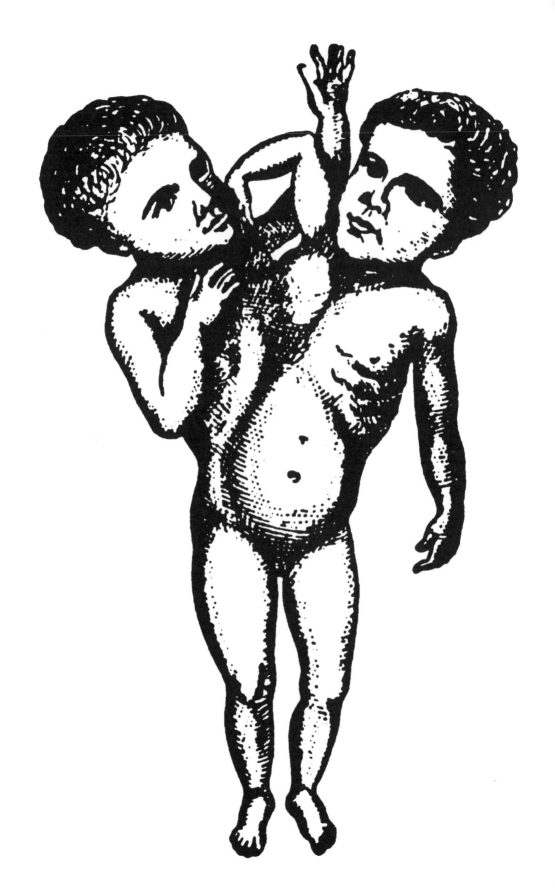

Die Zwillingsstadt Berlin-Cölln ist Keimzelle der Stadt. Im 13. Jahrhundert entsteht sie an den beiden Ufern der Spree in Konkurrenz zu den älteren Städten Spandau und Köpenick. Berlin und Cölln verfügen über jeweils ein eigenes Stadtrecht und folglich über eigene Rathäuser, Märkte, Kirchen und Klöster. In ihrer Eigenständigkeit entwickeln sie unterschiedliche Charaktere: In Berlin lässt sich der Orden der Franziskaner nieder, in Cölln der Orden der Dominikaner. Berlin, nordöstlich der Spree an der Ost-West-Handelsstraße gelegen, ist überregional ausgerichtet und durch Handel der Kaufmannsleute geprägt. Im Stadtgrundriss liegen die öffentlichen Bauten zerstreut. Bald entsteht mit dem neuen Markt ein zweites Zentrum. In Cölln hingegen konzentrieren sich die öffentlichen Bauten am alten Fischmarkt.

_ Trotz aller Autonomie gibt es von Beginn an Kooperation. Eine gemeinsame Festungsanlage wird gebaut, 1307 bilden Berlin und Cölln eine Föderation. Während sie nach innen gesonderte Städte bleiben, treten sie nach außen als Einheit auf. Als Zeichen der Union errichten sie ein gemeinsames Rathaus auf der Langen Brücke, in dem sie über gemeinsame Angelegenheiten wie Festungsbau und Außenbeziehungen beraten. Gleichwohl tagen, wie bisher, die beiden unabhängigen Räte der Städte in den alten Rathäusern und bleiben wirtschaftlich jeweils eigenständig. Eine Vereinigung beider Städte im Jahr 1433 wird wenige Jahre später von Kurfürst Friedrich II. formell wieder aufgelöst, doch faktisch vollzogen. Er beschneidet die Souveränität der Städte und baut zwischen 1443 und 1451 ein Stadtschloss. Die Macht des Kurfürsten eint die Städte in ihrer Unfreiheit. Berlin setzt sich als gemeinsamer Name für die Doppelstadt durch; das Schloss bildet das zukünftige Zentrum. Doch schon steht die nächste Doppelung bevor.

_Zum Wiederaufbau der durch den Dreißigjährigen Krieg schwer verwüsteten Stadt gründet Kurfürst Friedrich Wilhelm zwischen 1660 und 1688 drei neue Vorstädte: Friedrichswerder, Dorotheenstadt und Friedrichstadt. Die Neustädte mit jeweils eigenem Stadtrecht können selbständig Handel und Gewerbe treiben, haben eigene Innungen, Kirchen und teilweise eigene Rathäuser, Marktplätze und Gerichte. Politisch wie städtebaulich sind sie unabhängig von der Altstadt. Ihr geometrisches Raster setzt sich in jeder Hinsicht von Altberlin ab. Statt der verwinkelten, engen Gassen strahlen die breiten Straßen der Neustädte in die Umgebung aus. Sie knüpfen nicht an die existierenden Straßen und Tore der befestigten Altstadt an, weshalb zwischen beiden eine unbebaute Lücke klafft. Aufgrund ihrer Unabhängigkeit können sich die Neustädte frei entfalten und kompromisslos ihre eigene, zeitgemäße Ausformung finden. Im Gegensatz zur beengten, weil durch einen Festungsring umzingelten Altstadt haben sie einen weltläufigen Charakter. Hier leben die zuziehenden französischen Hugenotten; in der Friedrichstadt wird neben der deutschen die französische Kirche gebaut; in der Dorotheenstadt werden Akademie der Künste, Akademie der Wissenschaften, Observatorium, Oper und Bibliothek errichtet. Der mittelalterlichen Bürgerstadt steht die barocke Königstadt gegenüber.

_Nach der Erhebung Preußens zum Königreich verfügt Friedrich I. 1709 die Vereinigung der fünf autonomen Städte zu einer Gesamtstadt mit einheitlicher Verwaltung und Gerichtsbarkeit. Ein gemeinsames Rathaus wird in Cölln errichtet, 1735 die Wallanlage abgetragen und eine neue, die fünf Städte sowie die östlichen Vorstädte umfassende Zollmauer gebaut. Damit vollzieht sich nach außen ein Zusammenschluss, während im Inneren die disparaten Teile einander gegenüberstehen. Doch noch bevor die Einigung vollzogen ist, entsteht der Ursprung einer neuen Doppelung. 1695 wird mit dem Bau des Charlottenburger Schlosses begonnen, das in seiner Größe dem Stadtschloss gleichkommt und ihm architektonisch überlegen ist. Es wird zur Keimzelle einer

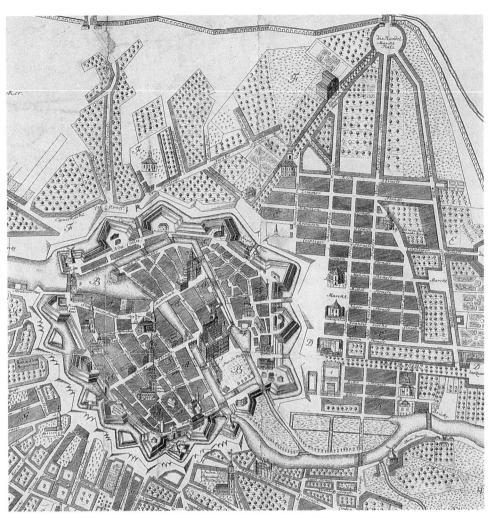

Johann Friderich Walther, Grund=Riss der Königl. Preuss. Residentz Berlin, 1737, Ausschnitt

rapiden städtischen Entwicklung. 1705 erhält Charlottenburg Stadtrecht und avanciert bald zu einem bedeutenden kulturellen Zentrum. Gleichzeitig entstehen im Berliner Umland 20 weitere Schlossbauten, die ein weites Netz von Siedlungskernen aufspannen. Verbunden durch Wasserwege und gut ausgebaute Straßen bildet diese Multiplizität das Gerüst für die spätere Urbanisierung der Region. Zwei Jahrhunderte später werden die Verbindungswege zwischen den Schlössern zu den Magistralen der Metropole: Kurfürstendamm, Frankfurter Allee, Charlottenburger Chaussee (heutige Straße des 17. Juni und Bismarckstraße), Potsdamer Chaussee (heutige Potsdamer Straße).

_Nach Gründung des Deutschen Reichs 1871 verstädtert der Berliner Raum in atemberaubendem Tempo. Wesentlich schneller als Berlin wachsen Charlottenburg und die Vorstädte. Aus kleinen Gemeinden werden zwischen 1871 und 1910 Großstädte; die Vorstädte Schöneberg, Rixdorf und Lichtenberg erhalten Stadtrecht. Die sechs mit Berlin konkurrierenden Städte errichten ebenso wie eine Reihe von Landgemeinden große Rathäuser als Ausdruck ihrer Selbständigkeit. Ende des 19. Jahrhunderts wird auf Vorschlag des Reichskanzlers Bismarck der Kurfürstendamm nach dem Vorbild der Champs-Elysées zu einer Prachtstraße ausgebaut. Dies legt, gemeinsam mit der

Eröffnung der Stadtbahn als Bahnverbindung zwischen alter City und Charlottenburg, die Grundlage für die Entwicklung des zweiten großstädtischen Pols, des so genannten ›Neuen Westens‹. Schnell gewinnt Charlottenburg an Eigenständigkeit und avanciert aufgrund des hohen Steueraufkommens seiner Bürger zur reichsten Stadt Preußens. Binnen kürzester Zeit etablieren sich hier zentrale städtische Institutionen, teils in Konkurrenz, teils komplementär zur alten City: 1844 der Zoologische Garten, 1884 die Technische Hochschule und der Charlottenburger Fernbahnhof, 1896 das Theater des Westens, 1902 die Hochschulen für Bildende Künste und für Musik, 1906 Metropol-Theater, Schiller-Theater und Renaissance-Theater, 1909 das Kaufhaus des Westens, 1912 die Deutsche Oper, 1913 das Deutsche Stadion, 1914 das Messegelände, 1916 das Planetarium. Angesichts dieser Entwicklung fordert der Charlottenburger Bürgermeister: »Nicht auf ein Groß-Berlin, sondern auf ein Groß-Charlottenburg müssen wir hinarbeiten.«[1] Als Zeichen von Eigenständigkeit und zur Abgrenzung gegenüber Berlin erbaut die aufstrebende Stadt 1906 das Charlottenburger Tor auf der Charlottenburger Chaussee (heutige Straße des 17. Juni) am Übergang zum Tiergarten, quasi als Pendant zum Brandenburger Tor.

_Die Vorstädte holen Berlin trotz seiner Eingemeindungen auch hinsichtlich der Einwohnerzahl ein. In Berlin verdoppelt sich die Einwohnerschaft von 1871 bis 1920, während sie sich in den Vorstädten verzwanzigfacht. Mit 1,9 Millionen Einwohnern haben sie 1920 ebenso viele Einwohner wie Berlin. Die im gleichen Jahr vollzogene Gründung Groß-Berlins ist keine Eingemeindung, sondern ein Zusammenschluss von sieben Städten und zahlreichen Landgemeinden. Die Schaffung Groß-Berlins verlegt die Duplizität nach innen: In den zwanziger Jahren entwickelt sich der Neue Westen immer mehr zum zweiten städtischen Zentrum. Während Regierung, Verwaltung, Presse, Museen und Kaufhäuser in der alten City bleiben, wird der Kurfürstendamm zur Vergnügungsmeile. Die großen Kaufhäuser der Friedrichstraße eröffnen hier ihre luxuriösen Dependancen. 1927 schreibt die Vossische Zeitung: »Die geschäftliche Hauptentwicklung zeigt der Kurfürstendamm, als ob geglaubt wird, daß nur in dieser Straße erfolgreich Geschäfte gemacht werden können. Gerade hier wollen alle Firmen von Bedeutung vertreten sein.«[2] Und 1930 heißt es in einem Berlinführer: »Der demokratische Westen, in dem die ›neuen Herren‹ wohnen, entzieht der Friedrichstraße die Lebenskräfte. Ganz Neuheit, ganz Gegenwart, ganz antipodische Welt ist im Westen jener kilometerlange Straßenzug zwischen Wittenbergplatz und Halensee: Tauentzienstraße-Kurfürstendamm. Hier ist Berlins Boulevard.«[3]

_Die alte City ist Ort der preußischen Bürokratie, der staatlichen Institutionen, der Relikte der Hohenzollern, des Alltäglichen und Provinziellen; der Neue Westen hingegen ist Ort des liberalen Bürgertums, des Exzentrischen, der Avantgarde und des Neuen. Die Bipolarität der Stadt führt zur Koexistenz des Ungleichzeitigen: von Moderne und Tradition, von Demokratie und Preußentum, von Liberalismus und Militarismus. Die Losgelöstheit des Neuen Westens von der alten City macht ihn zum Laboratorium der Moderne. Berlin wird in den zwanziger Jahren zum kulturellen Zentrum, wo die neue Literatur, Malerei, Theater, Film und Architektur entsteht. Hier baut die Filmindustrie mit Ufapalast, Gloriapalast, Capitol und Marmorhaus die großen Premierenkinos; hier entstehen das Messegelände mit dem Funkturm und das Haus des Rundfunks ebenso wie die ersten amerikanischen Fastfood-Restaurants, die berühmten Tanzlokale, Bars und Cafés der zwanziger Jahre. Man baut mit der ›Avus‹ die erste Autobahn Deutschlands und eine der besten Rennstrecken der Welt. Die ersten Automobilsalons eröffnen am Kurfürstendamm. Ende der zwanziger Jahre überrundet der Auguste-Viktoria-Platz (heutiger Breitscheidplatz) den Potsdamer Platz als verkehrsreichsten Platz Europas.

_Der Neue Westen ist weltoffen. Auch architektonisch formuliert sich hier die Moderne. Während Entwürfe für die alte City wie etwa Ludwig Mies van der Rohes Glashochhaus an der Friedrichstraße oder Ludwig Hilberseimers Citybebauung hinter dem Gendarmenmarkt unrealisiert bleiben, verwirklichen Architekten wie Erich Mendelsohn, Hans Poelzig und die Gebrüder Luckhardt

Parochialstraße, erbaut etwa 16. Jahrhundert   Hausbau in der Friedrichstraße, um 1735

Kaufhaus Grünfeld, Leipziger Straße, 1906   Kaufhaus Grünfeld, Kurfürstendamm, 1928

Nationalgalerie auf der Museumsinsel, 1876   Nationalgalerie an der Potsdamer Straße, 1968

im Zentrum des neuen Westens moderne Bauten. »Im Westen stehen die Tauentzienstraße und der Kurfürstendamm in lebendigem Wettbewerb mit dem alten Berlin. Hier hat die Architektur der Läden immer mehr eine neuzeitliche Ausstattung erfahren und den verschiedenen Geschäften ihre eigene Note gegeben«,[4] schreibt Gustav Häussler 1932. Der Stuck der wilhelminischen Fassaden wird abgeschlagen; Kaufhäuser werden mit gläsernen Aufzügen ausgestattet; Lichtreklame dominiert das Straßenbild.

_Die Doppelpoligkeit des Berlins der zwanziger Jahre artikuliert für den britischen Schriftsteller Stephen Spender zwei gegensätzliche Ideen: einerseits den »pompösen preußischen Versuch eines anstudierten griechischen Klassizismus«[5], der sich auf dem Boulevard Unter den Linden mit den Tempeln von Monarchie, Kultur und Glauben zeigt; andererseits die Attraktion der »babylonischen Hure« rund um den Kurfürstendamm mit seinen Cafés, Nachtclubs, Geschäften und Bordellen. »Diese beiden Entwürfe liegen gewissermaßen in zwei verschiedenen Schlaf-zimmern wie zwei Geliebte der einen Berliner Seele, voneinander getrennt durch ein riesiges Netz von Bahnlinien.«

_Nach der Zerschlagung der nationalsozialistischen Diktatur radikalisiert die Teilung der Stadt die Bipolarität Groß-Berlins. Mit dem Kriegsende ist die Stadt 1945 in doppelter Weise geteilt: Zum einen ist ihre Einheit durch den Bombenkrieg physisch zerstört. Die Kommunikations- und Verkehrsinfrastrukturen sind unterbrochen, die Stadt in Teile zerfallen. Da das ›Cityband‹ zwischen Altstadt, Potsdamer Platz und Neuem Westen fast vollständig ausgelöscht ist, treten die beiden Pole um so klarer als eigenständige Orte hervor. Zum anderen ist die Stadt politisch geteilt. Die sowjetische Blockade Westberlins besiegelt 1948 die Teilung Berlins und Deutschlands; wenig später gründen sich die beiden deutschen Staaten. Damit stehen sich in der geteilten Stadt die zwei opponierenden gesellschaftlichen Systeme gegenüber. Berlin wird Stadtlabor des Kalten Krieges.

_In einer Art urbanistischem Ping-Pong-Spiel entwickeln sich beide Teile zwar konträr, doch in Reaktion auf die jeweils andere Hälfte der Stadt. Das Spiel beginnt 1952 in Ostberlin mit dem Bau der Stalinallee, einer betont national-klassizistischen Magistrale, die vom Westen 1957 mit der Errichtung des explizit international-modernen Hansaviertels beantwortet wird. 1957 lobt der Westen, 1958 der Osten einen Wettbewerb für das Stadtzentrum aus. 1966 errichtet der Springerkonzern ein goldenes Hochhaus als Symbol für den ›Freien Westen‹ auf der Westseite der Mauer. Wenig später antwortet der Osten mit einer Reihe sozialistischer Wohnhochhäuser entlang der Leipziger Straße. Die Architektur wird zu einem Mittel des Kalten Krieges, die Teilung der Stadt zu einem architektonischen Generator. Die erzwungene Selbständigkeit der ehemals komplementären Stadthälften erfordert die Doppelung der zuvor singulären Institutionen. Die historischen Monumente der Stadt erfahren in der jeweils anderen Stadthälfte eine Neu-interpretation: so die Bismarckstraße und Heerstraße durch die Stalinallee, so die Museumsinsel durch das Kulturforum, so der Reichstag durch den Palast der Republik, so der Funkturm durch den Fernsehturm, so die Staatsbibliothek Unter den Linden durch die Staatsbibliothek an der Potsdamer Straße, so die alte Nationalgalerie durch die neue Nationalgalerie, so die Humboldt-Universität durch die Freie Universität. Diesem architektonischen Wettstreit verdankt die Stadt viele ihrer bedeutendsten Bauten.

_Die Teilung von Berlin und Deutschland schafft binnen 40 Jahren aus dem einst zusammenhängenden zwei verschiedene Identitäten, Kulturen und Sprachen, die sich noch zehn Jahre nach der Wiedervereinigung als beständig erweisen. Auch stadtstrukturell entwickeln sich die beiden konkurrierenden Kommunen entgegengesetzt. Während die Oststadt zentralistisch organisiert wird, mit einer neuen, nach Osten verschobenen City zwischen Alexanderplatz und Schlossplatz, entwickelt sich die Weststadt polyzentral. Neben dem Hauptzentrum rund um den Zoo entstehen bedeutende Sekundärzentren in Steglitz, Neukölln, Wedding und Spandau;

die kulturellen Institutionen verteilen sich zwischen Kulturforum, Charlottenburg und Dahlem; die Stadtregierung wird in Wilmersdorf und Schöneberg untergebracht. Der planwirtschaftlich-diktatorische Osten formiert sich zentralistisch, der marktwirtschaftlich-demokratische Westen föderalistisch.

_Nach dem Mauerfall von 1989 wird versucht, Oststadt und Weststadt einander anzugleichen. Gleichwohl bestehen untergründig die verschiedenen Identitäten fort, verursacht die divergierende Substanz andere Resultate. Zudem wird mit der Errichtung der ›Neuen Mitte‹ durch die Regierungsbauten, den Zentralbahnhof sowie die beiden Einkaufs- und Vergnügungszentren am Potsdamer Platz die bestehende Doppelung nicht aufgelöst, sondern überhöht. Die Platzierung der großen neuen Programme im neutralen Terrain vague zwischen City Ost und City West schafft die Keimzelle eines dritten Zentrums, isoliert von der bestehenden Stadt.

_Hiermit erfüllt sich aufs Neue die Bestimmung Berlins, immer wieder die existierenden Zentren, Hierarchien und Ordnungen des Stadtgefüges durch Duplizierungen in Frage zu stellen. Jede Epoche schuf sich ein neues Zentrum, eine neue Magistrale, eine neue Identität. Hierdurch entsteht eine Ambivalenz, in der man nicht von Identität, sondern nur von multiplen Identitäten, nicht mehr von Zentrum, sondern nur von Zentren sprechen kann. Im Stadtkörper Berlins tauchen immer wieder Momente von Zentralität auf, die jedoch abbrechen und verschwinden, durch andere zentrale Elemente konterkariert werden. Das Terrain der Stadt spannt sich zwischen ihren Polen auf, die ein Spannungsfeld erzeugen. Je nach Blickweise entsteht eine andere Zentralität.

_Die Doppelungen haben zu einer Koexistenz unterschiedlicher städtebaulicher Strukturen, Regierungsformen, Kulturen und Lebensweisen geführt. Die Pole bilden jeweils gegensätzliche Qualitäten: lokal/international, introvertiert/exzentrisch, begrenzt/offen, zentralistisch/netzförmig, tradiert/modern, permanent/unbeständig, tags/nachts. Durch die parallele Existenz müssen die Gegensätze nicht zu einem Kompromiss synthetisiert werden, sondern können sich in Koexistenz frei entfalten. Übrigens haben sich auch im Orient zweipolige Städte gebildet, die die Koexistenz traditionell-islamischer und modern-westlicher Lebensweisen erlauben.[6] Die Idee von Einheitlichkeit verschwindet zugunsten der Idee von einem Ganzen als Vielheit.

_Ein solches Modell intensiver Multiplizität birgt mehrfache Potentiale. Es besteht Wahlfreiheit zwischen den Polen, die zudem in einem produktiven Wettbewerb stehen können. Da die jeweiligen Pole nicht dem gesamten Spektrum möglicher Erwartungen und Anforderungen gerecht werden müssen, können sie sich spezifischer, extremer und kompromisslos artikulieren. Anstelle des Idealtypus des Durchschnittlichen tritt eine Vielfalt des Spezifischen. Duplizität und Multiplizität ermöglichen die freie Kombination der parallelen Verschiedenheiten. Ein Phänomen, welches man in unterschiedlichsten Kontexten finden kann: In der Biologie garantiert die Duplizität der Gene im Zellkern die Rekombination des Erbguts; in der Ethnologie entdeckte man die ›Duale Organisation‹[7] als Prinzip archaischer Gesellschaften. Der DJ Kool Herc nutzte 1973 die Verdoppelung des Plattenspielers am Mischpult des DJs, um aus zwei parallel laufenden Schallplatten eine neue, dritte Musik zu kreieren[8]. Damit entstand die Musik des HipHop. Später weitete sich diese Methode zum Konzept des ›Crossover‹ als Leitmotiv der Club Culture aus.

_Duplizität und Multiplizität stellen das Ideale und Absolute in Frage. Wenn es zwei gibt, relativieren sie sich und jedes hinterfragt das andere; jedes wird als eine Möglichkeit gesehen; ein neues Drittes wird vorstellbar.[9] Die Chance des In-Beziehung-Setzens erschließt neue Dimensionen. So ermöglicht die Doppelung von Auge und Ohr erst die räumliche Wahrnehmung. Aus der Differenz der Bilder beziehungsweise Töne der doppelten Organe berechnet das Hirn ein räumliches Bild. Gilles Deleuze beschreibt diese Entstehung von Tiefe auch im psychologischen Sinn. Erst durch die Existenz eines Anderen neben dem eigenen Selbst entsteht Tiefe, ein Feld des Möglichen.[10] Der Verlust des Anderen führt zu einem Verlust an Tiefe, im Räumlichen wie im Möglichen.

Berlin-Mitte, Ecke Leipziger Straße Wilhelmstraße, Foto: Jordi Bernadó

_Berlin ist die Doppelung gleichsam als genetischer Code eingeschrieben. Von Beginn an ist es immer wieder aufs Neue eine Vielheit von Städten, verwachsen wie siamesische Zwillinge: keine Einheit und doch voneinander abhängig. In der Stadtstruktur artikulieren sich die gesellschaftlichen Spannungen der unterschiedlichen Epochen: von Freier Stadt und Kurfürst, von Kaisertum und Moderne, von Ost und West. Das polyzentrale Berlin ist ein Mikromodell des deutschen Föderalismus; die Ost-West-Teilung der Stadt reflektiert die nach wie vor existente Spaltung der deutschen Gesellschaft.

_Duplizität und Multiplizität stellen die klassische Vorstellung von Einheit und Identität in Frage. Wie bei einem siamesischen Zwilling führt die Ambivalenz zwischen Einheit und Doppelung zu vielfachen Lesarten der multiplen Identitäten. Im Gegensatz zur Auflösung und Vermischung stellt Duplizität die gleichzeitige Existenz unterscheidbarer Ganzheiten und Identitäten dar. Damit schafft sie eine Offenheit und Dynamik, die zugleich das Selbstverständnis untergräbt.

_1 Zitiert nach Konrad Kettig: Hauptstadt des Deutschen Kaiserreichs, in: Heimatchronik Berlin, hg. v. Otto Friedrich Gandert u.a., Köln 1962, S. 432 f.
_2 Rudolf Weilbier, in: Vossische Zeitung, 21.6.1927
_3 Curt Moreck: Führer durch das Lasterhafte Berlin, Leipzig 1930, S. 12 f., 20 f.
_4 Gustav Häussler: Auf nach Berlin, Berlin 1932, S. 30
_5 Siehe Stephen Spender: Deutschland in Ruinen, Frankfurt am Main 1998, S. 273 sowie Ian Bururma: Die kapitale Schnauze, in: Lettre International, Winter 1998, S. 38
_6 Martin Seger: Strukturelemente der Stadt Teheran und das Modell der modernen orientalischen Stadt, in: Erdkunde, Bd. 29/1975, S. 33 ff.
_7 Claude Lévi-Strauss: Die elementaren Strukturen der Verwandtschaft, Frankfurt am Main 1993, S. 128 ff.
_8 Oliva Henkel und Karsten Wolff: Berlin Underground. Techno und HipHop zwischen Mythos und Ausverkauf, Berlin 1996, S. 43
_9 So entstand im Spannungsfeld zwischen Sozialismus und Kapitalismus die Suche nach einem ›Dritten Weg‹.
_10 Gilles Deleuze: Michel Tournier und die Welt ohne anderen, in: Logik des Sinns, Frankfurt am Main 1993, S. 364 ff.

Die brüchige Geschichte Berlins verursacht eine ungestillte Sehnsucht nach Kontinuität und Homogenität. Auch heute fehlt Berlin ein Selbstverständnis. Das ist Stärke und Schwäche zugleich. Wieder und wieder war die Stadt dank ihrer Unbestimmtheit offen für das Neue. Doch gerade in Zeiten des Umbruchs riefen die multiplen Identitäten der Stadt Versuche hervor, Gemeinschaft und Tradition zu simulieren. Darin gleicht Berlin einem Schizophrenen, der sich mit machtvollen Figuren wie Cäsar oder Napoleon identifiziert, um die Spaltung seiner Persönlichkeit zu überwinden.

_Die Ablehnung der existenten Stadt und die Suche nach einer neuen Identität beginnt mit der Hauptstadtwerdung Berlins. Und das bereits 1701, als die kleine Bürgerstadt Berlin preußischer Königssitz wird. Als repräsentative Residenzstadt taugt das alte Berlin nicht, zumal die Hohenzollern hoch gesteckte Ziele verfolgen und das zersplitterte Preußen in eine Monarchie von europäischer Geltung verwandeln wollen. Die barocken Neustädte werden gegründet; durch intensive Anwerbung von Neubürgern steigt die Einwohnerzahl von 1680 bis 1784 auf das Fünfzehnfache, von 9800 auf 145000. Der Neubau von Häusern wird durch Steuerbefreiung und kostenloses Baumaterial gefördert. Um den gewünschten imposanten Eindruck zu erzielen, werden den eher schäbigen Wohnbauten ›Palastfassaden‹ vorgeblendet, wobei bildhauerischer Schmuck mit Gips imitiert wird. Hinter diesen Kulissen leben oft nur einfache Handwerker. In der Friedrichstadt verbergen sich große, ländliche Nutzgärten mit Schuppen und einfachen Anbauten hinter dem residenzstädtischen Antlitz. Während der Straßenprospekt den beabsichtigten Effekt erzielt und Berlin bald als eine der schönsten Städte Europas gilt, drohen die Rückseiten der Häuser einzufallen. Zeitgenossen vermuten, dass die schlecht gebauten Häuser kaum mehr als 50 Jahre überstehen.

_Mangels eigener Architekturtradition zitieren die Monumentalbauten vielfach Bauwerke aus Rom, Wien und Frankreich. Exemplarisch für den Repräsentationswillen des preußischen Königs Friedrich II. sind die Erweiterungsbauten für die deutsche und französische Kirche am heutigen Gendarmenmarkt. Karl von Gontard ergänzt die bestehenden Kirchen mit zwei funktionslosen Turmbauten, die in keinerlei räumlichem oder programmatischem Zusammenhang mit den Kirchen stehen. Als Vorbild dient die Piazza del Popolo in Rom mit ihren beiden sich gegenüber stehenden Kirchen. Das Streben nach monumentaler Größe führt aufgrund des zu schwachen Unterbaus beim Bau des ersten ›Doms‹ zum Einsturz. Die verstärkte Unterkonstruktion des Neubaus macht den Innenraum unnutzbar. Für den Architekturhistoriker Werner Hegemann sind die beiden so genannten Dome daher »inhaltslose Attrappen, Sinnbilder des ›hohlen und gespenstischen Gerüstes‹, mit dem Ernst Moritz Arndt den friderizianischen Staat verglich.«[1] Gleichwohl, das forcierte Aufbauprogramm gelingt. Als Friedrich II. 1786 stirbt, ist Preußen bereits zu einer europäischen Großmacht und zu einem modernen Staat im Sinne des aufgeklärten Absolutismus geworden; Berlin ist ein kulturelles Zentrum.

_Fast 100 Jahre später gelingt Preußen 1871 die Gründung des Deutschen Reichs. Deutschland ist wirtschaftlich und politisch zurückgeblieben, Berlin im Vergleich zu den anderen europäischen Hauptstädten eine junge und eher kleine Stadt. Es wird Hauptstadt der ›verspäteten Nation‹, obgleich es in der deutschen Geschichte über Jahrhunderte nur eine marginale Rolle gespielt hatte. Eine enorme wirtschaftliche Entwicklung setzt ein, die in starkem Kontrast zur politischen und kulturellen Rückständigkeit steht. In dieser Zeit des Umbruchs suchen Berlin und Deutschland kulturellen Halt im Rückgriff auf die Geschichte, was auch Zeitgenossen kritisch kommentieren.

So schreibt Theodor Fontane 1897: »Was mir am Kaiser gefällt, ist der totale Bruch mit dem Alten, und was mir am Kaiser nicht gefällt, ist das im Widerspruch dazu stehende Wiederherstellenwollen des Uralten … Er glaubt das Neue mit ganz Altem besorgen zu können.«[2] Für die Architektur bedeutet dies, dass sie »gar keinen andern als einen durchaus dekorativen, ornamentalen, pathosfreudigen, attrappenhaften Charakter haben konnte«,[3] wie der Theaterkritiker Siegfried Jacobsohn meinte. Ähnlich sieht es auch sein Zeitgenosse Karl Scheffler: »Derselbe Trieb, der aus dem Bürgerhaus einen imitierten Palast gemacht hat, erweckte im Kaiser den Ehrgeiz, aus dem formlos häßlichen Berlin mit Mitteln des Scheins und eines toten Akademismus die ›schönste Stadt der Welt‹ zu machen.«[4]

_Die Hauptstadt der jungen Nation soll repräsentieren und sich historisch legitimieren. Doch einen Nationalstil gibt es nicht. Der Kaiser bezieht sich auf die rheinisch-romanische Baukunst, um an die Glanzzeit des ersten deutschen Kaiserreichs im Mittelalter anzuknüpfen. So beauftragt er Franz Heinrich Schwechten 1890, die Kaiser-Wilhelm-Gedächtnis-Kirche im romanischen Stil zu bauen. Das Umfeld wird wenig später durch den Bau der beiden ›Romanischen Häuser‹ zum ›Romanischen Forum‹. Durch solche Kunstgriffe soll für Berlin eine große, bedeutende Geschichte konstruiert werden. Wie synthetisch diese Legitimation ist, wird am Neubau des Berliner Doms noch deutlicher. Zunächst wird hierfür der alte Dom mit den Schinkel'schen Kuppelbauten abgerissen, denn für den Kaiser ist diese Kirche zu klein, zu veraltet, zu wenig repräsentativ. An ihre Stelle tritt ein pathetischer Neubau, der mit seiner fast 100 Meter hohen Kuppel den Maßstab des städtebaulichen Kontextes sprengt. Der historistische Stil dieses »Deutschen Nationaldenkmals« ist ein groteskes Amalgam bedeutungsschwerer Bezüge, etwa auf St. Peter in Rom oder die römischen Triumphbögen. Mit einem ähnlichen Sammelsurium historischer Anleihen kreiert Paul Wallot für das Reichstagsgebäude einen »lokal und zeitlich ziemlich freischwebenden Reichsstil«[5]. Dessen monumentaler Historismus ist eine zweifache Simulation: Zum einen versucht er der jungen Nation den Anschein einer Tradition zu geben, zum anderen verleiht er dem einflusslosen Parlament eine imposante äußere Erscheinung.

_Diese Phase der Mythologisierung einer fiktiven Nationalgeschichte geht mit beispielloser Modernisierung einher. Berlin wird Boomtown. Die Einwohnerzahl steigt innerhalb von 40 Jahren um drei Millionen, die Stadt wird nach London und New York drittgrößte Metropole der Welt. 1914 ist Berlin quasi eine neue Stadt, der historische Kern im Vergleich zu den Neubauquartieren eine Marginalie. Doch die Neubauten geben sich historisch. Die seriell fabrizierten Arbeiterunterkünfte werden mit vorgefertigten Gipsdekorelementen im Stil von Renaissance, Klassizismus oder Barock bekleidet. Mit den Stuckfassaden gibt sich die Arbeiterstadt den Anschein einer alten Bürgerstadt. »In Berlin scheint alles unnatürlich und falsch zu sein«, schreibt der britische Literat Stephen Spender. »Nie werde ich die erdrückende Schwere Berliner Portikos vergessen, diese Wucht der Treppenaufgänge, und selbst im Stil eines Zimmerofens ist noch Anlaß für anmaßende Größe zu erkennen.«[6] Hinter dem Prunk entfalteten sich allerdings jämmerliche Wohnverhältnisse mit engen Hinterhöfen, Überbelegung und schlechter Hygiene. Diese Diskrepanz zwischen der Substanz einer anonymen, modernen Massenproduktion und ihrem überladenen, historisierenden Erscheinungsbild versinnbildlicht die gesellschaftliche Kluft zwischen wirtschaftlicher Modernisierung und ideologischer Rückständigkeit, die schließlich im Ersten Weltkrieg mündet.

_Aus der zeitgenössischen Kritik an der wilhelminischen Architektur erwachsen Ansätze für eine andere Architektur. Sie entfalten sich allerdings erst nach dem Ersten Weltkrieg in einer Phase wirtschaftlicher Stagnation. Das Zwischenspiel der Weimarer Moderne endet 15 Jahre später im Nationalsozialismus, der in mancherlei Hinsicht eine Kontinuität zur wilhelminischen Epoche herstellt und deren Konzepte radikalisiert. Hitler will einen neuen deutschen Staat schaffen, will Berlin zur Weltstadt ›Germania‹ machen. Im Gespräch mit Albert Speer spricht er davon, dass Berlin nichts sei als »eine ungeregelte Anhäufung von Bauten« und es sein Antlitz ändern müsse,

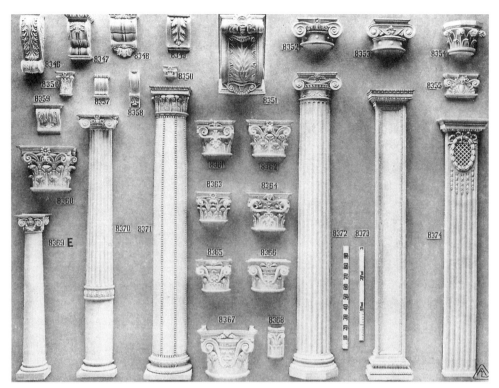

Aus dem Katalog Stuccolin, um 1912

um »Welthauptstadt« zu werden, um »Paris und Wien zu übertrumpfen«[7]. Die Architektur soll Überlegenheit, Ewigkeit, Wehrhaftigkeit vermitteln, die Bauten sollen, so Hitler, als »Wahrzeichen der Volksgemeinschaft mithelfen, unser Volk politisch mehr denn je zu einen und zu stärken.« Mittels eines Konglomerats historischer Versatzstücke sollte eine arisch-deutsche Identität fabriziert werden.

_Und wieder vollzieht sich, ins Extrem gesteigert, die Gleichzeitigkeit von Modernisierung und Beschwörung einer fiktiven Vergangenheit. Autobahnen werden gebaut, die Schwerindustrie läuft für die Aufrüstung auf Hochtouren, zugleich werden germanische Ursprungsmythen zelebriert. Das Regime versucht, sich durch Anleihen bei historischen Ikonen ästhetisch zu legitimieren: im römisch-klassizistischen Imperialstil oder pseudo-germanischen ›Heimatschutzstil‹. Trotzdem will die monumentale Staatsarchitektur neu sein, den ›nationalen Traditionalismus‹ mit technologischer Avantgarde verbinden.

_Exemplarisch dafür steht der Neubau der Reichskanzlei von Albert Speer. Zur Einweihung am 9. Januar 1939 schreibt der ›Völkische Beobachter‹: »Man weiß, wenn man in diesem Raum steht, daß er neu geschaffen wurde; aber es ist das Wunderbare, daß man bereits diesen Raum als historische Stätte empfindet.« Römisch imperialer Klassizismus sowie Anleihen aus der Schlossarchitektur von Versailles und Fontainebleau sind hier angereichert mit moderner Technologie, etwa eine mit Granitplatten camouflierte Lastwagenhebebühne oder hinter Gobelins versteckte Filmvorführgeräte. Die Architektur ist auf den äußeren Effekt hin konzipiert, auf das Fassadenbild und die innere Achse der einschüchternden Repräsentationsräume. Hinter diesen liegen funktionslose Füllräume, Büros mit Fenstern auf Bodenhöhe oder ein ›Kabinett-sitzungssaal‹ für das längst abgeschaffte Kabinett. Ohnehin dient die Reichskanzlei nur der Repräsentation; die eigentliche Regierungsarbeit erfolgt andernorts.

↑ Modell der Fassade der Reichskanzlei von Albert Speer im Maßstab 1 : 1, 1938
→ Modell der Fassade der Kaserne des Wachregiments Groß-Deutschland im Maßstab 1 : 1, 1941

_Bezeichnenderweise setzt Speer Techniken und Methoden der Filmindustrie[8] für die Architektur-produktion ein. Von vielen seiner Entwürfe bauen die Filmstudios der Ufa in Babelsberg und Tempelhof ganze Fassadenabschnitte im Maßstab 1:1, um ihren Effekt zu überprüfen. Von der ›Großen Achse‹ lässt Speer ein 30 Meter langes Modell im Maßstab 1:10 anfertigen. Da die meisten Projekte nicht gebaut werden, existieren sie nur als derartige Attrappen. Doch verwischt die Verbreitung ihrer Bilder in Massenmedien, in Filmen wie ›Wort aus Stein‹, Ausstellungen wie ›Neue Deutsche Baukunst‹ oder in Büchern und Zeitungen die Grenze zwischen Simulation und Realität. Die detailgenauen Modelle werden im Ausschnitt oder mit Wolkenhimmel fotografiert und gefilmt, so dass man oft nicht mehr unterscheiden kann, ob die Gebäude real oder nur virtuell existieren. Hitler selbst flüchtet sich gegen Kriegsende im Bunker der Reichskanzlei immer wieder in die Scheinwirklichkeit der von ihm geliebten Architekturmodelle.

_Ein Jahrzehnt später setzt in Berlin die Architektur des Stalinismus diese Methodik mit verändertem ideologischen Programm fort. Die Stalinallee entspricht stadtstrukturell dem Speer'schen Achsenkreuz; ihre Architektur führt das Konzept einer propagandistischen, mythenbildenden Stadtkulisse fort. Anstelle der Härte und Wehrhaftigkeit der arischen Rasse und der beabsichtigten Weltherrschaft tritt der stalinistische ›Zuckerbäckerstil‹ eines eher romantisierten Klassizismus zur Simulation eines klassenlosen Kollektivs. Auch diese Architektursprache baut auf dem Mythos einer ›nationalen Tradition‹ auf, während sie sich zugleich ahistorisch verhält. Die Großform der Stalinallee überformt den historischen Stadtgrundriss radikal. Mit Baubeginn der Magistrale wird 1950 das Berliner Stadtschloss abgerissen. Hinter den ›Palastfassaden‹ mit dorischen, ionischen und korinthischen

›Tag der Deutschen Rose‹ am Brandenburger Tor, 1934

Säulenordnungen, aufgesetzten Pilastern und schweren Dachgesimsen liegen einfache Miet-wohnungen. Die Stalinallee ist ein Straßenprospekt, der vom rückwärtigen Raum völlig abgeschirmt ist. Bestehende Straßenzüge werden unterbrochen, enden unvermittelt an den Rückseiten der Bebauung. Für den rückwärtigen Raum gibt es keinerlei Planung. Und so bildet die Bebauung der Stalinallee eine Schauseite, ohne jeglichen Zusammenhang mit den dahinter liegenden Quartieren.

_In den von der DDR-Regierung 1950 verabschiedeten ›16 Grundsätzen des Städtebaus‹ heißt es: »Die Stadt ist in Struktur und architektonischer Gestaltung Ausdruck des politischen Lebens und des nationalen Bewußtseins des Volkes ... Die Architektur muß ... der Form nach national sein. Die Architektur verwendet dabei die in den fortschrittlichen Traditionen der Vergangenheit verkörperte Erfahrung des Volkes.« Es ist gerade die mehrfache Abwesenheit einer Nation – die ›verspätete Nation‹ nach der deutschen Kleinstaaterei, die Zerstörung nationaler Identität durch den Nationalsozialismus, die Teilung Deutschlands –, die eine solche Sehnsucht nach Nation, Tradition und Geschichte erzeugt. Wie brüchig diese Simulation der kollektiven Identität ist, zeigt sich spätestens mit dem Aufstand des 17. Juni 1953, der von den Baustellen der Stalinallee ausgeht. Die sowjetische Armee schlägt den Protest nieder, 25 Menschen sterben, 378 werden verletzt. Aber das Illusionsbild eines kollektiven Willens wird fertiggestellt.

_Nach dem Mauerfall von 1989 wird in Berlin das Thema Simulation wieder aktuell: Berlin wird Hauptstadt des vereinten Deutschlands. Wieder stellt sich die Frage nach Identität. Da sich aus der existierenden Stadt mit ihren Brüchen, Widersprüchen und multiplen Identitäten kein eindeutiges Selbstbild ableiten lässt, konstruiert man das Leitbild der »berlinisch-preußischen

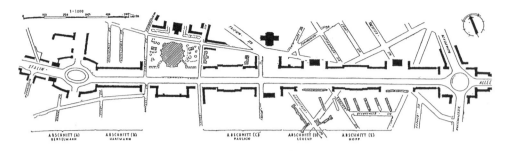

Stalinallee, Entwurf 1952 und Ansicht 1954

Architektur« und der »europäischen Stadt«[9]. Aus der Geschichte der Stadt Berlin, so heißt es offiziell, lasse sich ein homogenes architektonisches Vokabular ableiten. So absurd diese Begründung auch anmutet, so verständlich wird sie als Zeichen einer Sehnsucht. In der Berliner Architekturdebatte der neunziger Jahre schlägt sich der Wunsch nach einer Normalisierung der deutschen Geschichte nieder. Berlin soll zu einer normalen europäischen Stadt werden, Deutschland zu einem normalen Land, dessen unglückselige Geschichte man mit dem Ende der Nachkriegszeit aus dem kollektiven Gedächtnis der Stadt und der Gesellschaft tilgen möchte. So wird nicht davor zurückgeschreckt, für die Konstruktion einer neuen ›Identität‹ willkürlich allfällige Wunschbilder aufzugreifen; wenn etwa die Terrakottafassaden des Potsdamer Platzes die Wärme einer italienischen Piazza suggerieren oder das neue Hellersdorfer Zentrum eine spanische Plaza Major imitiert.

_Diese von Protagonisten eingeforderte »Remythologisierung« der eigenen Geschichte ist nicht zuletzt Ausdruck des Wiedererstarkens nationaler Gefühle, wie man es seit dem Ende des Kalten Krieges auch in anderen Ländern Europas beobachten kann. Für den Berliner Senatsbaudirektor Hans Stimmann soll die Architektur »diszipliniert, preußisch, zurückhaltend in der Farbigkeit, steinern, eher gerade als geschwungen«[10] sein. Und so lobt er diejenigen Architekten, die »das machen, was früher automatisch passiert ist, die sich als Berliner fühlen und nicht Amerika bauen wollen.«[11] Zwar sehnt man sich wie in der Vergangenheit nach Kollektivität und Homogenität, doch zugleich sucht man jegliche Monumentalität zu vermeiden. So wird die Überbauung ganzer Blöcke durch Großinvestoren jeweils mit einer Vielzahl kleinteiliger Fassaden kaschiert. Bei stets gleichem Raumprogramm und Grundrisslösungen zeigt sich eine üppige und täuschende Vielfalt von Verkleidungen aus hauchdünnen Natursteinplatten. Man bewegt sich daher auf der Friedrichstraße und in der ›Daimler City‹ am Potsdamer Platz wie auf einer Baufachmesse mit überdimensionierten Ausstellungsmustern von Fassadenherstellern. Und zum wiederholten Male in der Geschichte Berlins begleitet die Beschwörung einer fiktiven Geschichte eine radikale Modernisierung. Diesmal, in den neunziger Jahren, ist es die im Verhältnis zu anderen Hauptstädten stark verspätete Tertiarisierung der Wirtschaft bei gleichzeitiger Globalisierung des Immobilienmarktes, vor die sich das Bild vermeintlich lokalspezifischer Fassaden schiebt.

_Die Regeln der ›Berlinischen Architektur‹ gelten nicht nur für Neubauten. Nach dem gleichen Muster sollen im Rahmen des ›Planwerks Innenstadt‹ auch existierende Stadtviertel transformiert und dem Bild einer homogenen Stadt angepasst werden. In absolutistischer Manier wird versucht, das Wunschbild einer neuen berlinischen Identität per staatlichem Dekret durchzusetzen. Mittel dazu sind die Kontrolle von Wettbewerbsjurys und Baugenehmigungen, staatliche Planungen und Gestaltungssatzungen. So wurde für die Stadtrandsiedlung Karow-Nord, eines der Vorzeigeprojekte des Berliner Senats, eine Gestaltungssatzung von mehreren hundert Seiten Umfang festgelegt. Das kalifornische Büro Moore Ruble Yudell entwickelte den Masterplan und war bezeichnenderweise ebenfalls an den Planungen von ›Celebration‹ beteiligt, einer nach den Bildern Hollywoods von einer ›traditionellen‹ amerikanischen Stadt durch die Walt Disney Company erbauten Siedlung.

_Immer wieder treffen wir in der Stadtlandschaft auf die hohlen, zu Stein gewordenen Sehnsuchtsbilder aus den verschiedenen Epochen. Manche von ihnen sind die Simulation einer Simulation einer Simulation. In dieser Verselbstständigung der Simulakren hat sich die ursprüngliche Botschaft wie bei einer ›Stillen Post‹ längst verflüchtigt. Die schalen Bilder zeugen von kaum mehr als der Identitätskrise der Stadt, der verzweifelten Suche nach einem Selbstverständnis. In den architektonischen Simulationen materialisiert sich ein gesellschaftliches Psychogramm. In der Spannung zwischen dem äußeren Erscheinungsbild dieser Masken und der dahinter liegenden Substanz offenbaren sich die inneren Konflikte der Gesellschaft. Die Simulationen können das Fehlende nicht ersetzen, sondern nur auf das Vermisste verweisen. So wird in Berlin die Heterogenität der Stadt, die eigentlich kaschiert werden soll, um eine weitere Dimension bereichert.

_Die Technik der Blendfassade erinnert an die Pionierstädte im Westen Amerikas, wo den einfachen Holzhütten der Saloons und Läden imposante Fronten vorgeblendet sind, um auf Neuankömmlinge und Vorbeiziehende Eindruck zu machen. Von hier lassen sich direkte Verbindungen zur Filmindustrie von Hollywood ziehen. Und ebenso verfügte die Pionierstadt Berlin in ihrer Blütezeit über eine bedeutende Filmindustrie.

_Simulation ist nachgeschichtlich. Ihre willkürliche Verwendung geschichtlicher Bilder zerbricht die Linearität der Zeit. Simulationen kopieren nie vollständig, sondern bilden seltsame Synthesen mehrerer historischer Vorbilder, die Zeitgenössisches einschließen. Sie artikulieren nicht das Besondere, sondern ein durchschnittliches, wieder erkennbares Bild des ›Typischen‹. Sie versuchen die Geschichte und ihre Widersprüche in einer totalen Synthese aufzuheben. Sie sind eine Fusion von industriellen Bauweisen und traditionell-klassizistischer Architektur, von Homogenität und Kleinteiligkeit, von Geschichte und Modernität.[12] Simulationen sind selektiv. Mit ihrem Anspruch auf Totalität erzeugen sie sterile Illusionswelten. Die als negativ deklarierten Phänomene werden ausgeschlossen, die ›Schattenseiten‹ des Realen unterdrückt.

_Obwohl die Simulation spätestens mit dem Antikenkult der Renaissance eine Kulturtechnik ist, hat sie sich in der Moderne auf besondere Weise mit dem Streben nach Kontrolle durch Homogenität und Totalität verbunden. Hierin gleicht sie ihrem Widerpart, das heißt der Rhetorik des absolut Neuen. Beide Erscheinungsformen der Moderne versuchen in einem Akt des Social Engineering eine neue Gesellschaft zu konstruieren, sei es durch die Utopie einer linearen, widerspruchsfreien Geschichte, sei es durch die Utopie einer neuen, klassen- und geschichtslosen Gesellschaft. Beide negieren damit die grundlegenden Konflikte menschlicher Gesellschaften; beide bergen damit eine totalitäre Tendenz.[13]

Musterfassaden für Bauten am Potsdamer Platz, 1995, Foto: Stefanie Bürkle

_Unbeantwortet bleibt die Frage nach einer Strategie, welche die Widersprüche der Moderne im Sinne einer ›reflexiven Modernisierung‹[14] zur Grundlage eines neuen Selbstverständnisses macht. In der Gleichzeitigkeit multipler Identitäten könnten Simulationen ihren totalitären Charakter verlieren und ein befreiendes Potential entfalten. Dann, wenn sie die Totalität des Existenten durchbrechen und auf ein anderes Mögliches verweisen, ohne dabei eine neue Totalität erzeugen zu wollen. Und gerade durch den Verzicht auf das Absolute und Permanente tragen temporäre Identitätsbildungen wie die Love Parade oder Christos und Jeanne-Claudes Reichstagsverhüllung zur Selbstfindung der Gesellschaft und der Stadt bei. In der gesellschaftlichen Praxis sind multiple und temporäre Identitäten längst alltäglich geworden. Doch noch sucht die Architektur nach vergangenen Bildern.

Musterfassaden für den Bau der Bundespressekonferenz, 1999, Foto: Stefanie Bürkle

_1 Werner Hegemann: Das steinerne Berlin, Reprint 1976, S. 144

_2 Theodor Fontane in einem Brief an Georg Friedländer vom 5. April 1897, in: Fontanes Briefe in zwei Bänden, Berlin (Ost) 1989, Band 2, S. 408

_3 Siegfried Jacobsohn, in: Schaubühne 19.6.1913, S. 629 f.

_4 Karl Scheffler: Berlin – ein Stadtschicksal, Berlin 1910, Nachdruck von 1989, S. 138

_5 Stephan Speicher: Der Reichstag. Ort deutscher Geschichte, Berlin 1995, S. 32

_6 Stephen Spender: European Wittness, London 1946, zitiert nach Ian Buruma: Die kapitale Schnauze, in: Lettre International, Winter 1998, S. 36

_7 Zitiert nach Albert Speer: Erinnerungen, Frankfurt am Main und Berlin 1969, S. 88, 153

_8 Siehe Angela Schönberger: Die neue Reichskanzlei von Albert Speer, Berlin 1981, insbesondere S. 55 ff. und 110 ff.

_9 Fritz Neumeyer in: Neue Berlinische Architektur: Eine Debatte, hg. von Annegret Burg, Basel u.a. 1994, S. 22. Siehe auch die Beiträge von Hans Stimmann und Jürgen Sawade

_10 Interview mit Hans Stimmann, in: Der Baumeister, Heft 7/1993, S. 51

_11 Interview mit Hans Stimmann, in: a3000, Berliner Studentenzeitschrift, Heft 5/1993, S. 15

_12 Siehe Boris Groys: Die gebaute Ideologie, in: Tyrannei des Schönen. Architektur der Stalinzeit, hg. von Peter Noever, München 1994

_13 Siehe Karl Popper: Das Elend des Historizismus, Tübingen 1987; Zygmunt Bauman: Dialektik der Ordnung, Hamburg 1992; Zygmunt Bauman: Moderne und Ambivalenz, Hamburg 1991

_14 Siehe die Diskussion um die ›Zweite Moderne‹ bei Autoren wie Ulrich Beck, Anthony Giddens und Scott Lash

Der Großteil der Berliner Bebauung entstand während drei relativ kurzer Phasen und in großer Schnelligkeit. Das verdeutlicht die Geschichte des Wohnungsbaus, der die Grundsubstanz der Stadt bildet. In der Gründerzeit wurden binnen weniger Jahrzehnte 450000 Wohnungen erstellt. Der zweite Bauboom erfasste Berlin nach 1945. Im Westteil der Stadt wurden von Mitte der fünfziger bis Mitte der siebziger Jahre 450000 Wohnungen gebaut; im Ostteil der Stadt folgte der Bau von 200000 Wohnungen ab Mitte der siebziger Jahre. Mit der Vereinigung setzte eine dritte Investitionswelle ein. Diese Entwicklungsschübe definierten die Stadt jeweils neu, denn die unverhältnismäßig große Zahl an Neubauten bildete mehr als nur eine Ergänzung zur Stadt. Am Ende der wilhelminischen Epoche bestand Berlin zu über 80 Prozent aus Neubauten. In den zeitversetzten Baubooms des geteilten Berlin wurden in West und Ost jeweils etwa die Hälfte der Bausubstanz in kaum 20 Jahren neu errichtet. Und bei der jüngsten Berliner Entwicklung ist nach Ansicht von Rem Koolhaas »trotz der unglaublichen Anstrengungen, diese neue Substanz zu ›kontrollieren‹, eine chinesische Stadt herausgekommen … Die Stadt hat in kürzester Zeit ein großes Volumen aufgebaut und verfügt demnach nicht über die Langsamkeit, die dem traditionellen Aufbau einer Stadt und eben jenem Modell ihrer Authentizität entspricht. Jenseits einer bestimmten Geschwindigkeit der Konstruktion wird diese Art der Authentizität unvermeidlich geopfert, selbst wenn alles aus Stein hergestellt wird.«[1]
_Zugleich erfolgt in jeder dieser Epochen der Neubau fast ausschließlich nach einem einzigen Gebäudetyp. Während im Wilhelminismus die Spekulanten größtenteils Mietskasernen errichten, basiert der Wohnungsbau im Nachkriegsberlin auf dem staatlich finanzierten Siedlungsbau nach Prinzipien des Funktionalismus. Nach 1945 gibt es beiderseits der Mauer kaum Einfamilienhausbau, weil die westliche Insellage und die Planwirtschaft der DDR dies nicht erlauben. Seit 1989 hat sich das Eigenheim dafür um so mehr durchgesetzt. Die spezifische Geschichte der Stadt führte dazu, dass die jeweiligen Modelle schneller, in größerer Anzahl und größerer Ausschließlichkeit als anderswo realisiert wurden.
_Durch die stetige Wiederholung des Immergleichen verliert sich jede Signifikanz. Andy Warhol nutzte dieses Verfahren in seinen Bildern, denn er mochte langweilige Dinge: »Je mehr man immer wieder die gleichen Dinge betrachtet, desto mehr verschwindet die Bedeutung, und desto besser und leerer fühlt man sich.«[2] Diese Wirkung auf die Psyche wird zudem durch die Wirkungsweise des Nervensystems verstärkt. Bei monotonen Dauerreizen adaptieren sich die Sensoren und übertragen keine Impulse mehr.[3] In der seriellen Wiederholung löst sich das Gebaute in eine formlose urbane Masse auf. Es gibt keine Spezifität mehr, die auf bestimmte gesellschaftliche Gruppen oder kulturelle Traditionen verweist. Raum- und Formbildungen, Sichtachsen, Straßen- und Platzfiguren treten in den Hintergrund. Hervor tritt die urbane Masse: die Textur der Mietskasernen, die Cluster der Siedlungen und der Teppich der Einfamilienhäuser. Jede von ihnen hat ihre eigene Konsistenz, wie physikalische Elemente in unterschiedlichen Aggregatzuständen. Als Spezifikum treten aus dieser Masse nur die ungeplanten Abweichungen, Unterbrechungen und Störungen hervor.
_Die Struktur des Gebauten folgt keinem architektonischen oder städtebaulichen Wollen, sondern entwickelt sich aus der jeweiligen ökonomischen, politischen und gesellschaftlichen Logik. Architekten sind an diesen Prozessen nur marginal beteiligt. Exemplarisch hierfür ist die Mietskaserne der Gründerzeit. Ihr Typus ergibt sich aus einer Maximierung der baulichen Ausnutzung und den Begrenzungen durch das baupolizeiliche Reglement. Um Erschließungs-

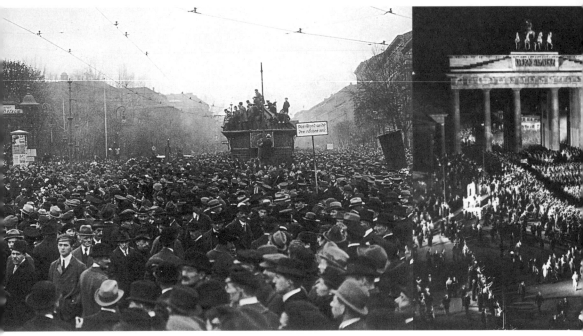

↑ Trauerzug für einen getöteten Märzrevolutionär, 1919, Foto: Franz Gerlach
→ Fackelzug am Brandenburger Tor, 1933

kosten zu sparen, sind die Grundstücke mit 70 bis 80 Metern ungewöhnlich tief und durch die Anlage mehrerer Hinterhäuser und Seitenflügel extrem dicht überbaut. Aus der uniformen Extrusion der Grundstücke bleiben nur kleinste Höfe ausgespart, um den baupolizeilich vorgeschriebenen Zugang für die Feuerwehr zu ermöglichen. Die Grundrisse sind hochgradig typisiert und folgen – ob Vorderhaus, Seitenflügel oder Hinterhaus, ob Arbeiterviertel oder bürgerliche Wohngegend – überall dem gleichen Schema. Innen liegende Korridore und die Lage von meist gemeinschaftlich genutzten Toiletten am Treppenhaus erlauben die flexible Aufteilung der Grundfläche gemäß den Erfordernissen des Marktes. Die Bauten werden als spekulative Kapitalanlage auf Basis von Hypotheken errichtet. Die wie Aktien gehandelten Immobilien wechseln zuweilen mehrfach am Tag den Besitzer. Da ausschließlich Hausbesitzer politische Ämter innehaben, stärken die Gesetze die Spekulation. Die Wohnung wird zu einem anonymen, kapitalistischen Massenprodukt. In der Überbauung der Hinterhöfe verliert sie den Bezug zu Straße und Stadt. 1909 resümiert der Architekt Albert Gessner: »So entstand ohne große Gesichtspunkte jene end- und ziellose Aneinanderreihung regelmäßiger Baublöcke, die ihrerseits in gleichmäßige Grundstücke eingeteilt wurden, worauf man Häuser baute, die sich glichen wie ein Ei dem anderen.«[4] Alfred Döblin konstatiert, dass in diesem endlosen Meer von »Mietskasernen ohne Gesicht ... nur das Ganze ein Gesicht und einen Sinn hat: den einer starken nüchternen modernen Stadt, einer produzierenden Massensiedlung.«[5]

_Um die Defizite der Mietskasernenstadt, insbesondere den Mangel an bezahlbarem Wohnraum, Natur und Privatheit, zu kompensieren, entsteht ungeplant ein weiteres, städtebauliches Massenphänomen. Verarmte Arbeiter beginnen ab 1862 in Selbsthilfe, Laubengärten vor den Toren der Stadt zu errichten. Schnell erkennen die Bodenspekulanten dieses Potential und verpachten ihr noch unbebautes Bauerwartungsland auf Basis kurzfristiger Verträge an die Laubenpieper. Mit 165000 Lauben auf 62 Quadratkilometern erreicht die Entwicklung während der Wirtschaftskrise nach dem Ersten Weltkrieg ihren Höhepunkt. Mit 15 Quadratmetern je Einwohner gibt es 1926

Nationales Jugendfestival der DDR vor dem Palast der Republik, 1979

ebensoviel Kleingarten- wie Wohnfläche in Berlin. Die Laubenkolonien bieten Freiraum in der übermäßig verdichteten Stadt; sie offerieren Möglichkeiten zur individuellen Selbstbestimmung im anonymen Häusermeer; sie erlauben ländliche Wirtschaftsformen für die verarmten Stadtflüchtlinge und dienen als erschwinglicher Ersatzwohnraum in der überfüllten Großstadt.
_Die in den zwanziger Jahren entwickelten neuen Konzepte für den Massenwohnungsbau können angesichts der Wirtschaftsschwäche nur in geringerem Umfang realisiert werden. Erst nach 1945 setzt ein Bauboom im Wohnungsbau ein, der nicht mehr auf frühkapitalistischer Privatspekulation basiert. Der Sozialstaat im Westen und der Sozialismus im Osten machen die Wohnungspolitik zur Sozialpolitik, mit der sie die Gesellschaft auf je eigene Weise zu homogenisieren versuchen. Ausgehend von der Kleinfamilie werden die Wohnfunktionen nach tayloristischen Grundsätzen optimiert. Anstelle nutzungsneutraler Räume tritt die funktionale Differenzierung. Während die Avantgarde in den zwanziger Jahren noch mit verschiedenen Wohnungstypologien, Konstruktionsweisen und Architekturformen experimentiert, werden ihre Ideen nach 1945 auf ein einheitliches Modell reduziert. In Ost- wie in Westdeutschland regeln Hunderte von Normen das Bauwesen. Belegungspolitik sowie Typenplanung im Osten, Förderrichtlinien und Finanzierungsbestimmungen im Westen ergänzen sie zu einem staatlichen Regelwerk, das die Reproduktion des immergleichen Wohntyps bindend festlegt: Wohnzimmer, Elternzimmer, Kinderzimmer, Küche, Bad, Eingangsflur, Balkon. Die staatlich verordnete Bautypologie ist nicht in der Lage, andersartige Funktionen aufzunehmen, so dass diese ausgegliedert werden. Die Wohnungscluster sind in Einheiten unterteilt, denen jeweils ›Gemeinbedarfsflächen‹ beziehungsweise ›gesellschaftliche Einrichtungen‹ zugeordnet werden: Aus den Wohnungsanzahlen von Treppenhauseinheit, Wohnblockeinheit, Grundschuleinheit und Verwaltungseinheit errechnen sich die ›Versorgungseinheiten‹.
_Ebenso wie das Wohnen wird der Produktionsprozess nach fordistischen Regeln optimiert. Die standardisierte Massenproduktion vorgefertigter Betonelemente wird als soziale Gleichstellung

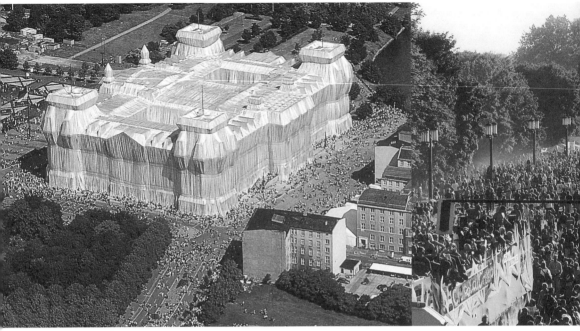

↑ Reichstagsverhüllung durch Christo und Jeanne-Claude, 1995, Foto: Wolfgang Volz
→ Love Parade auf der Straße des 17. Juni, 1999

begrüßt und zum ästhetischen Prinzip erhoben. Bausysteme und Baulogistik beeinflussen die Siedlungsform. Während zunächst nur rigide Zeilenbauten möglich sind, gestatten die Entwicklung der Krantechnologie sowie die erweiterte Elementauswahl ab den sechziger Jahren auch gekurvte Gebäude. Mit dem Fortschreiten der Normierung steigt die Größe der Siedlungen. Während die noch vorwiegend konventionell errichteten Siedlungen der fünfziger Jahre wie Charlottenburg-Nord etwa 1000 Wohnungen umfassen, erhöht sich mit der Einführung der Vorfertigung in den sechziger Jahren die Anzahl der Wohnungen je Siedlung auf 5000 bis 15000, wie etwa im Hans-Loch-Viertel, der Gropiusstadt und dem Märkischen Viertel. In Ostberlin entstehen in den siebziger und achtziger Jahren auf Basis einer hochgradigen Normierung von Bauteilen die Großsiedlungen Marzahn, Hohenschönhausen und Hellersdorf mit jeweils zwischen 40000 bis 60000 Wohneinheiten.

_Trotz aller politischen Unterschiede ähnelt sich der Wohnungsbau in beiden Teilen der Stadt. Nicht nur im sozialistischen Ostdeutschland ist er verstaatlicht. In dem von Subventionen so abhängigen Westberlin entstehen über 90 Prozent aller Wohnungen im sozialen Wohnungsbau und sind zum größten Teil mit staatlichen Mitteln finanziert. Während Westberlin den Massenwohnungsbau mit der Fertigstellung der Großsiedlung Gropiusstadt 1975 weitestgehend abschließt, findet er in Ostberlin während der späten siebziger und achtziger Jahren seine radikalste Ausformung. Die Modellreihen der Wohnungsbaukombinate sind innerhalb der gesamten DDR identisch und haben an die Serienbezeichnung der Autos erinnernde Namen, etwa P2/5, P2/10, P2/11 oder WBS 70, WBS 70/B und WBS 70/11. Allein vom Gebäudetypus WBS 70 werden 97400 Wohneinheiten errichtet. Die unglaubliche Anzahl gleicher Wohnungen führt zur Konzeption von Produktpaletten und Lebenskonzepten auf Basis einzelner Haustypen. Ihren Höhepunkt erreicht diese Entwicklung mit dem Bau von Marzahn in den Jahren 1976 bis 1987. Mit 150000 Einwohnern ist sie die größte Neubausiedlung Deutschlands. Dem normierten Wohlstand entfliehen die Bewohner in ihre Datschen. Der private Kleingarten wird noch einmal zum Gegenpol

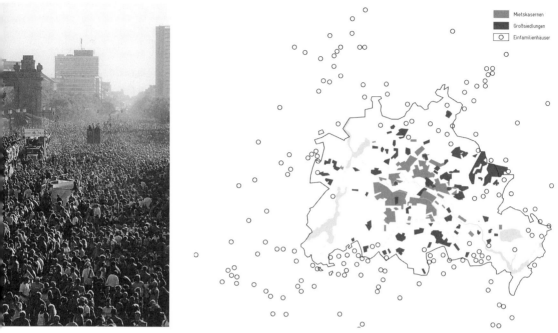

Verteilung der Mietskasernen, Großsiedlungen und Einfamilienhäuser in Berlin

uniformer Massenkultur der Großstadt. »Wir hatten uns gegenseitig bei der Errichtung unserer ›Datschen‹ geholfen,« erinnert sich eine Bewohnerin; es war »ein Rest von Selbsthilfe auf privatem Rückzugsgebiet.«[6] Die Datschen liegen meist außerhalb der Stadt, in der Nähe zu einer Autobahn oder einer S-Bahn-Station. 1989 gibt es in Ostberlin und Brandenburg 300000 solcher Wochenendgrundstücke.

_Nahezu gleichzeitig mit der Mauer bricht im Osten wie im Westen auch das System des staatlich finanzierten Wohnungsbaus zusammen. Mit der Durchsetzung neoliberaler Ideen zieht sich der Staat aus einer aktiven Wohnungsbaupolitik zurück. Der dritte Berliner Bauboom geht im Wohnungsbau mit einem radikalen Wechsel der Gebäudetypologie einher: Anstelle des funktionalistischen Siedlungsbaus tritt das Eigenheim. Jährlich werden 15000 Ein- und Zweifamilienhäuser in Berlin und seinem Umland gebaut. Seit der Vereinigung sind etwa 100000 Eigenheime entstanden; dieser Trend wird sich in den nächsten Jahren fortsetzen. »Das Streben nach selbstgenutztem Wohneigentum möglichst in Form von Einfamilienhäusern ist in der Berliner Region sehr ausgeprägt«[7], berichten die Immobilienmakler. Daher biete dieses Marktsegment im Gegensatz zu dem sonst bestehenden Überangebot auf dem Immobilienmarkt »auch in den nächsten Jahren noch Wachstumspotentiale.«[8] Schließlich liegt der Anteil an Einfamilienhäusern in Berlin bei nur knapp 10 Prozent, obgleich 75 Prozent der Deutschen am liebsten im Eigenheim wohnen.

_Trotz heroischer Anstrengungen gelingt es in Berlin nicht, die Flut des Einfamilienhausbaus einzudämmen. Während sich die noch mit den letzten staatlichen Subventionen Anfang der neunziger Jahre errichteten ›Vorstädte‹ in verdichteter Bauweise wie Karow-Nord oder Wasserstadt Spandau nicht vermarkten lassen, boomen die Einfamilienhaussiedlungen am Stadtrand. Die Umlandgemeinden Berlins haben nach der Vereinigung 43 Quadratkilometer Wohnungsbauland ausgewiesen. Zwischen Stadtgrenze und Autobahnring entsteht zur Zeit ein Gürtel von Wohnprojekten. Im Zuge dieser dramatischen Suburbanisierung sind seit 1989 bereits

170000 Berliner ins Umland gezogen. Um dieser Abwanderung Einhalt zu gebieten, ist Berlin dazu übergegangen, den Eigenheimbau mittels zinsverbilligter Darlehen massiv zu fördern und in großem Maßstab Eigenheimgebiete auszuweisen. Der Flächennutzungsplan von 1994 sieht auf 20 Quadratkilometern den Bau von 100000 Eigenheimen vor.

_Der Massenindividualismus der Eigenheime folgt überall dem gleichen Schema. Im Prinzip stellt das Einfamilienhaus die Fusion von Kleingarten und Sozialbauwohnung dar, letztere leicht überdimensioniert und um Gästetoilette und zweites Kinderzimmer erweitert. Auf einem Grundstück von der Größe eines Schrebergartens, das heißt 160 bis 450 Quadratmetern, wird ein zweigeschossiges Haus von 120 Quadratmetern mit Satteldach errichtet, das Erdgeschoss als Wohnetage, das Obergeschoss mit den Schlafzimmern. Durch den Einsatz diverser Applikationen kann derselbe Haustyp unterschiedliche Gestalt annehmen. »Ob nordisch markant oder mit südlichem Charme, Sie bestimmen, welcher Baustil zu Ihnen idealerweise paßt«,[9] preisen die Fertighausanbieter ihre Produkte an. Wie Fernsehzuschauer durch die Kanäle zappen, stellen Eigenheimbauer aus den Katalogen der Fertighaushersteller ihre persönliche Mischung zusammen: Die Außenwände können mit Ziegelimitat und Pseudofachwerk versehen oder modernistisch verglast werden; Erker, Gauben, Dachüberstände und Balkone werden nach Belieben hinzugefügt, für das Innere sind aus einer überwältigenden Auswahl die gewünschten Oberflächen zu bestimmen. Im Sinne einer Samplingkultur sind alle Elemente frei kombinierbar. Knapp die Hälfte aller neuen Eigenheime in Berlin sind Fertighäuser, im Umland knapp ein Drittel. Ihr Marktanteil ist damit gut doppelt so hoch wie anderswo in Deutschland. Architekten bleiben bei der Produktion der Massenware Wohnen weitgehend außen vor. Wer sich kein Fertighaus baut, kauft sich in einen Wohnpark ein. Hier werden von privaten Bauträgern zwischen 100 und 1000 Eigenheime nach einheitlichem Schema errichtet und anschließend verkauft. Ihre Typologie gleicht der der Fertighäuser. Und wie bei diesen können die Interessenten neben den Applikationen je nach Einkommen und handwerklichem Geschick zwischen verschiedenen Ausbaustufen wählen: das Haus schlüsselfertig oder als Ausbau- oder Mitbauhaus, bei dem der Besitzer einen Teil der Bauleistung selbst erbringt. Die mit dem jeweiligen Gebäudehersteller assoziierte Baumarktkette liefert die notwendigen Materialien.

_Der Pragmatismus des Immobilienmarktes generiert ein uniformes Häusermeer, dessen »wahres und einzig zulässiges Zentrum das Eigenheim«[10] ist, wie Frank Lloyd Wright bereits 1932 für die Stadt der Zukunft konstatierte. Wie bei einem zellulären Automaten entsteht aus der statistischen Anhäufung einer Vielzahl individueller Entscheidungen ein von niemandem beabsichtigtes urbanes Phänomen. Doch anders als etwa bei einem Bienenschwarm bringt diese Akkumulation keine Synergien hervor. Im Gegenteil, so sehr jeder Einzelne sein Eigenheim liebt, so sehr ist die damit einhergehende Zersiedlung allgemein verhasst. Um sich vor den Folgen individuellen Handelns zu schützen, sind einige sogar bereit, sich freiwillig neuen Zwängen zu unterwerfen und dafür zu bezahlen. Unter dem Slogan ›New Urbanism‹ errichten private Bauträger in den Peripherien amerikanischer Metropolen Miniaturstaaten, die jeden Eigenheimbesitzer strengen Regeln unterwerfen. So ist ironischerweise Rem Koolhaas' von der Erfahrung des geteilten Berlin inspirierte Vision der ›Voluntary Prisoners of Architecture‹ aus dem Jahre 1972 zwei Jahrzehnte später durch die von der Walt Disney Company errichtete ›Celebration City‹ real geworden. In Europa liegen derartige Ideen noch in zaghaften Anfängen. In der Neubausiedlung Potsdam-Kirchsteigfeld hat der Entwickler Groth+Graalfs »ganz bewusst die Rolle des Partners, Mittlers und Förderers sozialer Prozesse übernommen, die so lange unterstützt werden müssen, bis sie sich selbstständig regulieren.« Zu den Maßnahmen des privaten Bauträgers gehören neben der Herausgabe einer Stadtteilzeitung die Initiierung von Jugendclubs, Sportvereinen, Weihnachtsmärkten, Grill- und Kinderfesten.[11] Andere Bauträger verpflichten die Bewohner ihrer Siedlung zu einem Verzicht auf das Auto. Im Meer der

Einfamilienhäuser bilden sich somit Enklaven mit jeweils eigenem gemeinschaftlichem Regelwerk, welches nicht mehr staatlich gesetzt ist, sondern vom Investor als Teil des Immobilienproduktes konzipiert wird.

_Mit der Atomisierung der Gesellschaft im Massenindividualismus und ihrer gleichzeitigen elektronischen Vernetzung hat sich der öffentliche Raum weitgehend in die Kommunikationsnetze von Fernsehen, Radio, Computer und Telefon verlagert. Von hier aus bricht er zuweilen in den realen Raum der Stadt ein. Kleine Ereignisse können sich dank elektronischer Verstärkung durch die Massenmedien zu gigantischen Ereignissen aufschaukeln. Ob die ›Friedliche Revolution‹ des Herbsts 1989 oder die ›Blade Night‹, ob Christos und Jeanne-Claudes Reichstagsverhüllung oder die ›Love Parade‹: Die Massenereignisse zeigen exemplarisch, wie der mediale Raum das Geschehen im realen Raum der Stadt beeinflusst, zwischen Selbstorganisation und Manipulation oszillierend. Die dematerialisierte und ephemere Urbanität des Informationszeitalters entzieht sich zunehmend einer baulichen Manifestation.

_Zugleich generiert der Massenindividualismus seine eigenen Monumente. An die Stelle der noch von Aldo Rossi in seinem Buch ›Die Architektur der Stadt‹ beschworenen klassischen Monumente wie Kirchen, Museen, Theater und staatliche Institutionen treten automatische Monumente, die keine traditionellen kulturellen Werte mehr repräsentieren, sondern allein aus Größe Bedeutung erlangen: Einkaufszentren, Baumärkte, Logistikzentren, Hochregallager, Kraftwerke, Flughäfen, Autobahnkreuze. Es sind Monumente des Pragmatismus im Feld der Eigenschaftslosigkeit. In gleicher Weise generierte bereits die Modernisierung des 19. Jahrhunderts ihre Monumente: Gasometer, Bahnhöfe, Abwasserpumpstationen, Industriehallen und Bahntrassen. Die städtische Masse entzieht sich heute weitgehend einem architektonischen oder städtebaulichen Gestaltungswillen. Ihre Parameter werden von anderen Disziplinen gesetzt: Steuerwesen, Sozialgesetze, Bautechnologie, Massentransportmittel, Kapitalmarkt und Baurecht dominieren die Regeln, denen die Bauproduktion unterliegt. So vermag selbst eine Detailentscheidung wie die Benzinpreiserhöhung größere Auswirkung auf die Stadtentwicklung zu haben als die Summe städtebaulicher Planungen einer ganzen Dekade. In einem solchen automatischen Urbanismus liegen die Schlüssel zur Stadtplanung anderswo als in den Masterplänen der Architekten.

_1 Die chinesische Stadt. Rem Koolhaas im Gespräch mit Hans Ulrich Obrist, in: Berlin/Berlin, Katalog der ersten Berlin Biennale, hg. von Miriam Wiesel, Ostfildern 1998, S. 57
_2 Andy Warhol und Pat Hackett: POPism. The Warhol '60s, New York 1980, S. 50, zitiert nach Hal Foster: The Return of the Real, Cambridge 1996
_3 Physiologie des Menschen, hg. v. Robert Schmidt und Gerhard Thews, Berlin 1990, S. 192 f.
_4 Albert Gessner: Das deutsche Mietshaus, München 1909, S. 12 ff., zitiert nach Harald Bodenschatz: Platz frei für das neue Berlin!, Berlin 1987, S. 67
_5 Alfred Döblin, Vorwort zu dem Buch von Mario von Bucovich: Berlin, Berlin 1928, S. IX f.
_6 Simone Hain und Wolfgang Schumann: Berlin-Marzahn. Vollkommen subjektive Betrachtungen vor Ort. Ergänzungen aus der Sicht soziologischer Untersuchungen, in: Die Stadt als Gabentisch, hg. von Hans G. Helms, Leipzig 1992, S. 534 f.
_7 Markt+Fakten, Marktbericht der Deutschen Immobilienpartner Nr. 10, S. 18
_8 Ebenda
_9 Okal Kreinbaum GmbH & Co.KG: Prospekt Okal ›Ambiente‹, Salzhemmendorf o.J. (1999), S. 7 f.
_10 Frank Lloyd Wright: The Disappearing City, New York 1932, S. 167
_11 Klaus Groth: Bauherr und Entwickler, in: Rob Krier und Christoph Kohl: Potsdam Kirchsteigfeld. Eine Stadt entsteht, Bensheim 1997, S. 48

Städte sind eine gigantische Bündelung von Stoff- und Energieströmen. Berlin verbraucht jährlich über 200 Millionen Kubikmeter Wasser, die anschließend als Abwasser wieder zu entsorgen sind. Pro Jahr fallen über 5 Millionen Tonnen Müll an. Zehntausende Gigawattstunden Strom, Milliarden Kubikmeter Erdgas, Millionen Tonnen Kohle werden jährlich benötigt. Und auch dem Bauwesen liegt ein enormer Stoffstrom zugrunde. In der Berliner Region werden jährlich mehrere Millionen Tonnen Baustoffe verbaut; zugleich fallen Millionen Tonnen Bauschutt und Bodenaushub an.

_Dieser Stoffwechsel hat in der Topographie Berlins und seines Umlands deutliche Spuren hinterlassen. Denn der Massenaustausch für die Ver- und Entsorgung der Stadt spielte sich bis in die jüngste Zeit auf einem relativ begrenzten Territorium ab. Zum einen, weil erschwingliche Massentransportmittel während der Industrialisierung und nach Ende des Zweiten Weltkriegs fehlten, zum anderen aufgrund der Insellage Westberlins sowie des Autonomiestrebens der DDR. In der flachen Berliner Landschaft sind die Aufschüttungen und Ausgrabungen besonders markant. Die künstlichen Verformungen übertreffen die natürlichen oft an Größe und Ausdehnung. Die Stoffflüsse formen den Naturraum um. Der Metabolismus der Großstadt wird anschaulich.

_Die Landschaft ist kein stabiler Grund, sondern ein stetig überformtes und sich wandelndes Feld. Die Grenzen zwischen dem Natürlichen und dem Künstlichen werden verwischt. Natur ist längst nicht mehr nur etwas Gegebenes, sondern Gemachtes und Gestaltetes. Zugleich nehmen die vom Menschen initiierten Prozesse quasi natürlichen Charakter an. Sie folgen einer eigenen Logik, die Formen generiert, die niemand intendiert hat. Massenverschiebungen gehorchen geologischen oder infrastrukturellen Gegebenheiten. Ohne Formwillen erzeugen sie neue Formationen. Die Landschaft selbst birgt das Programm ihrer Veränderung.

_Exemplarisch in dieser Hinsicht ist die Energieversorgung Berlins durch die Braunkohle aus der Lausitz. Zwischen 1870 und 1990 deckte die in dem kaum 100 Kilometer entfernten Tagebaugebiet gewonnene Kohle den Großteil des Berliner Energiebedarfs, ob als Rohkohle, Briketts oder umgewandelt in Strom und Mineralöl.[1] Dabei wurden über 800 Quadratkilometer Landschaft überformt. Es entstanden riesige Abraumhalden und Tagebaulöcher von bis zu 100 Metern Tiefe, die quasi einen negativen Abdruck der Stadt von fast doppelter Größe ihrer Siedlungsfläche bildeten. Die Umformung der Landschaft folgte allein der Logik der Kohlegewinnung und ihrer Technologie. Die geologischen Verhältnisse im Untergrund, die Mechanik der eingesetzten Abraumbagger sowie der zeitliche Verlauf des Abbaus bestimmte Art und Größe der Landschaftsverformungen.

_Eine Spur der Stoffflüsse von ähnlicher Dimension entstand durch die Abwasserbeseitigung unmittelbar jenseits der Stadtgrenze Berlins. Im Jahr 1873 begann man nach den Plänen von James Hobrecht, einen Ring von Rieselfeldern um die Stadt anzulegen.[2] Die Stadt wurde in zwölf Entwässerungsgebiete aufgeteilt, die Abwässer auf jeweils separaten Rieselfeldern versickert. Die gut gedüngten Flächen wurden zugleich landwirtschaftlich genutzt. Auf den über 100 Quadratkilometer großen Rieselgütern wurden Mitte der zwanziger Jahre jährlich 65000 Tonnen Gemüse und 60 Millionen Liter Milch erzeugt, etwa ein Viertel des Berliner Bedarfs. In dieser Zeit der größten Ausdehnung entsprach die Rieselfläche etwa der bebauten Fläche der Stadt Berlin. Anfang der achtziger Jahre bemerkte man, dass die Rieselfelder hochgradig mit Schwermetallen und Nitraten verseucht waren, und stellte die Verrieselung weitestgehend ein. Heute bilden die Rieselfelder weiße Flecken auf der Landkarte. Zum einen, weil die schwer belasteten Böden

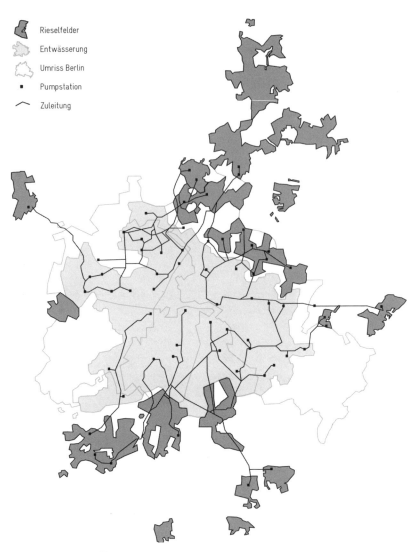

Rieselfelder

Entwässerung

Umriss Berlin

Pumpstation

Zuleitung

Rieselfelder in und um Berlin, 1925

saniert werden müssen.[3] Zum anderen, weil die Flächen sich nach wie vor in städtischem Besitz befinden und langfristig als Biotope, Freiräume und Erholungsflächen gesichert werden sollen. Innerhalb der schnell wuchernden Neubausiedlungen am Stadtrand haben sich entlang der unbebauten Rieselfelder vielerorts schon klare Siedlungskanten gebildet. Zwar hat die Anlage der Rieselfelder die Topographie der Landschaft kaum verändert, doch treten sie mit dem Wachsen der Metropole mehr und mehr als unbebaubare Zonen im Meer der Zersiedlung hervor.

_Größten Einfluss auf die Stadtgestalt Berlins hatte die Trümmerbeseitigung nach dem Zweiten Weltkrieg. Durch die Zerstörung von über 80000 Bauten waren etwa 80 Millionen Kubikmeter Trümmer entstanden. Zeitweilig waren über 30000 Frauen und Männer im Einsatz, um in Handarbeit die Trümmer zu beseitigen. Zunächst wurden die wieder verwertbaren Ziegel, Holz- und Metallteile aussortiert und gereinigt. Die etwa 30 Millionen Kubikmeter nicht verwendbarer Abfälle wurden zu den ›Trümmerendlagern‹ transportiert. Für den Transport wurden neben zahlreichen Lastwagen auch Kleinbahnen eingesetzt. Im Jahr 1948 verkehrten auf 300 Kilometern

Braunkohletagebau in der Lausitz zur Versorgung von Berlin

verlegten Gleisen bis zu 100 Züge mit jeweils bis zu 20 Loren.[4] In über zehnjähriger Betriebszeit wurden die von den Trümmerbergen wurzelartig ausstrahlenden Gleisnetze ständig neu und anders verlegt, um den Schutt der Umgebung abzutransportieren.

_Die ehemaligen Anfahrtsstrecken und Straßen beeinflussten die Form der Trümmerberge; zuweilen sind sie noch heute als Spazierwege und Rodelbahnen erhalten. Die Arbeiten zogen sich bis in die siebziger Jahre hin. Zwar war man bemüht, die Trümmer möglichst unauffällig zu entfernen, doch stand dieser Absicht zweierlei im Wege. Zum einen gab es bauliche Hinterlassenschaft von Krieg und Nazizeit, die man unter den Aufschüttungen verschwinden lassen wollte. Unter den Trümmerbergen im Friedrichshain und Humboldthain wurden die von den Nationalsozialisten erbauten und Sprengungen trotzenden Bunker und Flaktürme begraben, unter dem Teufelsberg der im Jahr 1937 begonnene Rohbau der ›Wehrtechnischen Fakultät‹. Zum anderen war es aufgrund der enormen Mengen und der knappen Transportmittel notwendig, den Schutt nahe der Ruinen aufzuschütten, so dass in jedem kriegsgeschädigten Stadtteil zumindest

Enttrümmerung von Berlin-Mitte   Trümmerbahn am Friedrichshain

ein Trümmerberg entstand. Wo sich einst Mietskasernen oder Industrieanlagen befanden, sind mit den Trümmeraufschüttungen neue Grünanlagen entstanden, etwa der Volkspark am Weinberg im Bezirk Mitte, der Volkspark Prenzlauer Berg und das Sportzentrum Wilmersdorf.

_Ein Spezifikum stellt das ehemalige Gestapogelände am Martin-Gropius-Bau dar, dessen zeitgeschichtliche Bedeutung bis in die achtziger Jahre verdrängt wurde. Bis dahin betrieb hier eine Westberliner Firma eine Anlage zur Verwertung von Trümmern aus den Kreuzberger Sanierungsgebieten. Inzwischen zum Gedenkort geworden, sollen die beiden kleinen Trümmerhügel als Symbole der Verdrängung erhalten werden. Sie sind Teil der Gestaltung des Schweizer Architekten Peter Zumthor. Da sie jedoch dem Bauprozess im Weg standen, wurden sie vermessen, transloziert und sollen anschließend wieder rekonstruiert werden.

_Der größte Trümmerberg und mit 60 Metern auch die höchste Berliner Erhebung überhaupt ist der Teufelsberg unweit des Messegeländes.[5] Hier installierten die Amerikaner 1972 einen Abhorchposten, von wo sie die Truppenbewegungen des Warschauer Paktes beobachteten. In den baulichen Anlagen, die sich sechs Stockwerke tief unter die Erde erstreckten, arbeiteten 1500 Menschen. Der Komplex wurde 1996 von einem Investor gekauft, der sie in Luxusappartements mit Panoramablick und Aussichtsrestaurant verwandeln will. Daneben soll ein Luxushotel mit Tagungszentrum als Neubau entstehen. Im Übrigen bildet der Teufelsberg seit Mitte der siebziger Jahre ein 110 Hektar großes Erholungsgebiet. Hier befinden sich ein künstlicher Kletterfelsen des Deutschen Alpenvereins, ein Übungsgelände für Modellflugzeugpiloten und Drachenflieger, zwei inzwischen verfallene Skisprungschanzen mit Lift, zwei Skipisten mit Schneekanonen und drei Rodelbahnen. Ende der neunziger Jahre plante ein Unternehmen den Ausbau zum Ski-Entertainment-Zentrum im Stile österreichischer Alpenromantik. Bei der Aufschüttung des 30 Meter hohen Insulaners in Schöneberg bemühte man sich hingegen, den Eindruck eines ›deutschen Mittelgebirges‹ zu erzielen, das auf dem 4,3 km langen Höhenweg erfahrbar sein soll. Zugleich wurden hier eine Sternwarte und ein Planetarium errichtet.

_Der zum Aufbau der Stadt erforderliche Sand, Kies und Ton wurden in einer Vielzahl in der Region verstreuter Abbaugebiete gewonnen. Tausende von Gruben und Abraumhalden entstanden im Berliner Umland.[6] Und selbst mitten in der Stadt gewann man die Baustoffe. So gab es in den Bezirken Wedding, Prenzlauer Berg und Schöneberg Ton-, Sand- und Kiesgruben. Man bemühte sich, die Spuren zu beseitigen und verfüllte die meisten Gruben nach ihrer Ausbeutung. Doch einige von ihnen blieben erhalten, wodurch eine Reihe ungeplanter Freizeitattraktionen ihre Orte fanden. Auf den Abbau von Baustoffen gehen über ein Dutzend Seen im Stadtgebiet zurück, etwa der Ziegeleisee als Freibad in Lübars, der Flughafensee in Tegel, die Spekteseen in Spandau, die Seen

Trümmeraufschüttung am Humboldthain und am Teufelsberg

in Kaulsdorf und Mahlsdorf sowie der Bade- und Angelsee am Arkenberg in Pankow. Der Unternehmer Franz Körner verwandelte eine seiner Kiesgruben 1890 in eine öffentliche Parkanlage. Sieben Meter tiefer als die umgebende Bebauung gelegen, bildet der Körnerpark heute eine grüne Oase inmitten des Stadtteils Neukölln. Auch der Helmholtzplatz am Prenzlauer Berg verdankt seine Existenz der Baulogistik. Während eine Vielzahl der in der Hobrecht'schen Planung von 1862 vorgesehenen Stadtplätze nicht realisiert wurde, sicherte die vorübergehende Errichtung einer Ziegelei die Anlage des Helmholtzplatzes. Nachdem die Blöcke der Umgebung überbaut waren, wurde die 1873 errichtete Anlage kaum zehn Jahre später gesprengt. Die Ruinen wurden mit Gartenerde überdeckt, auf dem so entstandenen Hügel zwei Spielplätze angelegt. Der Schillerpark im Wedding entstand Anfang des 20. Jahrhunderts auf dem Gelände einer ehemaligen städtischen Mülldeponie.[7]

_Selten sah man in der Veränderung der Topographie eine erstrebenswerte oder erhaltenswerte Qualität, stellte sie doch das ungewollte Nebenprodukt des urbanen Prozesses dar. Eine Ausnahme bildete Otto Lilienthal, der 1894 in Lichterfelde aus dem Abraum einer Ziegelei einen 15 Meter hohen Hügel für seine Flugversuche aufschütten ließ, der bis heute erhalten ist.[8] Eine andere Ausnahme ist die Nutzung der riesigen Kalksteinbrüche von Rüdersdorf als Szenerie durch die Filmindustrie während der zwanziger Jahre und heute. Ein Mittel, sich der Gruben zu entledigen, war, sie mit Müll aufzufüllen.[9] Nachdem man Anfang des letzten Jahrhunderts verboten hatte, Müll in Berlin zu lagern, wurden aus den ausgeschöpften Tongruben des Berliner Umlands Mülldeponien, wie etwa am Schöneicher Plan, in Deetz, Ketzin und Vorketzin.

_Die Insellage Westberlins erzwang nach 1948 die erneute Anlage von Mülldeponien im Stadtgebiet. So entstanden entlang der Mauer die Deponien Lübars, Rudow, Marienfelde und Wannsee. 50 Millionen Kubikmeter Müll schufen in wenigen Jahrzehnten stattliche Müllberge, die heute als Erholungsgebiete und Aussichtspunkte dienen. Die 40 Meter hohe Deponie Lübars bietet auf 61 Hektar Ski- und Rodelhang mit nächtlicher Beleuchtung, Aussichtsplattform mit Panoramablick, Kinderbauernhof, Flugplatz für Modellbauliebhaber, Grillplätze, Reit- und Wanderwege. Auch im Freizeitpark Marienfelde kann man auf dem ehemaligen Müllberg rodeln, einen geologischen Lehrpfad abschreiten oder eine Experimentalbrücke aus Glasfaserverbundwerkstoff betreten, während die Ausdünstungen des Mülls als Deponiegas zum Heizen gewonnen werden. Die Absonderungen der Großstadt scheinen das Absonderliche anzuziehen. All die künstlichen Berge in Berlin bilden seltsame Ansammlungen von simulierten Naturszenerien, urbanen Einrichtungen und Merkwürdigkeiten, die sonst in der Stadt keinen Platz finden: Bachläufe und Teiche, Gedenksteine und Mahnmale, Rosengärten, Naturlehrpfade, Rodelbahnen

Weltcupskirennen am Teufelsberg, 1986

Trümmerberg

Müllberg

Bauschutthalde

See (Aushub)

Grube

Veränderung der Topographie von Berlin aufgrund seiner Ver- und Entsorgung

mit Nachtbeleuchtung, Leuchtschriftanlagen als Propagandainstrument im Kalten Krieg, Grillplätze und Liegewiesen, Freilichtbühnen, als Kletterfelsen umgenutzte Bunkerwände, Aussichtsplattformen, Eislaufbahnen und Cafés. Weder Natur noch Stadt, sind sie Orte für all die Dinge, die sich nicht in die gewöhnlichen Kategorien und Platzierungen fügen wollen und doch einem menschlichen Verlangen entsprechen. Zugleich formen die Moraste der Rieselfelder, die Abbruchkanten der Kiesgruben, die Hänge und Flächen der Müllkippen wertvolle Biotope für eine Vielzahl von Pflanzen und Tieren, die sonst aus Stadt und Land verschwunden sind.

_Ostberlin konnte seinen Müll ins Umland schaffen. Gleichwohl fielen mit dem Bau der großen Plattenbausiedlungen am Ostrand der Stadt während der siebziger und achtziger Jahren so enorme Mengen an Bodenaushub an, dass sie vor Ort in Marzahn zum Kienberg sowie den Ahrensfelder Bergen aufgeschüttet wurden. In jüngster Zeit wird der Bauschutt in den Norden Pankows verbracht. Die Deponie hat inzwischen eine Höhe von 30 Meter erreicht und soll noch um weitere 30 Meter anwachsen. Weiterer Bauschutt aus Projekten wie am Potsdamer Platz wird zur Abdeckung von Mülldeponien, zur Sanierung der Tagebaugruben der Lausitz sowie zum Straßenbau eingesetzt.

_Die Struktur der Stadt ist durchzogen von den ungeplanten Nebeneffekten der Zivilisation, von Abfällen und von Überresten ihrer Katastrophen. Technisch gesehen extrem rationale Prozesse erzeugen unkontrollierte Absonderungen, in denen sich das Verdrängte manifestiert. Unvermeidlich entsteht das Formlose wie die Spucke als ungewolltes Produkt der philosophischen Rede. »Da Sprache und Speichel die identische Quelle haben«, schreibt der französische Schriftsteller und Ethnologe Michel Leiris, »kann jeder philosophische Diskurs legitimer Weise vorgestellt werden mit dem Bild des spuckenden Redners. Spucke ist durch ihre Inkonsistenz, ihre unbestimmte Kontur, die relative Ungenauigkeit ihrer Farbe und ihre Feuchtigkeit schlechthin das Symbol des Formlosen, des Nicht-Beweisbaren, des Nicht-Hierarchischen.«[10] Und so entstehen mit den Ausschürfungen, Absonderungen und Anhäufungen im Prozess der Urbanisierung Gebilde des Formlosen, die auf die Entropie verweisen wie Skulpturen der Land Art von Robert Smithson.

_1 Frank Werner: Ballungsraum Berlin, Beiträge und Materialien zur Regionalen Geographie, Heft 4, Berlin 1990, S. 61 ff.
_2 James Hobrecht: Die Canalization von Berlin. Im Auftrage des Magistrats der Königl. Haupt- und Residenzstadt Berlin entworfen und ausgeführt von James Hobrecht, Berlin 1884
_3 Berliner Umweltatlas. Erste Gesamtberliner Ausgabe, hg. von der Senatsverwaltung für Stadtentwicklung und Umweltschutz Berlin, Berlin 1993
_4 Bruchstücke. Trümmerbahn und Trümmerfrauen, hg. von Angela M. Arnold, Berlin 1999, S. 28 ff.
_5 Volkmar Fichtner: Die anthropogen bedingte Umwandlung des Reliefs durch Trümmeraufschüttung in Berlin (West) seit 1945, Abhandlungen des Geographischen Instituts der Freien Universität Berlin, Bd 21, Berlin 1973, S. 110 ff.
_6 Der Stoff, aus dem Berlin gemacht ist, hg. von der Deutschen Gesellschaft und dem Kreuzberg Museum, Berlin 1994, S. 68 ff.
_7 Müll von gestern? Eine umweltgeschichtliche Erkundung in Berlin und Umgebung 1880-1945, hg. von Susanne Köstering und Renate Rüb, Berlin 1993, S. 32 f.
_8 Winfried Morgenstern: Berliner Berg-Touren, Berlin 1993, S. 40 f.
_9 Der Stoff, aus dem Berlin gemacht ist, wie Anm. 6., S. 276 ff.
_10 Michel Leiris: Crachat, L'eau à la bouche, in: Documents 1 (1929), zitiert nach Yve-Alain Bois, Rosalind E. Krauss: Formless. A User's Guide, New York 1997, S. 18

Im Prozess der Zivilisation ist der Mensch immer wieder mit dem Entstehen von Neuem konfrontiert, das seinen Werten widerspricht. Der französische Soziologe Georges Bataille prägte in einem Artikel für das von ihm konzipierte ›Kritische Lexikon‹ den Begriff des Formlosen, nicht als die Bezeichnung einer Eigenschaft oder eines Konzeptes, sondern als eine Operation der Deklassierung im doppelten Sinne von Herabsetzung und Auflösung einer Klassifizierung, das heißt einer taxonomischen Ordnung.[1] Das Formlose ist das Ausgegrenzte. Es bezeichnet das, was sich unserem üblichen Denkrahmen entzieht, was wir nicht einordnen können und gemeinhin als minderwertig erachten. Das Formlose entsteht ohne Absicht als Resultat von Prozessen. Die Formen sind nur vorübergehende Kristallisationen in einem sich stets wandelnden Feld. Als solche können die beschriebenen Phänomene von Konglomerat, Zerstörung, Leere, Temporärem, Kollision, Doppelung, Simulation, Masse und Stoffwechsel gesehen werden. Dabei artikuliert sich in Berlin nur radikaler, was die Entwicklung der zeitgenössischen Stadt im Allgemeinen kennzeichnet. Bereits vor 30 Jahren schrieb der Gestalter Otl Aicher: »Ist der Gestaltbegriff noch brauchbar, wenn man Strukturen, Kraftfelder, Prozesse, Verhalten, Bezugslinien, Tendenzen, Wachstum, Impulse, Antriebe, Beziehungen und Kräfte bestimmen will? Man könnte vielleicht mit einer dynamischen Gestalt im Gegensatz zu einer überlieferten statischen Gestalt weiterkommen. Aber die gibt es nicht. Dynamische Gestalt ist in jedem Moment neu und löst sich in jedem Augenblick auf. Genauso aber ist die heutige Stadt. Sie läßt sich nicht mehr planen im Sinne einer endgültigen Gestalt, sie läßt sich nur noch steuern. Sie hat nicht einmal ein Ziel. Niemand weiß, wo der Wachstumsprozeß unserer urbanen Zivilisation aufhören und wo er enden wird.«[2]

_Die Stadt ist ein ständiges Werden. Sie führt ein Eigenleben. Wir müssen ihre Dynamik anerkennen und neue Möglichkeiten innerhalb dieses Territoriums finden. Dies befreit uns von der Verpflichtung, die Stadt zu entwerfen, und zwingt uns zugleich, das Modell der Stadt neu zu denken. Der Berliner Soziologe Georg Simmel sah bereits in den zwanziger Jahren die Großstadt »als eines jener großen historischen Gebilde, in denen sich die entgegengesetzten, das Leben umfassenden Strömungen wie zu gleichen Rechten zusammenfinden und entfalten. Indem solche Mächte in die Wurzel wie in die Krone des ganzen geschichtlichen Lebens eingewachsen sind, dem wir in dem flüchtigen Dasein einer Zelle angehören, ist unsere Aufgabe nicht, anzuklagen oder zu verzeihen, sondern allein zu verstehen.«[3]

_In der Geschichte der Stadt war die Urbanisierung weniger geplantes Produkt als vielmehr Resultat eines generativen Prozesses der Zivilisation. Erst mit der Moderne entwickelte sich die Illusion von absoluter Kontrolle und Planbarkeit aller Lebensumstände. Doch heute ist das Städtische instabiler als je zuvor. Während früher die dominanten Kräfte der Stadtentwicklung oft über Jahrhunderte andauerten, haben sie seit dem 19. Jahrhundert in zunehmend schnellerer Folge gewechselt. Zugleich haben sich die Einflüsse multipliziert. Städte sind heute nicht nur lokalen und regionalen, sondern auch globalen Faktoren unterworfen. Aufgrund der Reduktion von Transportkosten sowie der Schaffung weltweiter Kommunikationsnetze und Märkte für Waren, Arbeit und Finanzkapital werden ortsgebundene Organisationsformen zunehmend durch raumüberbrückende Zusammenhänge abgelöst. Entscheidungen können sich unmittelbar und gleichzeitig an einer Vielheit von Orten auswirken.[4] Durch diese Enträumlichung sozialer Systeme – von Soziologen zuweilen als ›Entbettung‹ bezeichnet – überlagern sich im realen Raum eine Vielzahl heterogener Einflüsse, die teils nach wie vor ortsbezogen sind und sich teils aus entlegenen Quellen ableiten. Vorhandenen Nutzungen folgen in mehreren Zyklen weitere

Programme, während sich die primären Aktivitäten im Niedergang befinden oder transformiert werden. Um derartige Entwicklungsabfolgen und Wechselwirkungen zu beschreiben, haben Stadtgeographen anstelle klassischer Standorttheorien evolutionäre Modelle erarbeitet.[5] Mit ihnen kann die Reorganisation der Standortgefüge untersucht werden. Zum einen wird die bauliche Umwelt kontinuierlich transformiert; zum anderen werden ältere Bebauungen im Kontext sich ändernder Bedingungen reinterpretiert und durch neue Formen der Raumnutzung aktualisiert.

_Die Neukonzipierung des Urbanen ist für Rem Koolhaas »vermutlich unkontrollierbar und ähnelt eher einer künstlichen Natur als etwas bewußt von uns Geschaffenem. In Europa findet eine grundlegende Neustrukturierung, eine neue, zweite Phase der Modernisierung statt.«[6] Die Stadt ist hierbei nur der sichtbarste Teil der Veränderungen innerhalb der Gesellschaft. Soziologen wie Ulrich Beck, Scott Lash und Anthony Giddens sprechen von einer ›Zweiten Moderne‹ im Sinne einer Modernisierung der Moderne. Sie sehen hierin eine »Radikalisierung der Moderne, welche die Prämissen und Konturen der Industriegesellschaft auflöst und Wege in andere Modernen — oder Gegenmodernen — eröffnet. Dies geschieht keineswegs notwendig reflektiert oder gar geplant, gewußt und gewollt, als Ergebnis strategischen Handelns, sondern eher unreflektiert, ungewollt, mit unabschätzbaren Konsequenzen.«[7]

_Die Modernisierung gleicht einem Fahrzeug, das von einem Autopiloten gesteuert wird. Obgleich jedes einzelne Teil dieses Fahrzeugs vom Menschen gestaltet ist, kann seine Richtung nur sehr schwer beeinflusst werden. Die Antriebsmechanismen werden stets umgebaut, was die Fahrtrichtung ändert; das Ziel ist unbekannt. Eigentlich gibt es gar kein Ziel, sondern lediglich eine Fahrt, welche die Teilnehmer an unbekannten Orten vorbeiführt, ohne innezuhalten.

_Die Folgen einzelner Handlungen lassen sich nicht überblicken. Nebenfolgen können auf die Handlungsgrundlagen rückwirken; unbeabsichtigte Konsequenzen können die ursprünglichen Intentionen unterlaufen. So wird unsere heutige Zeit als eine Phase reflexiver Modernisierung interpretiert, in der die Auswirkungen der Industriegesellschaft deren staatliche, ökonomische und soziale Institutionen untergraben. Für Anthony Giddens ist die Gegenwart »gekennzeichnet durch ›hergestellte Unsicherheit‹. Unser Leben ist in vielen Bereichen plötzlich offen geworden, beruht auf einem Denken in ›Szenarien‹, auf Wenn-Dann-Erwägungen über eventuelle eintretende Folgen.«[8] Diese Situation erfordert ein Bejahen von Ambivalenz und einen Verzicht auf definitive Lösungen.[9]

_Was hier für die Gesellschaft als Ganzes beschrieben wird, ist auch charakteristisch für die Entwicklung der Städte. Die Nebenfolgen technologischer, ökonomischer, legislativer oder politischer Gegebenheiten erweisen sich meist als weitaus mächtiger denn jede städtebauliche Planung und jeder architektonische Eingriff. Die Stadt ist ein komplexes Konglomerat verschiedenster Einflüsse. Wenn wir uns heute mit Stadt befassen, so ist es unvermeidlich, sich diesen Kräften und ihren räumlichen Manifestationen zu stellen. Dabei geht es nicht um eine Fixierung des Vorhandenen, sondern darum, die Ausgangslage zu verstehen, Möglichkeiten zu entdecken und zu intervenieren.

_Erforderlich ist ein Ende des Städtebaus der ›guten Intentionen‹, der die existente Stadt verneint und eine ganz andere schaffen will. Von stets neuen Vorstellungen vom Guten ist die Stadt im 20. Jahrhundert wiederholt heimgesucht worden. Doch alle gut gemeinten Absichten sind kläglich an sich selbst und der Welt gescheitert. Der Städtebauer gleicht hier einem Segler, der das Steuerruder zu heftig herumreißt. Durch diese Übersteuerung verliert er die Gewalt über das Boot, so dass es ohne Führung, von Wind und Wellen getrieben, dahintrudelt.

_Anstatt heldenhaft zu scheitern oder willenlos zu kapitulieren, müssen wir nach neuen Wegen suchen, wieder Einfluss auf die Stadtentwicklung zu gewinnen. Dies setzt voraus, dass wir die Stadt, wie sie ist, begreifen, um Möglichkeiten der Intervention zu ergründen und Strategien subversiver Kollaboration zu entwickeln. Ein solches Vorgehen setzt auf die Beeinflussung der Stadtentwicklung von innen heraus, unter Ausnutzung der vorhandenen Kräfte, diese modifizierend oder gar punktuell sabotierend. Stadtplanung wird zu einem taktischen Spiel, das die Prozesse des automatischen Urbanismus einbezieht und auf die Idee eines definierten Endresultats verzichtet. Ein städtebauliches Projekt ist dann weniger eine Erfindung als die Entdeckung und Verwirklichung einer latenten Möglichkeit. Es ist die Lokalisierung und Modifikation vorhandener Energien und Elemente, eine Art urbanen Kräftemanagements.

_Ein solches Vorgehen kann verschiedene Formen annehmen. Wie ein Schachspieler mag man versuchen, den weiteren Verlauf abzuschätzen und mit seinen Zügen für diesen eine günstige Ausgangslage zu bekommen. Wie ein Billardspieler kann man indirekt vorgehen und erst in der Wechselwirkung mit anderen Elementen sein Ziel zu erreichen suchen. Dabei wird man von der geraden Bahn abweichen, um Hindernissen aus dem Wege zu gehen. Oder man mag wie ein Bastler mit Hilfe der Überbleibsel anderer Aktivitäten agieren. Dem Ingenieur als ein Modell menschlichen Handelns hat der Ethnologe Claude Lévi-Strauss den Bastler gegenübergestellt: »Der Bastler ist in der Lage, eine große Anzahl verschiedenartiger Arbeiten auszuführen; doch im Unterschied zum Ingenieur macht er seine Arbeit nicht davon abhängig, ob ihm die Rohstoffe oder Werkzeuge erreichbar sind, die je nach Projekt geplant und beschafft werden müßten: die Welt seiner Mittel ist begrenzt, und die Regel seines Spiels besteht darin, jederzeit mit dem, was ihm zur Hand ist, auszukommen, das heißt mit einer stets begrenzten Auswahl an Werkzeugen und Materialien, die überdies noch heterogen sind, weil ihre Zusammensetzung in keinem Zusammenhang zu dem augenblicklichen Projekt steht, wie überhaupt zu keinem Projekt, sondern das zufällige Ergebnis aller sich bietenden Gelegenheiten ist.«[10]

_In einer Situation, in der wir die Begrenztheit unseres Wissens und unserer Mittel eingestehen müssen, eröffnet die Vorstellung vom Bastler alternative Handlungsmöglichkeiten. Während der Städtebauer mittels Strukturen Ereignisse schafft, entwickelt der Bastler aus den Überresten von Ereignissen strukturierte Gesamtheiten. Dies ermöglicht, die räumlichen Manifestationen von ungeplanten Entwicklungen, von gescheiterten Intentionen wie von Irrtümern und Zufällen in den Städtebau zu integrieren und deren Potentiale zu entdecken. Während ein solcher ›kalter Städtebau‹ mit den Resten von Früherem arbeitet und mit diesen neue Qualitäten schafft, wird ein ›heißer Städtebau‹ in gegenwärtige Prozesse eingreifen und aktuelle urbane Entwicklungen von innen heraus beeinflussen. Hierbei wird Städtebau zu einem offenen, generativen Prozess, den wir nur partiell kontrollieren können. Jeder dieser Eingriffe wird vorübergehend sein und stets unvollständig bleiben. In dieser vitalen Unabgeschlossenheit liegt auch die Stärke Berlins.

_1 Siehe Yve-Alain Bois und Rosalind E. Krauss: Formless. A User's Guide, New York 1997
_2 Otl Aicher: Verplante Planungen, in: ulm, Zeitschrift der Hochschule für Gestaltung, 17/18/1967, S. 5 f.
_3 Georg Simmel: Die Großstädte und das Geistesleben, in ders.: Das Individuum und die Freiheit. Essais, Berlin 1984, S. 204
_4 Siehe Anthony Giddens: Konsequenzen der Moderne, Frankfurt am Main 1995, S. 33. Ebenso David Harvey: The Condition of Postmodernity, Cambridge/Mass. 1990, S. 147
_5 Siehe Stefan Krätke: Stadt, Raum, Ökonomie, Basel u. a. 1995, S. 48 ff. Ebenso W. Ritter: Allgemeine Wirtschaftsgeographie, München u. a. 1993
_6 Die Entfaltung der Architektur. Rem Koolhaas im Gespräch, in: Arch+, 117/1993, S. 29
_7 Ulrich Beck u.a.: Reflexive Modernisierung. Eine Kontroverse, Frankfurt am Main 1996, S. 9, S. 29
_8 Anthony Giddens: Risiko, Vertrauen und Reflexivität, in: Ulrich Beck u.a.: Reflexive Modernisierung. Eine Kontroverse, Frankfurt am Main 1996, S. 317
_9 Ulrich Beck: Die Erfindung des Politischen, Frankfurt am Main 1993, S.52 f.
_10 Claude Lévi-Strauss: Das wilde Denken, Frankfurt am Main 1968, S. 30

_PROJEKTE →

Räume der Leere erinnern an das Abwesende und verweisen auf das Zukünftige. Statt fester Struktur bieten sie rohes Terrain. Sie sind unbestimmt und doch nicht eigenschaftslos. Daher erlauben sie die persönliche Aneignung durch den Benutzer. Die Wahrnehmung der Leere setzt jedoch eine Rahmung des Raumes voraus.

Andreas Reidemeister und Joachim W. Glässel beschäftigen sich seit Beginn der achtziger Jahre mit den auf den ersten Blick so weiten und leeren Räumen im damaligen Westberlin. Diese ungenutzten, ja verlassenen Orte werden von ihnen nicht als Brache und schon gar nicht als Ödnis, sondern als »innere Peripherie« betrachtet. Bis zur Einheit der beiden Halbstädte sahen sie in der exzentrischen Situation der radialen Korridore – geschaffen durch die Eisenbahn – auch das Potential einer Identität stiftenden Opposition zu der vom Westen getrennten Mitte in Ostberlin.

_Lange wurde für den Bau der Südtangente genannten Autobahn, nördlich des Mehringplatzes im Bezirk Kreuzberg, eine breite Schneise zur Verfügung gehalten. Nachdem diese Verkehrspläne Ende der siebziger Jahre für erledigt erachtet werden konnten, schlugen Reidemeister und Glässel 1982 für die nun freie Zone einen durch Brandwände, Grünräume und spärliche Bebauung geprägten Korridor vor. Aufgrund seiner West-Ost-Richtung liegt der Schlauch quer zur barocken Nord-Süd-Figur der Friedrichstadt. Mehrere Gebäude, durch Weltkrieg und Kahlschlag zu freistehenden Mietwohnhäusern gemacht, betonen die Sonderheit der Umgebung, weil sie wie Stümpfe aus der Leere ragen.

_Unter stark gewandelten Bedingungen führte 1990 das Projekt »Berlin : Vertikal Horizontal« diesen – auch in Auseinandersetzung mit der ›Kritischen Rekonstruktion‹ seitens der Internationalen Bauausstellung (IBA) Berlin 1984/87 formulierten – Stadtbauansatz weiter. Thema ist die Bewahrung und Entwicklung der für Berlin im Verhältnis zu anderen Großstädten spezifischen Stadträume. Dazu gehören etwa die Trasse vom Gelände des Anhalter Bahnhofs in Richtung Südwesten oder die Ufer der Spree. Vor allem gehört dazu der über 40 Kilometer lange Mauerstreifen zwischen Ost und West. Diesen Rissraum denken sich Reidemeister und Glässel als »historische Promenade« zwischen den Blöcken.

_Die erwähnten Korridore sollen durch Ketten von Hochhäusern – Doppelscheiben für gewerbliche Nutzungen und runde Türme für Wohnungen – einerseits an ihren Rändern ungemein verdichtet werden, andererseits in ihrer Mitte offen bleiben. Die neuen Bauten schreiben die Sternform der Großstadt aus der Horizontalen in die Vertikale fort. Die Silhouette setzt Akzente auf das Terrain vague zwischen den im 19. Jahrhundert geordneten, das heißt gerasterten Räumen. Die radialen Areale treten mit den Knotenpunkten am Alexanderplatz, am Leipziger und Potsdamer Platz sowie an der Kaiser-Wilhelm-Gedächtnis-Kirche in Spannung.

_Die urbanistische Strategie von Reidemeister und Glässel hatte keinen Auftraggeber und Auftragnehmer; sie entstand aus Eigenantrieb. Dass Projekte wie »Berlin : Vertikal Horizontal« nie eine Möglichkeit zur Wirklichkeit hatten, liegt nur zum Teil an den gegenüber den achtziger Jahren radikal veränderten wirtschaftlichen Bedingungen der Hauptstadt, nur zum Teil an der Konzentration der Investoren auf die besten Lagen. Zugleich wollte die politische und kulturelle Klasse von Berlin lieber heute als morgen die Spuren von Weltkrieg, Teilung, Kahlschlag verwischen und die Gegenwart »innerer Peripherien« zugunsten einer Idée fixe von Urbanität vernichten. R.S.

_Der Plan »Berlin : Vertikal Horizontal« verknüpft die geschichtlich bedingten und oft durch Zer-störung entstandenen Brachen zu einem System von Freiräumen.

↑_Hochhäuser markieren den von der Ruine des Anhalter Bahnhofs nach Südwesten sich weiten-den Korridor.

↓_In West-Ost-Richtung durchquert die Schneise der geplanten und nie gebauten Südtangente die ursprünglich barocke Friedrichstadt. Nur Teile der Brandwände seitlich der Trasse werden bebaut.

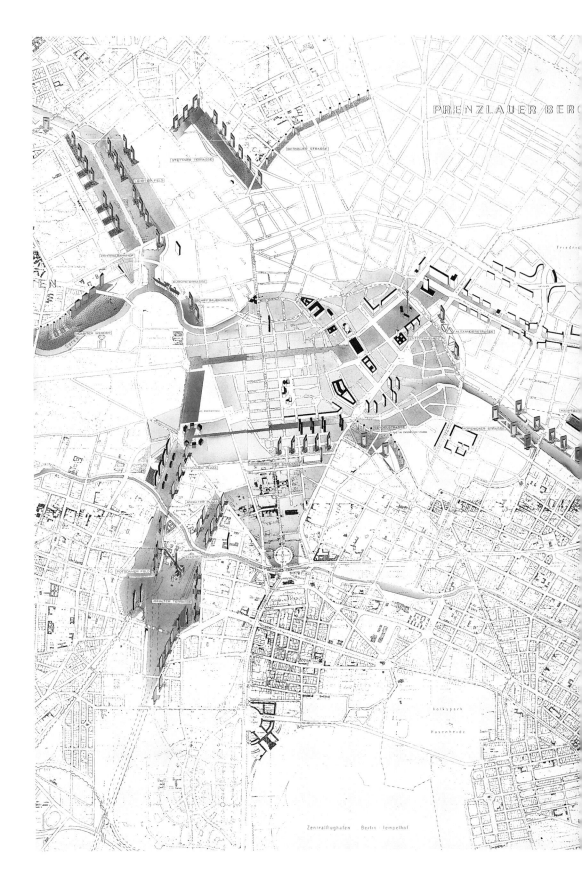

PRENZLAUER BERG

Zentralflughafen Berlin-Tempelhof

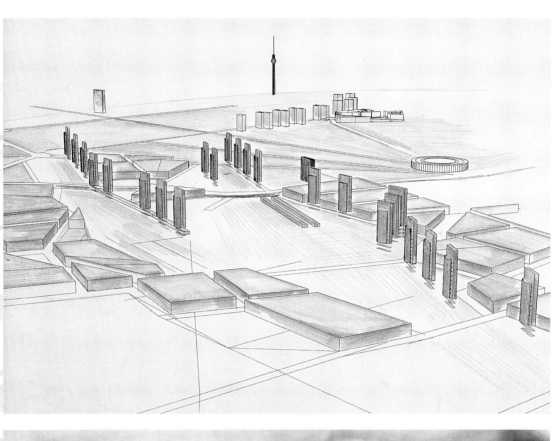

Als das Europäische Komitee 1991 zum zweiten Mal den für junge Architekten bestimmten Wettbewerb Europan auslobte, nahmen daran aus den Niederlanden auch Winy Maas, Jacob van Rijs und Nathalie de Vries teil, die damals noch im Rotterdamer Office for Metropolitan Architecture beziehungsweise bei Mecanoo beschäftigt waren.

_Der Wedding und der Prenzlauer Berg waren für Jahrzehnte gleichsam doppelt getrennt: einerseits durch die natürliche Senke zwischen den beiden Stadtteilen, andererseits durch die politische Spaltung in West und Ost. Der Graben mit den unten liegenden Schienensträngen der Fern- und Stadtbahn war so, bis zum Fall der Mauer, ein Hohlraum, dessen linke und rechte Seite allein die Spange der Bornholmer Straße und der Bösebrücke verband.

_Aufgabe des Wettbewerbs für eine Bebauung auf Grundstücken südlich der Bornholmer Straße war der Entwurf von 284 Wohnungen sowie einer Infrastruktur mit einer Fläche von etwa 30000 Quadratmetern. Maas, van Rijs, de Vries machten einen Vorschlag, der die an diesem Ort sich wie selbstverständlich anbietende Lösung bewusst vermied. Statt also den in nächster Nähe noch heilen Städtebau des 19. Jahrhunderts zu kopieren und folglich den Block unmittelbar am ehemaligen Grenzübergang zu rekonstruieren, versuchten sie das Gelände auf Grundlage heutiger Wahrnehmung zu verändern. Auf allen Ebenen – Städtebau, Baukörper, Wohnungen – nimmt das Projekt seinen Ausgang vom Thema der Leere.

_Für den Graben, der im Wettbewerb selbst kein Gegenstand war, werden Nutzungen erwogen, die sich aufgrund ihres Flächenverbrauchs in den alten Zentren verbieten: Autobahnen, Schrebergärten, Parkplätze, Golfplätze. Für die Lage zwischen Rampe und Straße, wo früher die Container des Grenzübergangs standen, wird ein unterirdisches, langgestrecktes, drei-geschossiges Kaufhaus mit Baumarkt und Parkhaus geplant. Auf dem freien Areal südlich dieser subterranen Architektur soll dagegen ein Stadthain aus Birken und Ulmen wachsen.

_Alle übrigen Funktionen werden in einem einzigen Gebäude konzentriert. 120 Meter hoch und zwölf Meter tief, erhebt sich die dünne Scheibe in Nord-Süd-Richtung an der Kante der Senke und markiert den Leerraum und Grenzort. Auf einer Zeichnung erweist sich der Neubau als ein erst aus der Horizontalen in die Vertikale, dann durch Löcher und Schlitze transformierter Berliner

Architekten_**MVRDV**/Rotterdam_Winy Maas, Jacob van Rijs, Nathalie de Vries

Block. Die Löcher nehmen die für eine ›Unité d'Habitation‹ typischen Gemeinschaftsnutzungen wie Kinderhort, Grundschule, Partyraum, Dachgarten et cetera auf. Die Schlitze ermöglichen Durchblicke und Lichtzufuhr in einem.

_Für die 284 Wohnungen schlagen Maas, van Rijs, de Vries differente Volumina vor, entwickelt aus einer Serie von über 30 Typen wie Türmen, Hallen, Stufen und Formen wie Kreuzen, Kämmen, Haken. Zusammen bilden sie das Gebäude, ein Puzzle aus 284 Stücken, auf der Westseite mit Aluminium, auf der Ostseite mit Pflasterstein verkleidet. Der Wohnraum bleibt Rohraum; Charakter hat nur sein Volumen. In jeder Einheit werden ›void‹ und ›infill‹ zum Thema; steinerne Aufzugschächte und hölzerne Badezimmer stehen frei im Leerraum.

_Die deutsche Jury würdigte den Beitrag mit einem der drei Ersten Preise. Seine Ausführung scheiterte allerdings: einerseits an der Obstruktion durch die Berliner Senatsverwaltung für Bau- und Wohnungswesen, die den an der amtlichen Vorstellung von ›Kritischer Rekonstruktion‹ und ›Berlinischer Architektur‹ geschulten Plan Walter Arno Noebels favorisierte; andererseits an privaten Ansprüchen auf Eigentum an Grundstücken, die für die Bebauung notwendig waren. Winy Maas empfindet aufgrund dieser Enttäuschung noch heute eine »heftige Hassliebe« zu Berlin. Gleichviel, der Entwurf wurde häufig publiziert. Für Maas, van Rijs, de Vries war dieser Erfolg Anstoß zur Gründung des Büros MVRDV. R.S.

_Das Wohnhochhaus südlich der Bösebrücke betont den Übergang zwischen den natürlich und ehemals auch politisch getrennten Bezirken Wedding und Prenzlauer Berg.

↑_Die Form des Hochhauses resultiert aus der Transformation eines Berliner Blocks.
↓_Für die Wohnungen wurde eine Typologie von über 30 Volumina entwickelt.

_Deutliche Ein- und Ausschnitte für die Gemeinschaftsnutzungen machen den Bau zu einer Skulptur. Die Ansicht zeigt die mit Aluminium verkleidete Westseite des Gebäudes.

_Im Schnitt und in der Computeranimation wird deutlich, dass sich die Wohnungen im Gebäude wie die Stücke eines chinesischen Puzzles verschränken.

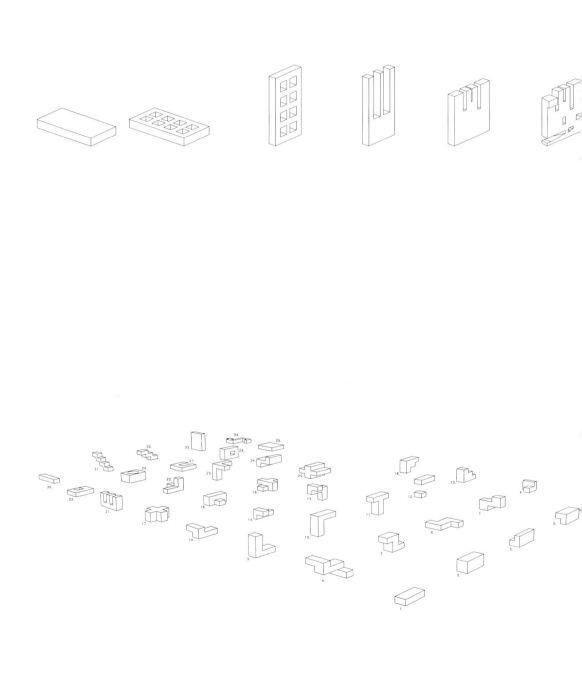

Das Estradenhaus im Bezirk Prenzlauer Berg schließt eine Baulücke in der Choriner Straße. Im Erdgeschoss liegen ein Laden und eine Garage, im ersten Obergeschoss ein Büro. Das zweite bis sechste Obergeschoss wird von je zwei Wohnungen eingenommen, die linke mit 108 Quadratmetern, die rechte mit 81 Quadratmetern Wohnfläche. Ihr Grundriss ist denkbar einfach. Am nicht ganz mittigen Treppenhaus liegen Küche und Bad, an der Brandwand ein großer, immerhin drei Meter hoher Einraum. Eine Kiemenwand von 9,5 Metern Länge trennt den bedienten Raum von den dienenden Teilen; die je zwölf mit Erle furnierten Holztafeln lassen sich nicht allein schieben, sondern auch drehen und klappen.

_Wiewohl kein ›Loft‹ im strengen Sinne der Sache, knüpft der Neubau von 1998 aufgrund seiner klaren Grundrisse und seiner robusten Materialien – den Einraum bestimmen grauer Sichtbeton an den Wänden und blaues Epoxydharz auf dem Boden – an den aus dem 19. Jahrhundert stammenden Typus des berlinischen Gewerbehofs mit kleinen Fabriken auf jeder Etage an. Ein Geschoss eines solchen Gebäudes hat Popp 1994 im Bezirk Tiergarten für die Medienagentur Pixelpark GmbH umgebaut.

_Der Einraum wird durchwohnt. Sämtliche Wohnungen gehen nach zwei Seiten in voller Breite erst in eine Estrade, dann in einen Balkon über. Das Parkettplateau von 40 Zentimetern Höhe bildet einen Einschnitt, keinen Abschluss des Raums. Da auch die Decke an diesen beiden Seiten dem Versprung genau folgt, fällt von Südosten wie von Nordwesten mehr Licht durch die Glasfronten, die den Übergang von den Estraden zu den Balkonen markieren.

_Im Estradenhaus gibt es kein Tür an Tür, keine Enfilade und schon gar keine Promenade architecturale. Seine Leere gibt nichts vor und macht daher vieles möglich. Jedenfalls für den aktiven Bewohner. Dass neun von zehn Parteien auf das Angebot weiterer Raumteiler verzichtet haben, spricht dafür, dass die Nutzer die Chance des Einraums – die Mischung aus Leerraum und Freiraum – zu schätzen wissen. Freilich taugt das Mietwohnhaus an der Choriner Straße kaum für das Leben von Vatermutterkind. Die ›Lofts‹ wenden sich vor allem an Singles und Paare, denen das Teilen des Alltags in der Wohnung wichtiger ist als die persönliche Abgrenzung.

_Die Klagen über den Verlust an Einfluss des eigenen Berufes sind Popp gut bekannt. Doch mit seinem Projekt an der Choriner Straße hat er einen Weg aus der Opposition von hier bloß künstlerischem und da bloß ausführendem Architekten gefunden: indem er wie ein Developer handelte! Mit der Option auf das Grundstück und dem Entwurf in der Hand fand er für das Haus einen Käufer, der einerseits die in einem Sanierungsareal möglichen steuerlichen Abschreibungen nutzen wollte, andererseits auch Interesse an Innovation im Wohnbau hatte. Architekt und Investor arbeiteten gemeinsam mit der Bank an einem Finanzkonzept. Da Popp auch als Bauträger in Erscheinung trat, oblagen ihm alle Aufgaben der Durchführung des Vorhabens. Mit dem Vorteil, dass die Ausführung des Gebäudes seinem Anspruch in jeder Hinsicht gerecht wurde. R.S.

_Im Längsschnitt wird der Übergang von innen nach außen, im Grundriss die Trennung des bedienten Einraums von den dienenden Teilen der Wohnung deutlich.

_Die hölzerne Kiemenwand sowie die Parkett-plateaus der Estraden an den beiden Fenster-seiten gliedern den Einraum.

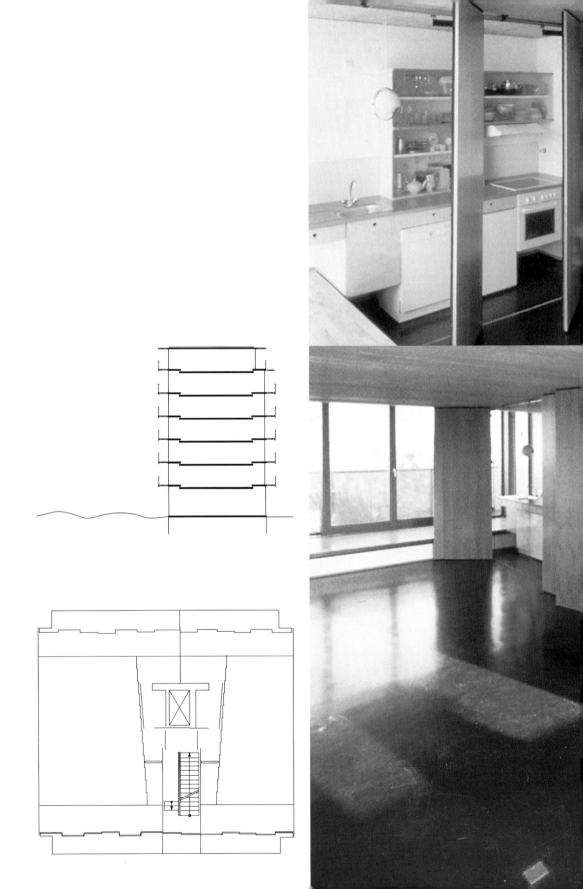

Das Königreich der Niederlande wird seine Botschaft in Berlin-Mitte, an der Ecke von Rolandufer und Klosterstraße errichten. Für dieses Gelände, südlich des Stadthauses von Ludwig Hoffmann gelegen, sah das ›Planwerk Innenstadt Berlin‹ von 1997 vor, die lädierten Blockränder wieder herzustellen. Fixiert auf Leitbilder des 19. Jahrhunderts, sollte auch hier durch scharfe Kanten etwas Kompaktes suggeriert werden, das die Gegenwart der Zerstörung durch den Krieg und des Städtebaus nach dem Krieg negiert. In Verhandlung mit dem Bezirksamt Mitte von Berlin konnten bessere Lösungen errungen werden.

_Das komplexe Ensemble balanciert zwischen Textur und Objekt. An die lange Brandwand des vorhandenen Bürohauses rückt im Norden das ›Haus um die Schenkung‹, im Süden ein Winkel, der die Wohnungen für den Botschafter und seine Gäste aufnimmt. Frei vor den beiden Schenkeln steht die Botschaft, ein Kubus mit Kanten von je 27 Metern, zur klimatischen Optimierung mit einer doppelten Fassade versehen, aus der an der Westseite ein Glasraum wie eine Kanzel in den Hof ragt.

_Das wichtigste Element des Gebäudes ist der »Trajekt«. Wie eine eckige Spirale erst mit Rechts-, dann mit Linksdrehung aus dem soliden Volumen geschnitten, läuft durch sämtliche Geschosse vom Kellerraum zum Dachgarten eine Folge von Rampen. Erstens: Der Trajekt ist ein Leerraum. Lang und schräg tritt er an der östlichen Fassade aus dem Volumen. Zweitens: Der Trajekt dient der Erschließung. Mehr noch, er dynamisiert die permanente Zirkulation der im Gebäude Tätigen. Drittens: Der Trajekt ist eine Röhre unter Luftdruck. Die Frischluft strömt von dort in die Geschosse nebenan; sie weicht durch den Zwischenraum der gläsernen Fassade nach oben und außen. Viertens: Der Trajekt ist ein Blickraum. Seine Richtung und Wendung machen dem Auge die Wahrnehmung nicht allein des nahen Spreeufers, sondern auch des fernen Fernsehturms möglich.

_Das Zusammenspiel von Rampen einerseits, Voll- und Halbgeschossen andererseits sorgt für eine starke Durchdringung der dienenden und der bedienten Zonen. Nimmt man den Trajekt als Rückgrat, so schließen sich an den Stauraum seiner dicken Wände erst die besonderen, etwa die attraktiven kulturellen Funktionen in Räumen auf stumpf- und spitzwinkligen Grundrissen an. Dann folgen, an den Außenseiten der Geschossflächen, die für die Tagesarbeit bestimmten Büros.

Architekten_**Office for Metropolitan Architecture O.M.A.**/Rotterdam_Rem Koolhaas, Gro Bonesmo, Erik Schotte

_Die Beschäftigung von Rem Koolhaas mit Berlin geht zurück bis 1971. Genau zehn Jahre nach dem Bau der Mauer besuchte der Student der Londoner Architectural Association School of Architecture (AA) West- und Ostberlin. Die Öde des Mauerstreifens zeigte ihm, dass die Leere »subtiler und flexibler als jedes Objekt« in Erscheinung treten konnte. »Es war eine Warnung, dass in der Architektur Abwesenheit im Verhältnis zu Anwesenheit immer gewinnen würde.«
_Koolhaas nahm die Doppelmauer als utopische Architektur wahr, kehrte sie vom Negativen ins Positive, entwarf einen Mauerstreifen quer durch den Norden von London, wo ein paradiesisches, ja orgiastisches Leben herrschen sollte. Die Diplomarbeit an der AA trug den Titel »Exodus or The Voluntary Prisoners of Architecture« und machte schon auf diese Weise deutlich, dass der kollektive Hedonismus in der Londoner Enklave die Differenz von Utopie und Barbarei auf ein Minimum beschränkte.
_Das Motiv der Leere kehrt bei O.M.A. in den achtziger Jahren wieder. Erst 1987 beim Wettbewerb für die Ville Nouvelle Melun-Sénart; das wichtigste Bestandstück dieses Entwurfs sind nicht die neuen urbanen Strukturen, sondern die nicht bebauten Längs- und Querstreifen dazwischen. Dann 1989 beim Wettbewerb für die Très Grande Bibliothèque in Paris; die für Besucher und Benutzer bestimmten Räume liegen wie Löcher in einem Block, wie amöboide in einem orthogonalen Körper. Beim Wettbewerb für zwei Bibliotheken der Pariser Sorbonne auf dem Campus in Jussieu entdeckt O.M.A. 1993 das Motiv der Faltung; durch ein fortlaufendes gewundenes Erschließungsband wird die Stapelung der Geschosse aufgelöst.
_Nachdem Koolhaas, Mitglied der Jury des Städtebauwettbewerbs Potsdamer und Leipziger Platz Berlin 1991, die Entscheidung des Preisgerichts heftig attackiert hatte — »ein reaktionäres, provinzielles, dilettantisches Bild der Stadt« —, wurde er für die lokalen Politiker zur Persona non grata. Erst 1997 ergab sich mit dem Auftrag zum Neubau der Niederländischen Botschaft eine Chance zur Rückkehr nach Berlin. Der Entwurf verknüpft die beiden Themen der erwähnten früheren Wettbewerbslösungen und führt sie an einem vergleichsweise kleinen Beispiel aus. R.S.

_Zwischen dem Kubus der Botschaft und dem Kristall des ›Hauses um die Schenkung‹ vermittelt der wie ein L geformte Bauteil. Eine Sichtachse wahrt die Verbindung zwischen Spreeufer und Fernsehturm.

_Die Front des Gebäudes mit der gläsernen Auskragung über dem Hof wendet sich dem Spreeufer zu.

_Die Rampe des auf der Grundrissfolge schwarz gefärbten »Trajekts« windet sich ohne Unterbrechung vom Keller zum Dach des Hauses.

_Modelle verdeutlichen die Opposition und Integration von ›void‹ und ›mass‹.

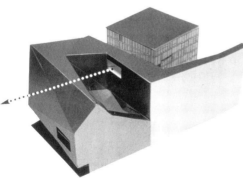

Interventionen in brüchigen Stadträumen verknüpfen die vorhandenen differenten Elemente zu einem neuen Ganzen. Der Ort wird intensiviert und um neue Qualitäten erweitert. Das zuvor beziehungslose Nebeneinander der Teile weicht einer doppelten Lesbarkeit des Stadtraumes. Er changiert zwischen Textur und Objekt.

_KOHÄRENTE HETEROGENITÄT →

Nach den Wettbewerben um den Potsdamer und Leipziger Platz, um die Gebäude von Regierung und Parlament im Spreebogen sowie um zahlreiche Geschäftsbauten an der Friedrichstraße wandte sich das Interesse der planenden Instanzen stärker nach Osten. 1993 lobte die Senatsverwaltung für Stadtentwicklung und Umweltschutz einen zweistufigen Städtebauwettbewerb für den Alexanderplatz und seine weitere Umgebung aus. Abgesehen von den beiden Peter-Behrens-Bauten der frühen dreißiger Jahre, wird der Platz heute durch die von Mitte der sechziger bis Mitte der siebziger Jahre geschaffenen räumlichen und baulichen Eigenschaften geprägt.

_Den Entwurf von Daniel Libeskind definieren drei Elemente. Erstens: Die von langen Wohnzeilen bestimmten Gebiete östlich des Platzes werden durch einen dichten grünen Streifen gefasst, der von der Jannowitzbrücke im Süden bis zur Mollstraße im Norden reicht. Zweitens: Von Südost nach Nordwest wird der überbreite Mittelstreifen der Karl-Marx-Allee mit einer Reihe steigender Gebäude besetzt. Dieses »Alexandrium« läuft auf einen Turm- und Torbau zu, der sich zum Scheunenviertel öffnet. Drittens: Um den Alexanderplatz wird das Verhältnis von Textur und Objekt zugunsten eines dichteren Gewebes verändert. Dort stehen teils expressionistisch, teils konstruktivistisch anmutende »ausdrucksstarke Einzelbauten«. Mit Namen wie »Blitz« und »Keil«, »Fels« und »Rad« will der Plan nur andeuten, welche Vielfalt der Ort verträgt.

_Weit hinter Schloss und Spree gebaut, war der »Alex« schon bald ein zwar hochbelebter, doch im Vergleich zu den Plätzen am West- und Südrand der Friedrichstadt ein rück-, ja abseitiger Ort. Er sei, so Libeskind, die linke Hand zur rechten Hand. Sein Projekt verfährt nach dem Motto: Was am Platz ist, bleibt am Platz. Es gibt keinen Abriss; es gibt nur Anbau, Umbau, Neubau. So bleiben — mit dem Hotel Stadt Berlin, dem Warenhaus Centrum, dem Haus des Lehrers und der Kongresshalle — vier bauliche Zeugnisse der durch die DDR konstruierten sozialen Identität erhalten. Der mähliche Weiterbau zielt durch Supplement und Subversion auf zugleich flexible und hybride, voluminöse Architektur. Das Prozessuale charakterisiert diesen Entwurf in solcher Weise, dass die gängige Vorstellung von Masterplan beinahe gebrochen wird.

_Daniel Libeskind wurde von den Juroren mit dem Zweiten Preis, Hans Kollhoff mit dem Ersten Preis bedacht. Dessen Projekt — ein Ensemble mittelhoher Wolkenkratzer, das Block und Turm

Architekten_**Studio Libeskind**/Berlin_Daniel Libeskind, Bernd Faskel

dreizehnmal variiert – ist ein in jeder Hinsicht anderes Vorhaben, das die urbanen Strukturen auf Konvention und Tradition verpflichtet. Die Opposition von Libeskind und Kollhoff ist so radikal wie relevant. Es ist die von Heterogenität und Homogenität, von Komplexität und Simplizität, von Pluralität und Totalität, von Transformation und Liquidation, von Labilität und Stabilität. Die Preisrichter schlugen sich auf die Seite strikter Ordnung und monierten, Libeskind mache den Alexanderplatz zum »Disneyland«. Der Ort werde durch ein »Sammelsurium« von Bauten ohne Maßstab »bedrängt und verletzt«.

_Aufgrund wirtschaftlicher Erwägungen der Investoren blieb der Platz bis auf einige Umbauten liegen und stehen, wie er vor zehn Jahren war. Kollhoffs Bebauungsvorschläge, hier und da verkleinert, wurden 1999 vom Bezirksamt Mitte zur sachlichen Planreife geführt. Gebaut werden soll erst ab 2004. Die Deutsche Interhotel GmbH hat ihre Vorhaben am weitesten entwickelt. Auf ihrem Areal in der Nähe des Bahnhofs entstehen drei Blöcke mit drei Türmen. Einer von Hans Kollhoff, einer von Christoph Ingenhoven, einer von Jürgen Sawade, dem Vorsitzenden des Preisgerichts. R.S.

_Zentrale Elemente des Projekts sind die den Platz umstehenden Einzelbauten sowie die von Südost nach Nordwest laufende Gebäudeschiene.

_Umbau, Anbau und Neubau transformieren die existente Architektur.

_Ein dichter grüner Streifen zieht sich durch die Wohnscheiben östlich des Platzes. Die Schiene der Bauten führt auf einen Torbau in Nordwest.

GUTEN MORGEN

GUTENBERG ARKADE

DER WASSERHOF

DER HALBMOND

MOSES

AARON

DAS BUCH

BLUNT

KOMPASS

ALEXANDRIUM

SEGMENTHAUS

SHARP

FORUM HOTEL

ENGANG

ODESSA

DAS FENSTER

DER FELS

ALEXANDRIUM

KAUFHOF

DAS RAD

BEROLINA

THE WEDGE   EUROFORUM

WOHNEN

S - BAHNHOF

ALEXANDER

DAS TOR

FERNSEHTURM

HERTIE

Fast in der Mitte des alten Berlin gibt es einen Ort, der auf den Stadtplan etwa den Umriss eines Auges zeichnet. Wegen des sumpfigen Untergrunds nicht vor Ende des 18. Jahrhunderts bebaut, erscheint das Gebiet heute wie eine Insel. Nach Norden wird sie durch den Bogen der Spree, nach Süden durch die Trasse der Bahn gefasst. Im Westen wird sie vom Bahnhof Friedrichstraße, im Osten vom Bodemuseum optisch begrenzt. Geschnitten wird das von der besseren Lage Richtung Süden getrennte Territorium durch ein Stück der langen, beherrschenden Nord-Süd-Achse mit Namen Friedrichstraße.

_Die nähere und fernere Umgebung der Station — wo U-Bahn, S-Bahn und Regionalbahn sowie die Nachbarschaft des Boulevards Unter den Linden für ständiges Kommen und Gehen sorgen — machte die Senatsverwaltung für Stadtentwicklung und Umweltschutz 1992 zum Gegenstand eines Städtebauwettbewerbs.

_Im Projekt von Christoph Langhof spielt der Schwarzplan des Wettbewerbsgebietes die wohl größte Rolle. Die Abdrucke der Gebäude südlich der Bahn und nördlich der Spree bilden eine evidente Opposition. Gleichförmig in der Neuen Auslage der Dorotheenstadt aus dem späten 18. und vielförmig in der Friedrich-Wilhelm-Stadt aus dem frühen 19. Jahrhundert, kollidieren die Charaktere im Zwischenbereich, das heißt auf dem Terrain der von Langhof so genannten »Linse«. Hier nämlich wechselt der Bestand zwischen klaren Blockrändern und großen Bauformen.

_Beide Spezifika nimmt der Entwurf von Langhof auf und führt sie in eine neue, plausible Kohärenz. Solitär und Korridor treten in Spannung. Denn auf dem Grundriss je eines V oder L stehen die 15 Büro- und Geschäftsbauten einerseits frei auf dem Boden, andererseits dicht an der Straße. Die Architektur meidet die in Berlin übliche Betonung von Sockel und Traufe durch Gesims. Die Häuser verschaffen sich Beachtung durch ihre glatten, leicht nach vorne oder hinten geneigten Fassaden. Auf diese Weise werden der ganze Stadtraum und jedes Bauwerk der Linse ungemein besonders. Das Areal wird ›Archipel‹, ohne sich seiner Umgebung zu verschließen.

_Die Arbeit erhielt einen der drei Zweiten Preise. Ausdrücklich empfahl das Preisgericht, in Bezug auf das Terrain südöstlich des belebten Bahnhofes nicht dem Vorschlag der Sieger Gernot und Johanne Nalbach zu folgen. Vielmehr sollte an dieser Stelle die Studie von Langhof Grundlage der künftigen Bebauung werden. Langhof wollte die über 90 Meter hohe Scheibe des Internationalen

Architekten_**Langhof**/Berlin_Christoph Langhof, Axel Kempers, Marc Aurel Schnabel

Handelszentrums in der Blockmitte nicht mit Randbauten zur alten Ordnung zwingen. »Integrieren statt ignorieren« war sein Ziel. Die isolierte Vertikale des IHZ sollte durch vier parallele Stufenbauten an der Friedrichstraße mit dem Bestand versöhnt werden.
_Später wurde Langhof durch den Bauherrn, die Wohnungsbau- und Investitionsgesellschaft Berlin-Mitte mbH, aus dem weiteren Verfahren gedrängt. Seit 1999 wird das Gelände nach Entwürfen der Düsseldorfer Architekten RKW Rhode Kellermann Wawrowsky bebaut. R.S.

↑_Die Begrenzung durch die Spree und die Bahn geben dem Areal die Chance zum ›Archipel‹. Südlich davon wird das Internationale Handelszentrum (IHZ) mit dem Bestand versöhnt. ↓_Korridor und Solitär, Altbau und Neubau durchdringen einander.

 156 157

_Alle Neubauten erscheinen auf dem Grundriss eines L oder eines V. Die Architektur auf der Insel ist, im Verhältnis zu ihrer Umgebung, zugleich homogen und different.

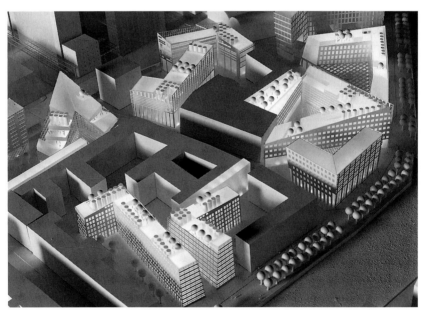

Unter den Beispielen, die im letzten Jahrzehnt das nicht Homogene und doch Kohärente zum Thema hatten, ist das Bürohaus am Halensee das einzige Vorhaben, das Wirklichkeit wurde. Eingereicht 1990 zu einem Beschränkten Wettbewerb unter fünf Teilnehmern, konnte der Entwurf von Hilde Léon und Konrad Wohlhage tatsächlich umgesetzt werden. Das liegt zum einen an der Aufbruchstimmung der frühen neunziger Jahre, als Investoren auch für schwierige Grundstücke eine Möglichkeit guter Verwertung sahen. Das liegt zum andern an der seinerzeit größeren Bereitschaft zu gewagten Lösungen, die — als der Bau 1996 stand — wohl keine Chance mehr gehabt hätten.

_Lange war das Terrain nur Rand und Rest, der Abhang ohne jeden Nutzen für die Nutzungen nebenan. Divergente Elemente und Energien wirken auf das schäbige Dreieck. Erstens der Naturraum von Halensee und Grunewald. Zweitens die Gründerzeit des betuchten Wilmersdorf mit Wohnhäusern und Vorgärten am Kronprinzendamm. Drittens drei Punkthäuser der Nachkriegszeit. Viertens der Verkehr. Und wie! Westlich rauscht er über zwölf Spuren der Autobahn mit dem Rathenautunnel in der Mitte sowie Auf- und Abfahrt an den Seiten. Nördlich liegen die Trassen der Stadt- und Fernbahn, der Bahnhof Westkreuz und die Nordkurve der Rennstrecke ›Avus‹.

_Was die urbanistischen Interventionen der fünfziger und sechziger Jahre betrifft, so halten sich Léon und Wohlhage an die von Planern oft verneinte Erfahrung, dass wir annehmen müssen, was wir verändern wollen. Das Bürohaus am Halensee ist ein komplexes Ensemble aus vier Teilen: einem Garten mit mehreren Ebenen, einem Riegel mit gelber Putzhaut, einer Mauer mit roter Steinhaut, einer Linse mit blauer Glashaut. Der Garten stuft sich ab und vermittelt so zu den Punkthäusern im Osten. Der Riegel steht in einer alten Bauflucht und vermittelt so zum Blockrand im Norden. Die Mauer schmiegt sich eng an die Autobahn und vermittelt so zum Verkehrsfluss. Die Linse aber schwebt mit sieben Geschossen über einem Luftgeschoss. Der Riegel und die Mauer bilden optisch ihr Postament.

_Das Bürohaus am Halensee stellt sich ganz auf die flüchtige Wahrnehmung dessen ein, der unten im Auto am Steuer sitzt. Fast heroisiert der Bau das legendäre ›Tempo! Tempo!‹ von Berlin.

Architekten_**Léon Wohlhage Wernik**/Berlin_Hilde Léon, Konrad Wohlhage

Dennoch bieten seine Arbeitsplätze ein Höchstmaß an Schutz vor Lärm und Dreck aus der Tiefe des Grabens. Die doppelte Fassade an der Autobahn bringt den Verkehr zum Schweigen. Was läuft, ist der Stummfilm einer Berliner Stromlandschaft. R.S.

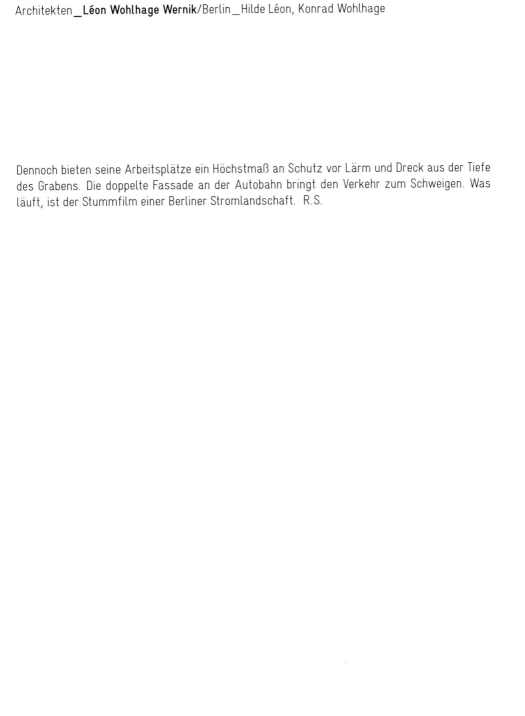

_Das Bürohaus am Halensee besetzt einen Ort mit höchst differenten Elementen. Auf dem Foto sind links die Wohnhäuser der Gründerzeit, rechts die Punkthäuser der Aufbaujahre zu erkennen.

160 161

_Nach dem Blick auf das Netz der Straßen und Schienen in direkter Nachbarschaft erscheint die Dynamik der Architektur als adäquate Reaktion auf die Bewegung der Umgebung.

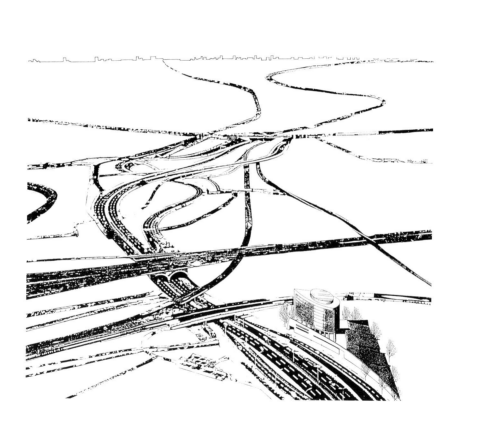

Die riesigen Siedlungen am Rand der Stadt wirken auf den ersten Blick homogen und isoliert. Die Megastrukturen erlauben dennoch die Umdeutung und Entwicklung ihrer Spezifika. Dem großen Maßstab und der Offenheit des Stadtraumes werden andere Qualitäten abgerungen. Zahlreiche neue Nutzungen und neue räumliche Figuren erweitern die vormals homogenen Enklaven.

_WEITERBAU DER GROSSSIEDLUNG →

In den Ostberliner Großsiedlungen von Hohenschönhausen, Marzahn und Hellersdorf leben heute knapp 350000 Menschen. Im Bewusstsein der Gesellschaft der DDR genossen Einwohner im Plattenbau das Privileg besserer Wohnungen. Aus Westberliner Perspektive überwog hingegen das urbanistische und architektonische Defizit. Die riesigen Siedlungen, so hieß es, hätten den Maßstab sämtlicher Vorgänger gebrochen. Mangel an Dichte, an Mischung und an allem, was stadträumlich einprägsam ist, seien die Charakteristika solcher »sinnlosen Anhäufung von Neubauten«.

_Im Rahmen der vom Habitat Forum Berlin im Auftrag der Senatsverwaltung für Bau- und Wohnungswesen 1993 veranstalteten ›Ideenwerkstatt Marzahn‹ stellte Klaus Theo Brenner erstmals seine Strategie der Heterotope vor. 1994 entwickelte er sie zu einem Plan neuer räumlicher Strukturen auf sieben Leerstellen in zwei der drei genannten Siedlungen weiter.

_In den Großsiedlungen, deren strukturelle Elemente er für wenig anschaulich und erfahrbar hält, möchte Brenner durch explizite Architektur neue Räume schaffen. Dabei verzichtet er auf alles unmittelbar Malerische und Geschichtliche; Piazzetta und Campanile würden die Siedlungen nur verhübschen. Vielmehr greifen seine Vorschläge auf, was den Städtebau durch Plattenbau kennzeichnet: das wie endlos Serielle und Mäandernde. Doch anders als die Planer der DDR steigert Brenner beides zu extrem präsenten Figuren. Die Großform weiß er zur Bildung einerseits starker Mitten und Ränder, andererseits starker Klammern zu nutzen.

_Etwa in Hohenschönhausen durch fünf Stadtpalais: Sie begleiten in Südwest-Nordost-Richtung die Falkenberger Chaussee und markieren, zusammen mit anderen großen Formen, die Kreuzung mit der S-Bahn-Trasse. Oder in Marzahn durch einen Gewerbepark: Östlich zweier S-Bahn-Stationen liegen zwei kompakte Gewerbegebiete, die das Rechteck eines Grünraums parallel zum Bahndamm verbindet. Oder in Marzahn durch eine Gartenstadt: Wo die Ahrensfelder Berge, der Seelgraben und das Wuhletal die Grenze von Stadt und Land bilden, bereichern Zeilenbau und Reihenhaus in rigoroser Lineatur das Angebot von Wohnungen.

_Brenners Strategie der Heterotope stützt sich auf Michel Foucaults Vortrag »Andere Räume« aus dem Jahr 1967. Der Nichtort der Utopie und der Echtort des Heterotops bilden bei Foucault ein Paar. Das Heterotop ist demnach ein Stadtstück, das den Ausstieg aus dem herkömmlichen

Architekten_**Klaus Theo Brenner**/Berlin_Klaus Theo Brenner, Sabine Kaßner, Eva Kellerer

Raum und der herkömmlichen Zeit ermöglicht. Friedhof und Bordell erscheinen als Beispiele. Träume und Wünsche, teilweise verboten, definieren das zugleich exklusive und inklusive Heterotop als Widerlager der Gesellschaft. Foucaults Konzeption erfährt durch Brenners Rezeption aber eine deutliche Verwandlung. Für den Philosophen scheinen der Gebrauch und die Aufhebung der sozialen Konvention, für den Architekten scheinen die Gestalt und die Herstellung der sozialen Konvention das Spezifikum des Heterotops zu sein.

_Das unter dem Titel »Biesdorfer Boulevard« entworfene Heterotop 3 an der langen Nord-Süd-Achse des Blumberger Damms wurde vom Bezirksamt Marzahn zur Grundlage der Bebauung gemacht. Ein kleiner Teil der von Brenner vorgeschlagenen städtebaulichen Figur wurde 1998 durch die Verwaltungsgesellschaft Blumberger Damm mbH & Co Grundstücks KG in Höhe der Warener Straße verwirklicht. Die spekulativen Investitionen hatten jedoch wenig Erfolg; die Errichtung weiterer Gebäude im Sinne des Heterotops 3 steht völlig offen. R.S.

_Die Implantation der Heterotope auf dem Stadtplan ist dem Prinzip von Montage und Collage verwandt. Die Heterotope zielen auf die Schaffung urbaner Identität.

↑_Das Heterotop 1 Stadtpalais Falkenberger Chaussee besteht aus einer Reihe von Drei-Flügel-Bauten und anderen Großformen. Sie markieren die Kreuzung zweier Verkehrsstränge.
↓_Das Heterotop 6 Gartenstadt am Seelgraben liegt in landschaftlich reizvoller Umgebung. Es bereichert das Angebot an Wohnungen um den Typus des Reihenhauses.

_Der Heterotopenplan betrifft sieben urbanistische Interventionen in den von Plattenbau bestimmten, weit östlichen Siedlungen.

↑_Das Heterotop 7 Orangerie am Hellersdorfer Graben verweist auf den Typus von Schloss und Park in städtischer Randlage. Es nimmt aber die Funktion eines Gewerbehofs wahr.
↓_Das Heterotop 5 Industriepark am Bahnhof nutzt das an zwei S-Bahn-Stationen gelegene Areal. Zwischen dem nördlichen und dem südlichen Komplex erstreckt sich ein ›Central Park‹.

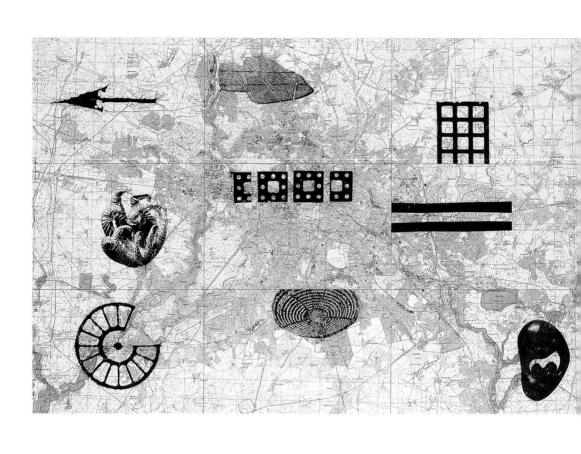

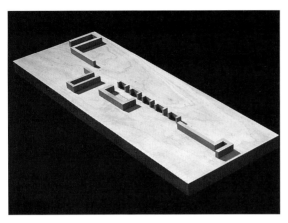

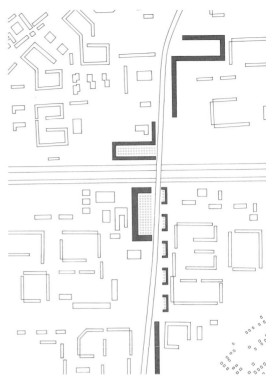

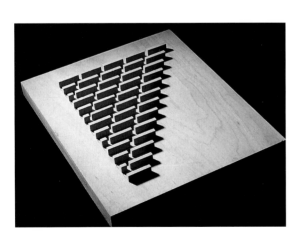

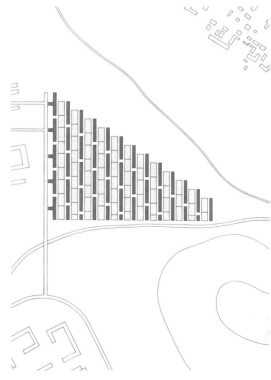

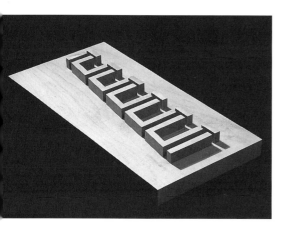

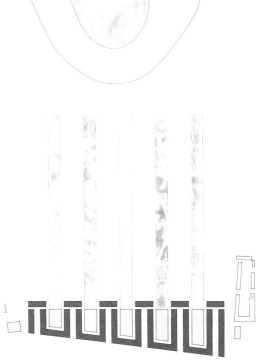

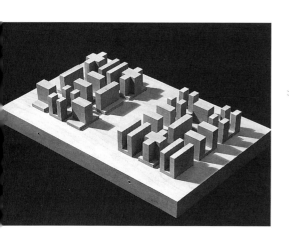

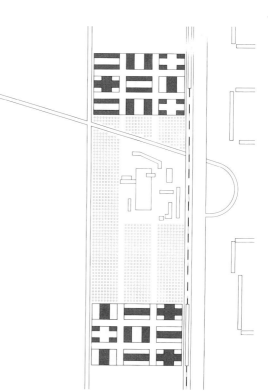

Der jüngste Bezirk von Berlin liegt weit draußen, an der östlichen Stadtgrenze. Bis zum Ende der DDR im Jahr 1990 entstanden hier etwa 40000 Wohnungen. Eine innere Stadtkante trennt die nördlichen von den südlichen Plattenbauten. Schon in der Eiszeit geformt, zieht sich der Hellersdorfer Graben vom Wuhletal im Westen zum Haussee und Hechtsee im Osten. Lange diente der sich mal verschmälernde, mal verbreiternde Graben nur den hässlichen Abseiten städtischer Ausdehnung und Versorgung, also dem Aushub und Bauschutt von neuen Häusern, den Heizrohren und Stromkabeln in neue Wohnungen. Und den hier oberirdischen Untergrundbahnen. Fünf Stationen liegen im Graben, in sanftem Bogen fast dreieinhalb Kilometer U-Bahn-Strecke.
_1994 lobte die Senatsverwaltung für Stadtentwicklung und Umweltschutz einen internationalen landschaftsplanerischen Wettbewerb für den wohl 40 Hektar großen Streifen zwischen den Plattenbauten aus. Thema und Programm der Arbeiten sollten nicht allein der Landschaftsraum und der Artenschutz auf dem Gelände, sondern auch die Erholung und das Vergnügen für die Einwohner sein.
_Das Amsterdamer Büro B + B löst diesen Konflikt durch eine scharfe Trennung der einen von der andern Funktion. Das Areal bekommt gleichsam zwei Etagen. Die untere Ebene wird in ein Biotop, die obere Ebene in ein Soziotop verwandelt. Zugleich fassen Jeroen Musch, Rob Lubrecht und Sacha Curiel das ganze Gebiet als eine Umkehrung im Verhältnis von Stadt und Fluss auf. Man könne, so meinen die Planer, die Siedlung als relativ lose, den Graben als relativ dichte Struktur betrachten.
_Aus der langen Senke wird zunächst eine Erdschicht von drei Metern entfernt, danach auf der nun tieferen Ebene ein Wald gepflanzt, dessen Wachstum Wildwuchs bleiben soll. Einzig der entrohrte Wassergraben sowie die U-Bahn-Gleise durchqueren das Gelände. Aus seiner an den Rändern im Norden und Süden von gestuften Böschungen gefassten, im Laufe der Jahre reicher und reicher werdenden Vegetation — Betreten verboten! — ragen westlich der Rohrbruchpark und östlich der Stadtteilpark wie künstliche, größere und kleinere Inseln heraus. Brücken aus Stahl und Holz führen von einer zur nächsten Insel und zu den Wohnbauten der Umgebung.
_Im Rohrbruchpark erhebt sich über einem Plateau mit Liegewiese ein kleiner Hügel, dessen flache Kuppe mit Kastanien bepflanzt und mit einem glatten Metallspiegel in Form eines Weihers

Architekten_**B + B stedebouw en landschapsarchitectuur**/Amsterdam_Sacha Curiel, Rob Lubrecht, Jeroen Musch

bestückt wird. Im Stadtteilpark – benachbart der postmodernen Architektur von Andreas Brandt und Rudolf Böttcher um das Quadrat des Spanischen Platzes und durchschnitten von einer breiten Verkehrsstraße – liegen über den Kronen der Bäume fünf Inseln und Brücken für Spiel und Sport von Kindern und Jugendlichen. Für die Anlage eines jeden Massivs werden Aushub und Bauschutt der näheren Umgebung verwendet.

_Die Möglichkeit einer Koexistenz von Biotop und Soziotop, von stillem Selbstwuchs und lautem Spielplatz: Das ist die Stärke des Entwurfs. Kraft ihrer ökologischen, funktionalen und ästhetischen Qualitäten wurde die Arbeit von B + B mit dem Ersten Preis bedacht. Um Kosten zu sparen, wollte die MEGA Entwicklungs- und Gewerbeansiedlungs AG – aufgrund einer Public private partnership mit dem Bezirksamt Hellersdorf zur Bezahlung der Anlage verpflichtet – auf die Vorschläge anderer Preisträger ausweichen. Zur Einhaltung des Vertrages musste sie gerichtlich gezwungen werden. Zwar wurde das Budget um sechs auf zwölf Millionen DM verringert, folglich das Programm in mancher Hinsicht verkleinert, doch die Konzeption der Landschaftsplaner blieb davon unberührt. Heute befinden sich der Rohrbruchpark und der Stadtteilpark in Ausführung. R.S.

_Die mittlere Zeichnung skizziert das Prinzip der Trennung des Grabens zur Koexistenz von Biotop und Soziotop. Die obere Zeichnung hebt die aus dem Grün ragenden Inseln in Schwarz hervor. Die untere Zeichnung erläutert die räumliche Verbindung von Graben und Siedlung in Hellersdorf.

↑_Brücken verbinden die Spiel- und Sportinseln im Stadtteilpark.
↓_Durch den von Wildwuchs bestimmten Hellersdorfer Graben zieht sich eine fast dreieinhalb Kilometer lange U-Bahn-Strecke.

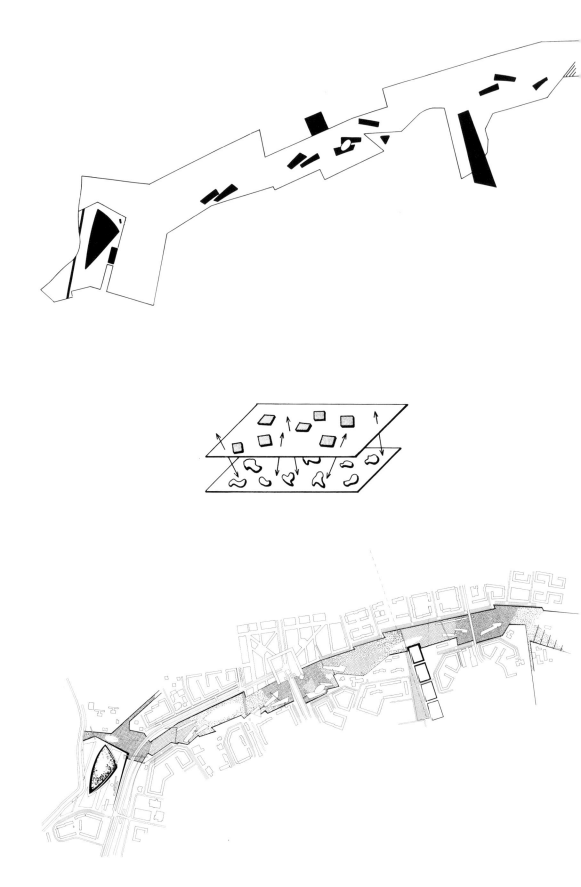

Eben noch nicht allein von den Erbauern, sondern auch von den Bewohnern als gelungen betrachtet, geriet die Marzahner Großsiedlung schon bald nach dem Ende der DDR in eine Krise. Marzahn wurde ein Ort heftiger Anpassung und Verwerfung, ökonomisch als schleunige Privatisierung, sozial als mähliche Differenzierung spürbar. Der von der Senatsverwaltung für Bau- und Wohnungswesen 1994 ausgelobte Wettbewerb forderte einen Rahmenplan für die Entwicklung der Mitte von Marzahn, mit 36 Hektar eine nicht eben kleine Fläche.

_Die Arbeit von Matthias Sauerbruch und Louisa Hutton zeichnet sich dadurch aus, dass sie zwar für eine dramatische Intervention, ja für die »symbolische Manifestation einer Neuen Ära« plädiert, doch das Urbane nicht mit der Existenz von Quartier, Karree und Korridor gleichsetzt, den ostdeutschen Städtebau der siebziger und achtziger Jahre vielmehr durchaus ernst nimmt. Um das spürbare Missverhältnis von zu starkem Objekt und zu schwacher Textur zu verändern, wählen die beiden eine Strategie, die das Territorium wie eine Folge städtischer Landschaften behandelt, denen allerdings mehr Eigenheit und mehr Verbindung eingeräumt werden müsse.

_West- und Nordmarzahn sollen demnach über die Märkische Allee durch zwei, Nord- und Südmarzahn über die Landsberger Allee durch fünf Fußgänger- und Radfahrerbrücken vernäht werden. Die Brückenfolge über der sechsspurigen Landsberger Allee vermittelt zwischen den Hochhäusern im neuen und den Kleingärten im alten Marzahn. Von Osten her bilden die Brücken Tore zur Mitte des Bezirks. Der breite Streifen zwischen der Straßenbahn und den Wohntürmen soll mit Buchenhecken und Rasensteinen gestaltet werden. Auf dieser Grün- und Parkfläche sollen Natur und Technik einander durchdringen.

_Das wichtigste Element des Entwurfes ist die Entwicklung des großen Querstrangs der Siedlung, das heißt die Aufwertung der parallelen Franz-Stenzer-Straße und Marzahner Promenade, die eine leichte Böschung trennt. Diese Trennung – die Nordseite führt an Wohnhäuser, die Südseite führt an Geschäfte – möchten Sauerbruch Hutton noch stärker machen. Für das Rückgrat der Mitte von Marzahn schlagen sie daher eine »Schlange« vor, die von der Bahnstation im Südwesten bis zum Bürgerpark im Nordosten reicht. Wiewohl völlig anders genutzt, nämlich für Läden im Erdgeschoss und für Büros im ersten und zweiten

Architekten_**Sauerbruch Hutton**/Berlin und London_Matthias Sauerbruch, Louisa Hutton, Juan Lucas Young

Obergeschoss, ähnelt das beinahe anderthalb Kilometer lange Raumband kraft seiner Megafigur der Hochbahnstrecke in Kreuzberg und den Stadtbahnbögen zwischen Charlottenburg und Friedrichshain.

_Der Neubau mit dem größten Abdruck ist das Kaufhaus auf dem Areal zwischen Marzahner Promenade und Landsberger Allee. Das rundliche Gebäude besteht aus zwei verschränkten Spiralen, eine seitlich geöffnete für das Parken, eine seitlich geschlossene für das Kaufen. Typisch für die mobilen Marzahner, begegnen sich hier Autos und Leute, Schnelligkeit und Langsamkeit auf einem Fleck.

_Die Konzeption städtischer Landschaften, von Sauerbruch Hutton auch bei anderen Projekten fruchtbar gemacht, hat das Preisgericht schon bei den Rundgängen verworfen. Doch auch die Vorschläge der Gewinner des Wettbewerbs von 1994 hat man nicht weiter verfolgt. Ihre Vorhaben seien »für die Marktwirtschaft untauglich«, heißt es im Marzahner Bezirksamt. Lediglich die Umgebung der Wohnungen wurde saniert. Neugebaut wurde ein großes Kino, umgebaut werden der Kaufhof und das Postamt. R.S.

_Auf dem Aquarell des Gesamtplans wird die Folge städtischer Landschaften sichtbar. Bestimmend ist die »Schlange« zwischen den Scheiben und Türmen an der Marzahner Promenade.

_Das Kaufhaus besteht konstruktiv und funktional aus zwei verschränkten Spiralen. Die Räume der Rampen verbinden das Parken und den Einkauf in einem Volumen.

_Zwischen den Strängen der Landsberger Allee und der Marzahner Promenade konzentriert sich die Zirkulation um das Kaufhaus.

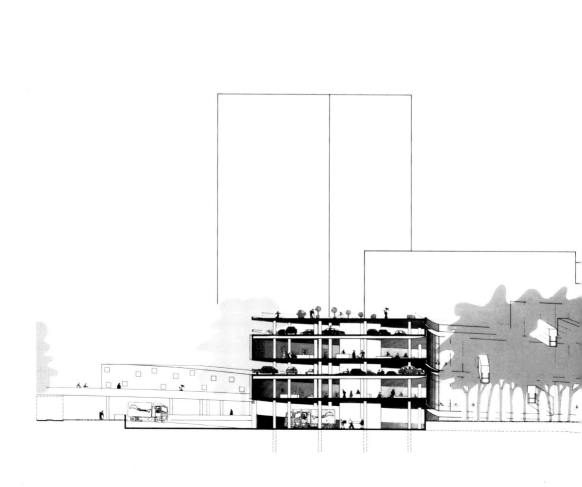

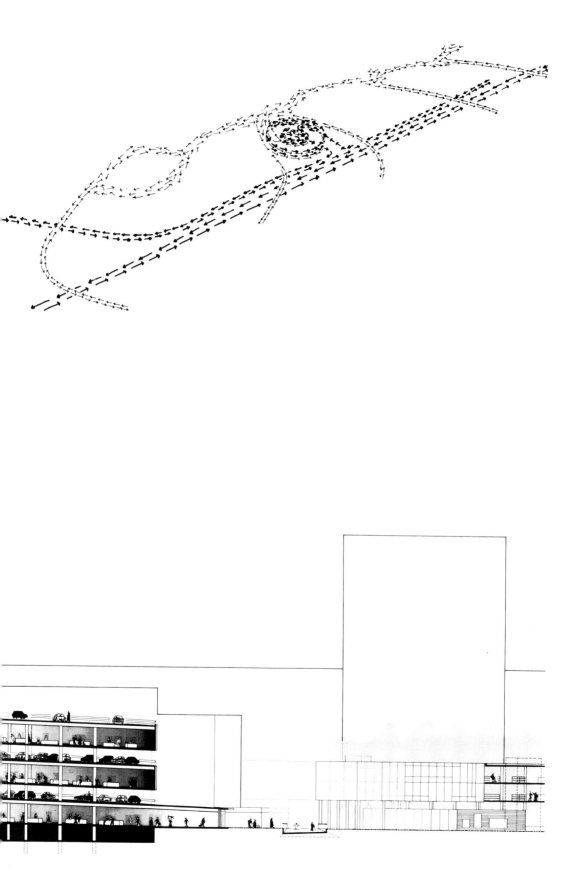

Mit einem Profil von über 100 Metern bildet die Märkische Allee die westliche Tangente der Siedlung Marzahn. Dort reihen sich, von S-Bahn-Station zu S-Bahn-Station gegenüber dem Städtischen Friedhof, endlose Wohnzeilen mit je elf Geschossen sowie Vorsprüngen von je zwei oder drei Balkonen mit immer gleichen Abständen. Durch die Medien in Verruf gebracht, war zu Beginn der neunziger Jahre die Auffassung verbreitet, die meisten der seit den frühen siebziger Jahren in der DDR industriell produzierten Wohnscheiben müssten wegen konstruktiver und funktionaler Mängel irgendwann beseitigt werden. Doch bald wurde klar, dass von den Architekten allein wegen der sonst hohen Kosten bessere, das heißt sanftere Lösungen gefordert werden mussten als die radikale Intervention von Abriss und Neubau.

_Die übliche Maßnahme besteht seither darin, die Plattenbauten energetisch zu optimieren. Die schadhaften Gebäude werden dabei erst mit einer neuen Hülle aus Glaswolle und Dämmplatten versehen, dann durch frische Farben und Formen gefällig gestaltet. In Bezug auf den Riegel an der Märkischen Allee, ein Haus mit immerhin gut 180 Wohnungen, wählten Georg Gewers, Oliver Kühn und Swantje Kühn im Auftrag der Wohnungsbaugesellschaft Marzahn ein anderes Vorgehen: den Weg nachhaltiger Verbesserung in funktionaler und ästhetischer Hinsicht.

_Die Arbeit des Büros GKK begann mit einer genauen Erfassung des Leerstandes nach den Kriterien der Statik, der Lage sowie der Möglichkeit zu waagrechter und senkrechter Verbindung der ein bis vier Zimmer großen, verwaisten Wohnungen. Diese Einheiten werden als kollektiv nutzbarer Leerraum im individuell genutzten Vollraum des langen Hauses betrachtet. Mehrere Wohnungen — in einem Fall liegen die Räume besonders vorteilhaft, also einer über dem andern — sollen umgebaut werden, sollen künftig der Freizeit dienen und Dienstleistung möglich machen. Oben wird in voller Breite des Hauses ein Dachgarten mit Sonnendeck errichtet. An der für das städtische Gefüge wichtigen Südseite kragt dieses Flachteil weit in den Raum vor.

_121 Meter lang, 13 Meter tief, 32 Meter hoch, die Verwandlung des Gebäudes von einer Mono- zu einer Multistruktur zehrt in mancher Hinsicht vom Immeuble Villa Le Corbusiers. Der inneren funktionalen entspricht die äußere ästhetische Transformation der existenten Architektur. Die auf mehr häusliche Kontakte zielenden Programme, vor allem das ›Café 186‹, erscheinen von der Allee wie kantige, gerahmte Ausschnitte des Gebäudes. Eine neue, teils bedruckte gläserne

Architekten_**Gewers, Kühn & Kühn**/Berlin_Georg Gewers, Oliver Bormann

Fassade schützt die Balkone und Wohnungen vor Lärm. Sie gibt dem Baukörper an seiner vorderen Langseite eine bisher nicht vorhandene Geschlossenheit. Brüstungs- und Fensterbänder betonen den liegenden Charakter des Wohnriegels. Gläserne Portale markieren die fünf Eingänge.
_An sechs Stellen der Wohnscheibe werden neue Programme injiziert. Die Errichtung des Sonnendecks ist allerdings noch nicht gesichert. Der Umbau an der Märkischen Allee beginnt im Herbst 2000. R.S.

_Verwaiste Wohnungen werden verbunden. Die neuen, gemeinsam nutzbaren Einheiten erscheinen auf der Hülle des Hauses wie leere Stellen. Die Verglasung dieser Teile macht die Nutzung sichtbar.

_Das Diagramm verzeichnet die leer stehenden Wohnungen auf den elf Geschossen nach verschiedenen Kriterien.

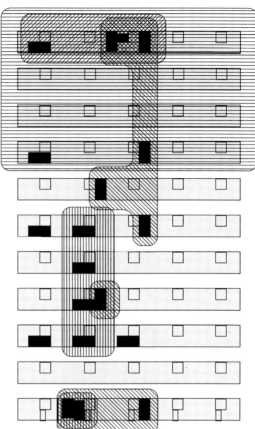

Ausblick
kombinierbar
steckt durch
statisch günstig

Die gebaute Geschichte des Ortes wird zum Thema neuer Formen. Die Projekte arbeiten mit historischen Fragmenten. Sie legen Spuren frei. Statt auf eine Rekonstruktion zielt die Architektur auf eine Aneignung der Geschichte mit den Mitteln von heute. Durch diese Transformation wird das Historische vom Nostalgischen geschieden und für die Gegenwart gewonnen.

_TRANSFORMATION DER GESCHICHTE →

Im Sommer 1993 verschwand der Palast der Republik für einige Monate hinter Gerüst und Leinwand. Wer von Westen kam, wurde plötzlich der Schauseite des Stadtschlosses gewahr. Die famose Kulisse der preußischen Residenz warb für den Neubau des Altbaus. Doch im Zelt hinter den braunen Planen gab es nicht nur populäre Propaganda für die Belebung der Geschichte. Es gab dort auch Modelle anderer Projekte einer künftigen Aneignung der Mitte von Berlin. Kristin Feireiss, Leiterin der Galerie Aedes, hatte acht Architekten um nicht weniger als acht ›Manifeste‹ gebeten.

_ Vor heftigen Eingriffen in das heute wie plombierte Areal scheuen auch Julia B. Bolles-Wilson und Peter L. Wilson nicht zurück. Das Mittelstück der Spreeinsel wird geflutet; die Flussarme bilden ein Bassin. Über einem Luftraum von 22 Metern Höhe liegt ein Flachbau mit Kanten von 120 mal 120 mal 13,33 Metern. Der Reprise von Position und Kubatur des barocken Stadtschlosses folgt die Rezeption des Alten Museums von Karl Friedrich Schinkel und der Neuen Nationalgalerie von Ludwig Mies van der Rohe. Sähe man die drei Bauten in einer Reihe, sähe man gleich: Tragen und Lasten bleiben in Spannung; doch die Stütze nimmt ab, der Balken nimmt zu.

_ Bis er wie eine dicke Platte erscheint, deren Form statt aus der klassischen aus der fraktalen Geometrie entsteht. Wie der Serpinskische Teppich das Quadrat und der Mengersche Schwamm den Kubus löchert – die Ästhetik der Symmetrie adelt die hohle Mitte –, so wird dem auf drei Blöcken ruhenden Gebäude Vollraum genommen und Leerraum gegeben. Von den Höfen zu den Fenstern findet jede Öffnung ihre Stelle nach genau diesem Gesetz.

_ Die Transformation der Historie kennzeichnet alle Vorschläge von Bolles und Wilson. Der Neubau wird Sitz des Bundespräsidenten. Der rekonstruierte Alabastersaal wird Entree und Foyer des Hauses. Wie ein Juwel hängt das Objekt unter dem waagrechten Gebäude und schwebt über dem stillen Wasser. Das halbrunde Fundament des Kaiser-Wilhelm-Denkmals dient als Restaurant und Terrasse im Bassin. Die für die Berliner Moderne so wichtige Bauakademie erscheint einmal an alter und einmal an neuer Stelle. Wo früher die Hofapotheke den Lustgarten von seiner östlichen Umgebung trennte, da schließt nun ein zweiter ›roter Kasten‹ den Raum in dieser Richtung ab. Vis-à-vis ragt eine transparente Architektur in die Höhe. Die dünne Scheibe birgt eine Bücherei und gibt Fragmenten von Portalen der Residenz einen leichten Rahmen.

_Von dieser Art des mal offenen, mal heimlichen Verweisens war schon der Beitrag für die Ausstellung ›Berlin — Denkmal oder Denkmodell?‹ aus dem Jahr 1988 geprägt. Damals machten Bolles und Wilson die Leere zwischen Neuer Nationalgalerie, Philharmonie und Staatsbibliothek zu ihrem Thema. Eine alte Stahlbrücke wurde Hommage à Mies, ein alter Spreedampfer Hommage à Scharoun. Wie mancher Entwurf des späten James Stirling lebt die dramatische Intervention auf der Spreeinsel nicht allein von räumlicher Qualität, sondern auch von Kommentar und Ironie. Dass der große Neubau genau über der Traufhöhe von 22 Metern beginnt und dass die Akademie ein Simulakrum erhält, ist es nicht ein Aperçu auf die ›Berlinische Architektur‹ und die Berliner Schinkelei?

_Außer dem Modell von Hans Kollhoff hatten die engagierten ›Manifeste‹ schon 1993 keine Chance. Die Kontroverse um die Mitte der Mitte wurde enger und enger. In der Alternative von Stadtschloss oder Palast der Republik verschwand die hässliche Gegenwart unter dem Rückblick auf eine fernere oder nähere, schönere Vergangenheit. Dem Konsens über die Herstellung der Kubatur der Residenz wird der Konsens über den Neubau des Altbaus folgen. Eine Gesellschaft, der die Differenz des Authentischen und Simulierten mehr und mehr abhanden kommt, hat mental und technisch keine Mühe, das Stadtschloss zu bauen. Für Streit sorgt dann nur: die Akribie des Imitats. R.S.

_Zwischen den Kuben der duplizierten Bauakademie und begrenzt von der dünnen hohen Scheibe der Bibliothek erhebt sich über dem Bassin der aus der fraktalen Geometrie entwickelte Baukörper.

↑_Die im Grundriss sichtbaren Höfe ergeben sich aus der Form des Serpinskischen Teppichs. Im Aufriss von Nordost erscheint der abgehängte Alabastersaal.

↓_Der Abdruck des Neubaus in der Mitte entspricht genau dem Abdruck des zu Beginn der fünfziger Jahre vollständig zerstörten Berliner Stadtschlosses.

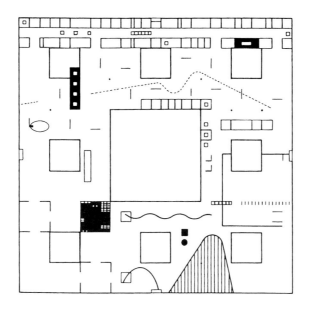

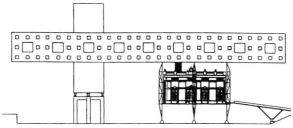

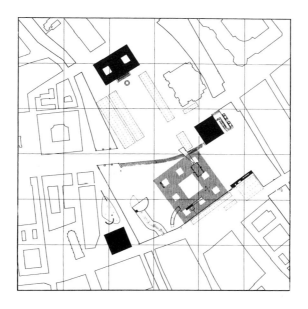

Je heftiger Berlin nach Ikonen des Urbanen und dem Geschmack von Zukunft giert, um so deutlicher wird: Es war die Hauptstadt des 20. Jahrhunderts, weil es die Nähe von Utopie und Barbarei wie keine andere Kommune Europas erfuhr. Berlin wurde in heiße und kalte Kriege gestürzt. Oft hat es sich entworfen und verworfen; oft hat es Orte zwischen Orten erzeugt, wo das Echte und Große den Mangel des Schönen verdrängt.

_Auch in der Gegend um die Bernauer Straße rührt das Attraktive aus dem Authentischen. Denn hier, wo der Bezirk Mitte auf den Bezirk Wedding stößt, sprechen alle Bauten vom harschen Eigensinn deutscher Geschichte. Das Drama begann mit der Teilung. Nach 1961 lag die evangelische Versöhnungskirche im toten Streifen zwischen dem Elisabethfriedhof mit der ›Hinterlandmauer‹ im Osten und der Bernauer Straße mit der ›Vorderlandmauer‹ im Westen. 1985 wurde die neogotische Architektur gesprengt, da sie den Soldaten auf Patrouille nur im Weg stand. Nach dem Schleifen der Grenze liegen Mitte und Wedding wieder dicht an dicht. Nachbarn? Freunde? Block und Hof auf der einen, Zeilenbau und Sägeschnitt auf der andern Seite trennen so stark wie das fallende Gelände zwischen den Bezirken.

_Auf diesem Terrain, wo die Hussitenstraße in exakt rechtem Winkel auf die Bernauer Straße trifft und früher die Versöhnungskirche in den Himmel ragte, ist allerhand in Bewegung gekommen. Vorne links hängen die drei Glocken der alten Kirche in einem flachen Gestühl. Auf dem Boden erscheint nicht allein der Grundriss von Turm und Schiff des mutwillig zerstörten Gehäuses, sondern auch die Betonbahn des Postenwegs. Etwa neun Meter hoch und bis zu 18,5 Meter breit, steht hinten rechts ein fragiles ovales Gebilde: die Kapelle der Versöhnung.

_Während das Gebäude der Gemeinde aus den sechziger Jahren das Phänomen des Sakralen scheut, haben die jungen Architekten Reitermann und Sassenroth eine deutliche Vorstellung von Gottesdienst. Ihr Entwurf begann mit dem Kreis als der Form dichtester Versammlung. Durch Dehnung und Buchtung entstand die Andeutung einer Vorhalle und eines Chorraumes.

_Die Dynamik der Kapelle rührt aus dem Verschneiden zweier Geraden: einerseits der West-Ost-Achse, die für den Kirchenbau seit je von Bedeutung ist; andererseits der Nordwest-Südost-Achse, die parallel zur Mittelachse des verschwundenen Gotteshauses liegt. Auf der ersten der beiden Linien sieht man in der Westwand oben das Quadrat einer ›Rose‹ aus dickem gelben Glas und vor der Ostwand unten den Steinblock des Altars. Auf der zweiten der beiden Linien sieht man am Ende eine hohe helle Nische, in der ein dunkles Bildwerk mit Christus und den Jüngern steht. Das Auge wandert zwischen den Fluchtpunkten der Blickachsen, weil es die Mensa nach rechts unter das Retabel oder das Retabel nach links über die Mensa rückt. Von hinten, das heißt vom stählernen Eingangskasten und der hölzernen Orgelbühne aus, fällt diese Trennung der kultischen Objekte besonders auf. Zeichen brüchiger Geschichte von Religion und Politik?

_Die Transformation der Historie macht auch vor dem Baustoff nicht Halt. Stampflehm bildet den Boden und die Hülle, gut einen halben Meter stark, mit Ziegelsplitt bereichert und mit Flachsfaser verbunden. Wie Abt Suger die Steine von Saint Denis für Reliquien hielt und sie aus dem Altbau der Basilika in den Neubau der Kathedrale zu retten befahl, so lebt auch die Versöhnungskirche in der Kapelle der Versöhnung fort. Schicht um Schicht sieht man auf der einen, rauhen runden Wand die Pressung von Lehm und Stein. Das körnige Gewebe mit den kräftigen Zuschlägen des gesprengten Backsteinbaus changiert in mattem Streulicht zwischen Grau und Grün und Braun. Unter dem lädierten Retabel wird der Keller der alten Kirche sichtbar. Den Zugang von außen hatten die Grenztruppen nach dem Mauerbau mit Betonstein verschlossen.

_Den Nukleus der Kapelle, aus dem allein die beiden Kästen des Eingangs und der Nische stülpen, schützt in weitem Abstand eine zweite Schale. Stützen und Binder sowie ein Vorhang durch Sonne und Regen silbriger werdender, senkrechter Lamellen aus kanadischer Douglasie formen dieses Oval. Frei schwingt das Holz um den Lehm, die äußere um die innere Hülle. Dazwischen lädt ein mal größerer, mal kleinerer Wandelraum den Besucher ein, sich für Augenblicke aus dem Raum und der Zeit des Alltags zu stehlen.

_Nachdem die Gemeinde das Grundstück der alten Kirche 1995 wieder ihr Eigen nennen durfte, standen die Mitglieder vor der Aufgabe, für das nicht eben kleine Gelände eine Nutzung zu finden. In einen völlig offenen Wettbewerb der Meinungen und Vorschläge trugen Reitermann und Sassenroth ihre Idee eines dem Gottesdienst geweihten Gebäudes. Mehr als das Organische der Architektur – die Baukörper verhalten sich wie Eigelb zu Eiweiß – bedeutet das Wechselspiel von Umhüllung und Entblößung nicht versöhnter Geschichte. Zusammen mit der nahen ›Gedenkstätte‹ und dem nahen ›Dokumentationszentrum‹ über die Mauer wird die Kapelle der Versöhnung nach ihrer Fertigstellung im Herbst 2000 das ›Warum nur?‹ und ›Nie wieder!‹ in den Köpfen der Menschen am Leben halten. R.S.

↑_Die Transformation der Geschichte wird durch die Überlagerung der Grundrisse von Kirche und Kapelle deutlich.
↓_In der West-Ost-Achse des inneren Gehäuses liegen Eingang und Altar.

↑_Die Außenhülle besteht aus hölzernen Lamellen, im Modell noch horizontal positioniert.
↓_Schon der Rohbau lässt die Dynamik des Innenraums erleben.

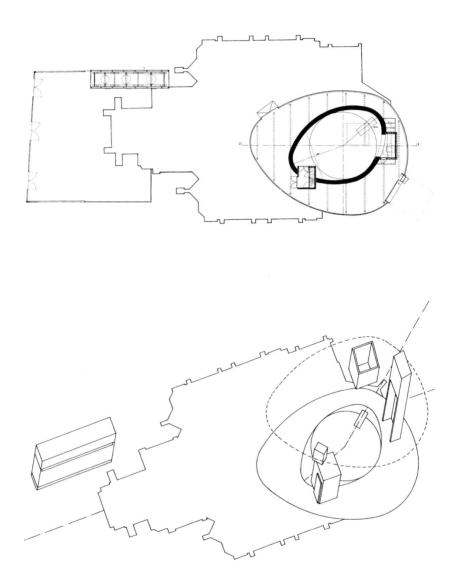

Zu den beliebten Treffpunkten im Palast der Republik gehörten seine Restaurants und Terrassen. Und seine beiden runden Bars. Eine stand im Gästeraum vor der Kegelbahn im Tiefgeschoss am Spreeufer, eine zwischen den Treppen im zweiten Obergeschoss. Dort changierten Teppichboden und Ledersessel von Rot nach Braun, Kugelleuchten von Weiß nach Gelb. Um die Bar zog sich eine metallisch glänzende Banderole mit Stahlkugeln wie Weintrauben; die Schankfläche war mit schwarz lackiertem Tropenholz verkleidet. Der Blick von der Anlage im Hauptfoyer einerseits auf die Galerie mit den Gemälden des ›sozialistischen Realismus‹, andererseits auf den Fernsehturm und den Stadtbahnhof Alexanderplatz machte den Ort zur Leistungsschau und Selbstfeier der DDR, die hier vom Bacchanal in Utopia zu träumen schien.

_Schon kurz nach dem Ende der DDR 1990 wurde ihr Hoheitszeichen – die Metallplastik mit Hammer und Zirkel im Ährenrund – vom Haupteingang des ›Volkshauses‹ gerissen. Später wurde das Innere des von Asbest verseuchten Gebäudes Stück um Stück verkauft, verschenkt, geräumt. So etwa kamen Teile aus der Bierstube an der Spreeseite in das Restaurant ›Jelängerjelieber‹ am Prenzlauer Berg.

_Neugier auf den verwaisten Palast der Republik empfand der junge Künstler Fred Rubin gleich nach seiner Ankunft in Berlin 1994. Was dem Bildhauer Marmor oder Eisen bedeuten, bedeuten dem »Schatzsucher« aus Heidelberg die Architektur und das Interieur der DDR: Rohstoffe für Kunstwerke, die er nach der Arbeit am liebsten in einen neuen Alltag entlässt. Rubin baute beide Tresen ab und das Objekt aus dem Tiefgeschoss im Klub WMF an der Burgstraße auf. Mit der Bar aus dem leuchtenden Hauptfoyer aber verfuhr er anders. In seiner Werkstatt gab er dem großen runden Möbel einen Fuß, einen Schaft und einen Schlitten aus Stahl. Der Schlitten fährt die Bar hinauf; ein Motor dreht das Unten nach oben und das Oben nach unten. Der Ring steht schräg oder Kopf. Das Objet trouvé wird mobiler Apparat, das einem riesigen kreiselnden Spielzeug ähnelt.

_Diese Skulptur schickte Rubin auf Reisen. Erste Station war das – inzwischen entfernte – Gebäude des ›Ministeriums für Auswärtige Angelegenheiten der Deutschen Demokratischen Republik‹ gleich gegenüber dem Palast, wo die Bar vor einem breiten Wandbild von Walter Womacka stand. Zweite Station war die Eröffnung der Berliner Ausstellung ›Renaissance einer

Metropole‹ in Paris, wo die Bar auf dem Dach der Grande Arche von La Défense an einen alten Radarschirm denken ließ. Dritte Station war der Altbau des Auswärtigen Amtes, in dem früher das Zentralkomitee der SED tagte.

_Die Idee des Transfers blieb ein Traum. In Wahrheit fand die Tour trotz heftiger Bemühung nicht statt. »Gescheitert an Kleingeistern«, meint Rubin. Das dreimal »verfehlte Ereignis« habe ihm allerdings den Kauf zahlloser weiterer, in den sechziger und siebziger Jahren entworfener Gegenstände des Interior Design der DDR möglich gemacht. Der bald reiche Fundus half dem Künstler bei späteren Projekten, so bei der Gestaltung eines Studios für den Sender MTV oder beim Transport von Deckenleuchten aus den Räumen des ZK der SED in den Potsdamer Nikolaisaal.

_Wiewohl Rubin die Nähe seiner Tonnen schweren, ingeniösen Maschinerie zu den Readymades eines Marcel Duchamp nicht leugnet, möchte er die Rolle des Dadaisten im Wohnzimmer der Kleinbürger, gar des Randaleurs in ostdeutschen Gebäuden nicht spielen. Eher geht Rubin mit der Rundbar wie der Juwelier mit dem Diamant um. Die Leidenschaft gilt dem anderen Gegenstand, der eine neue Fassung bekommt. Während aber Joseph Beuys durch seine Installation ›Wirtschaftswerte‹ von 1980 – auf sechs eisernen Regalen stehen Dosen und Gläser, Schachteln und Tüten mit Lebensmitteln aus dem Ostblock – Dingen des Alltags die Aura des Schlichten und Echten geben konnte, weil sie wie aus ferner Ferne kamen, ist die Rezeption der Ästhetik des anderen deutschen Staates zehn Jahre nach seinem Ende ganz von Herkunft und Alter der Betrachter und Benutzer bestimmt.

_Dass die Objekte einerseits von allgemeinem Wohlgefallen weit weg sind, andererseits der Westen ihren exotischen und der Osten ihren nostalgischen Charakter goutiert, gibt den armen Dingen eine letzte Chance. Sie taugen zur kulturellen Distinktion. Dieser Lust auf den Unterschied macht Rubin ein Angebot. Mag sein, dass die Suche nach den Schätzen aus den siebziger Jahren auch mit der Kindheit des Künstlers in den siebziger Jahren zu tun hat. Für die amtlichen Verächter der Kultur der DDR – die den Palast der Republik lieber heute als morgen aus dem Gedächtnis der Gesellschaft streichen würden – ist solche Recherche du temps perdu: penetrante Provokation. R.S.

_Die Rundbar zwischen den Eingängen zum Plenarsaal der Volkskammer und zum Großen Saal des Palastes war seit Eröffnung des Hauses 1976 ein Treffpunkt.

_In einer Werkstatt entstehen Fuß, Schaft und Ring für die skulpturale Transformation der Bar.

_Langsam steigt die Rundbar auf und dreht sich um. Die Skulptur erscheint wie ein riesiger Brummkreisel mit einem Durchmesser von gut fünf Metern.

An die Stelle eines einzigen Prinzips oder Ideals tritt die Koexistenz mehrerer Ordnungen. Sie leiten sich aus den besonderen Bedingungen des Grundstücks und der Nutzung ab. So können die Projekte flexibel auf äußere Einflüsse reagieren. Die Gebäude thematisieren das Verhältnis von Einheit und Vielheit. Ihre Form ist von großer Prägnanz.

_FREIE ORDNUNG →

Durch Weltkrieg und Nachkrieg heftig zerstört, erfuhr das Villenviertel am südlichen Ende des Tiergartens — historisch betrachtet ein Teil des Alten Westens zwischen dem Potsdamer Platz und dem Wittenbergplatz — erst durch die Pläne der Internationalen Bauausstellung (IBA) Berlin 1984/87 wieder besondere Aufmerksamkeit. In den neunziger Jahren wurde die Gegend, was sie schon mal war: Standort der Residenzen von Diplomaten. Schweden und Finnland kauften ihre früheren Parzellen zurück. Mit Island, Norwegen und Dänemark entstand 1994 das Projekt einer gemeinsamen Repräsentanz auf dem so genannten Klingelhöferdreieck.

_In den Grundriss der Großstadt zeichnet das Grundstück eine Figur von seltener Deutlichkeit. Der beinahe saubere Viertelkreis nach Nordwesten verleitet allerdings zu einem neuen alten Städtebau, der den Sektor wie ein Raster sieht und entlang seiner Ränder Haus an Haus reiht. Alfred Berger und Tiina Parkkinen aber greifen mit ihrem Entwurf die geschichtlich verbürgte, offene Bauweise des Geländes an der Rauchstraße auf. Gleichwohl handelt ihre Arbeit auch vom Thema Stadt und Platz wie vom Thema Block und Hof.

_Das Resultat ist souverän. Hier die äußere Einheit bei innerer Vielfalt, dort die äußere Vielfalt bei innerer Einheit: Vergleicht man die Lösung der beiden Wiener Architekten mit den Büro- und Ladenblöcken etwa in der Umgebung des Gendarmenmarktes — die zwar eine andere Dichte, doch eine ähnliche Nutzung haben —, so wird der Abstand spürbar, den die fünf Nordischen Botschaften in urbanistischer und architektonischer Hinsicht zur Konvention der Friedrichstadt haben.

_Durch eine Sequenz feiner Skizzen machen Berger und Parkkinen ihre Entwurfsschritte klar. Dem Bedürfnis der Benutzer entsprechend, sollte die Vertretung der nordischen Region Europas einerseits wie ein Solitär, andererseits wie ein Ensemble wirken. Zunächst wurde das Maximalvolumen konturiert. Die Begrenzung der Bebauung ergab sich aus der Öffnung nach Süden und dem Bestand alter Bäume am Grundstücksrand. Danach wurde durch vier Schnitte, zwei von Süden nach Norden und zwei von Westen nach Osten, die Relation von leer und voll definiert. Für die sechs gewünschten Gebäude blieben merkwürdig ungleiche Bauflächen, mal mit drei und mal mit vier Ecken. Zuletzt wurde der Komplex mit einem Raumband umschlungen und so die Vielfalt zur Einheit transformiert.

Architekten_**Berger + Parkkinen**/Wien_Alfred Berger, Tiina Parkkinen

_Knapp 4000 fest montierte, leicht gewölbte, kupferne Lamellen bilden diese matte grüne Hülle, über 200 Meter lang und etwa 15 Meter hoch. Die Wand schwingt ein und aus. Man steht vor einem Gebilde von dosierter Transparenz. Im Wechsel vertikaler, horizontaler und diagonaler Positionen regulieren die Lamellen Licht und Luft, Einblick und Ausblick.

_Unter dem Flugdach aus Holz und Tuch liegt der Eingang. Spitze Winkel, scharfe Kanten, schmale Fluchten, auf dem Boden Marmor und Granit wie weiße Striche auf grauer Fläche, quasi barocke Linien und quasi barocke Points de vue: Der Binnenhof gleich hinter der Querschleuse ist ein Freiraum von zentrifugaler und zentripetaler Energie, ja von extremer Dynamik.

_Aus der Mitte an die Ränder gedrückt und vor dem kupfernen Paravent kleine Höfe bildend, sind die Gebäude von beinahe fragilem Charakter, obwohl neben leichteren Baustoffen wie Stahl und Holz und Glas auch solideres Material wie Ryolith aus Island oder Diabas aus Schweden verwandt wurde. Das Design der Details — in der Tradition von Alvar Aalto bis Arne Jacobsen — ist ungemein sorgfältig.

_Der Komplex ging aus einem Städtebauwettbewerb von Ende 1995 und fünf Wettbewerben um die einzelnen Gebäude von Mitte 1996 hervor. Bezogen wurden die fünf Nordischen Botschaften und das ›Felleshus‹ genannte Gemeinschaftsgebäude für die kulturellen Funktionen Ende 1999. Berger und Parkkinen als die Preisträger im ersten, offenen Verfahren machten in Bezug auf Lage und Größe der Häuser genaue Vorgaben. Die weitere, äußere und innere Gestaltung der neuen Bauten wurde von den fünf Ländern in je eigenem Procedere mit je eigenen Architekten bestimmt.

_Politisch und juristisch betrachtet, ist eine Botschaft in Berlin wie ein Stück Ausland in Deutschland. Dass die Verfasser und Preisrichter der Entwürfe frei von dem Einfluss dessen waren, was in der Hauptstadt amtlich für ›zeitgemäß‹ und ›anständig‹ gehalten wird, hat die Qualitäten der Architektur wohl nur gesteigert. R.S.

↑_Den Binnenhof umstellen von links nach rechts die Botschaften von Dänemark, Island, Norwegen, Schweden und Finnland.
↓_In sechs Skizzen wird die Entwicklung des Entwurfes deutlich. Den Zeichnungen des Grundstücks, der Masse und der Achsen folgen die Zeichnungen des Raumes, der Körper und des Bandes.

_Aus der Luft und von Süden wird die barocke Dimension des Ensembles anschaulich. Rechts im Bild steht das für kulturelle und konsularische Zwecke genutzte Gemeinschaftsgebäude.

_Ein Band kupferner Lamellen von je knapp 65 Zentimetern Höhe umgibt den Komplex. Hinter den Birken an der stark befahrenen Klingelhöferstraße erscheint eine Struktur von dosierter Transparenz.

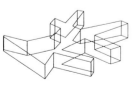
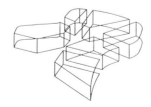

Wenn es in Berlin eine Gegend gibt, wo die Maßgabe von Blockkante und Traufhöhe ihre Richtigkeit hat, dann in der ursprünglich barocken Friedrichstadt westlich der Mitte. Hier darf die Architektur so gut wie nirgendwo zu einem freien Objekt werden, muss so gut wie überall in einer dichten Textur bleiben. Der strikte Raster von Straßen und Häusern kennt von seiner Regel nur wenige Ausnahmen. Etwa das Grundstück, wo die kleinere Mauerstraße in die größere Friedrichstraße mündet und durch den Stummel der Schützenstraße ein Dreieck entsteht.

_Leicht verführt diese Lage — wo die DDR bis 1990 ihre peinlichen Anlagen zur Kontrolle des Übergangs von West nach Ost unterhielt — zu einer Architektur mit dramatischer, ja heroischer Inszenierung der scharfen Spitze nach Süden. Doch der Versuchung, auf dem Boden von exakt 43,2 mal 28,8 mal 33,4 Metern ein Hamburger Chilehaus in kleinem Format zu errichten, sind Armand Grüntuch und Almut Grüntuch-Ernst zum Glück nicht erlegen.

_Für das aufgrund der Nähe zum ehemaligen ›Checkpoint Charlie‹ noch heute so prominente wie frequentierte Dreieck schlugen sie 1992 ein Gebäude vor, das geometrische und biomorphe Körper — deutlich gesagt: eine Scheibe und eine Blase — konstruktiv und funktional einleuchtend verbindet. Der Rechtkant bildet die Nordwand des Neubaus. Weitgehend geschlossen, dient das Betonmassiv der Erschließung und Versorgung. Aus diesem Bauteil kragen sechs Geschoss-platten für Büroflächen Richtung Süden. Diese Triangeln sind kongruent, werden von oben nach unten kleiner und kleiner. Getragen werden die Geschosse auch durch ein Netzwerk aus Stahlseil, das von elf runden Stützen hängt, die genau in der Bauflucht von Mauer- und Friedrich-straße stehen. Von Pfeiler zu Pfeiler und in voller Höhe des Hauses spannt sich eine dünne gläserne Fassade.

_So hat der Bau eine Klimamembran aus zwei Schalen. Die innere umhüllt die freie Form der einzelnen Geschosse; die äußere umhüllt die spitze Form des gesamten Gebäudes. Der Eingang liegt an der Friedrichstraße. Wie bei einem U-Bahnsteig-Zugang führen zwei Treppen vom Bürgersteig in das luftige, offene Unter- und Erdgeschoss. Einer Mischung aus Atrium und Arena verwandt, nimmt der Hohlraum unter dem Bürokomplex kulturelle und kommerzielle Funktionen auf. Von hier wirken die Rauten und Kreuze, das lose Netzwerk aus Stahlseil und die freie Ordnung der Hängeblase extrem präsent.

Architekten_**Grüntuch/Ernst**/Berlin_Armand Grüntuch, Almut Grüntuch-Ernst

_Was die Entwurfshaltung betrifft, so spürt man die Nähe der Triangel am Checkpoint Charlie zum ›Green Building‹ der Londoner Future Systems. Doch anders als Jan Kaplicky sorgen Grüntuch und Grüntuch-Ernst dafür, dass in der Berliner Friedrichstadt die Integrität der Architektur und die Identität der Historie einander vertragen. Die Triangel kennt kein Dogma. Dennoch hat sie keine Mühe, die Forderung nach Lesbarkeit der Bauweise — das strapazierte Desiderat der klassischen Moderne — zu erfüllen. Zwischen Konstruktion und Fassade gibt es kein Paradox. Dank seiner weitestgehend stützenlosen Büroflächen hätte das Gebäude neue Formen der Arbeit, bekannt unter Namen wie ›lean office‹ und ›desk sharing‹, erheblich erleichtert.
_Die Triangel wurde im Auftrag der amerikanischen Central European Development Corporation (CEDC) Grundstücks GmbH & Co Checkpoint Charlie KG projektiert. Heute steht auf dem Dreieck ein Bürohaus von Josef Paul Kleihues. R.S.

_An der Nordseite des Gebäudes liegt der weitestgehend geschlossene Betonkern zur Erschließung und Versorgung.

_Die Außenhülle des Bürohauses nimmt die Baufluchten der Friedrichstadt auf. Unter der Innenhülle mit dem Netzwerk aus Stahlseil, das die Geschossplatten trägt, entsteht ein tiefliegender öffentlicher Raum.

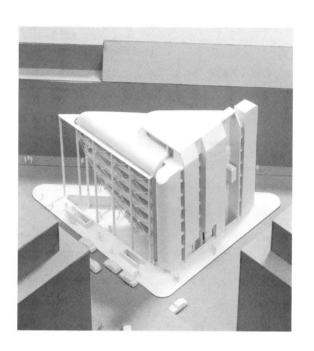

Nach Schluss der Internationalen Bauausstellung (IBA) Berlin 1984/87 lösten sich vor allem jüngere Architekten bald von der dominanten Postmoderne. Und mit dem neuen Senat von Berlin, einer Koalition der Sozialdemokratischen Partei und der Alternativen Liste, galt von Mitte 1989 bis Ende 1990 das Leitbild ›Ökologischer Stadtumbau‹, der nicht allein auf die funktionale Integration durch Mischung und Dichte im Quartier, sondern auch auf den Rückbau breiter Straßen und den Erhalt sogar kleinster grüner Räume in der Großstadt zielte. Vor diesem doppelten Hintergrund muss der offene Wettbewerb verstanden werden, der Anfang 1989 für den Bau einer Grundschule, einer Kindertagesstätte sowie einer Sporthalle im Bezirk Steglitz ausgelobt und von Andrew Alberts, Tim Heide und Peter Sassenroth gemeinsam gewonnen wurde.

_Was wir heute, je nach eigener Wahrnehmung, als ein oder mehrere Gebäude deuten, verdankt seine starke Gestalt keiner rationalen oder organischen Ordnung und schon gar keiner bestimmten Vorstellung vom Leben der Kinder in täglicher Gemeinschaft. Der Bau ist kein Bild. Die freien Formen der Architektur resultieren allein aus den besonderen Bedingungen am Ort. Nur die »liberale Hierarchie« der Körper und die Stapelung der Nutzungen könnten auch anderswo Thema sein.

_Die Curtiusstraße läuft von Nordost nach Südwest, immer linear und immer parallel zu der Achse Unter den Eichen sowie zu den Schienen der Stadtbahn. Richtung Süden liegen kleinere und größere Wohnhäuser; offene Bauweise herrscht vor. Auf einem Terrain von etwa 13400 Quadratmetern für ein Programm von etwa 9200 Quadratmetern Raum zu schaffen, ohne die alten Bäume auf den hinteren Partien des Areals zu fällen, fordert eine Architektur größter Konzentration und Kalkulation.

_In Bezug auf den Städtebau versuchen die Entwerfer das Ganze — durch die vorne und hinten verschiedenen Gliederungen der Teile — einerseits dem großräumlichen Gewerbegelände, andererseits dem kleinräumlichen Villenviertel von Lichterfelde zu vermitteln. Die Architektur selbst hat vier Komponenten: erstens den Trakt mit dem Riegel der Fachräume an der nördlichen und den drei Flügeln der Klassen an der südlichen Seite der Flure; zweitens die hohe, weit in den Garten reichende Sporthalle; drittens die Kindertagesstätte neben dem Durchgang; viertens das Dach. Wohl bei keinem Berliner Gebäude spielt es eine solche Rolle. Konstruktiv separat, breitet

Architekten_**Andrew Alberts, Tim Heide, Peter Sassenroth**/Berlin

sich die flache Decke von 178 mal 21 Metern wie ein viertes Geschoss über den drei unteren Geschossen aus. Mühelos erreichbar und an allen Seiten von schrägen Gittern geschützt, dient das Dach mehr als einem halben Tausend Kindern als Schulhof und Sportplatz. Tatsächlich entsprechen die Spielfelder, Laufbahnen und Sprunggruben der Norm.

_Wer das in der Umgebung riesige Gebäude vom Bürgersteig betrachtet, dem fällt die Balance liegender und stehender Formate auf. Erst recht die Dynamik der Fassaden: hinten Glas, vorne Putz, hinten kurze Teile, vorne lange Teile. Jeder Rücksprung geht mit kleinerer, jeder Vorsprung mit größerer Bedeutung der Nutzungen einher. Einmal aber bilden die Fassaden eine Synkope. Das Unbetonte wird betont, da der Eingang zur Schule hinten liegt. Seine Türen sind aus Stahl; seine Rahmen sind schwarz. Nie satt, oft blass, die Farben der Bauten stammen alle aus der Mark. Mal gelb, mal grün, mal braun, mal schwarz, so sieht es an Seeufern und Waldrändern in Brandenburg aus.

_Konstruktive und finanzielle Probleme begleiteten das Baugeschehen. Durch den Sparzwang des Senats von Berlin kam die Tätigkeit auf der Baustelle sogar eine Weile zum Erliegen. Bezogen wurde das Gebäude erst 1999. R.S.

_Der Durchgang zum Garten liegt zwischen der Sporthalle und den beiden Baukörpern des Kinderhorts im Hintergrund der Aufnahme. Das Flachdach ist konstruktiv separiert. Es ruht auf einer Reihe von Doppelstützen.

_Das Foto zeigt die Rückseite des Kinderhorts. Um den Bestand alter Bäume zu sichern, wurde der Sportplatz auf das Flachdach gelegt.

_Mit dem Grundriss des Erdgeschosses wird die Bewegung des Gebäudes in Richtung des grünen Hofes deutlich. Die drei Klassentrakte weisen nach Süden. Die Sporthalle trennt die Grundschule im Nordosten vom Kinderhort im Südwesten des Geländes.

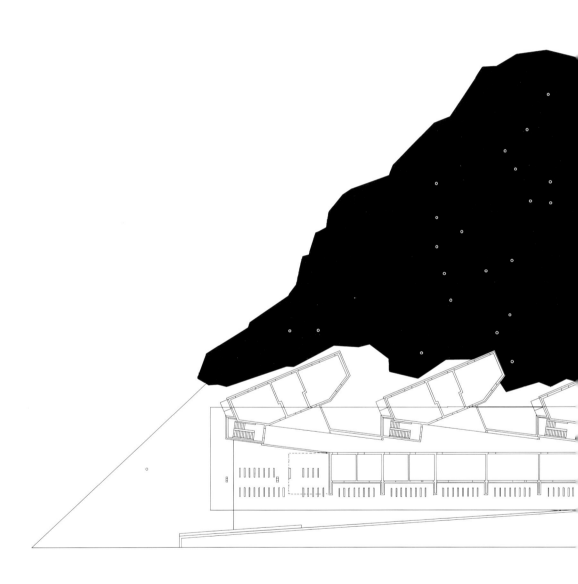

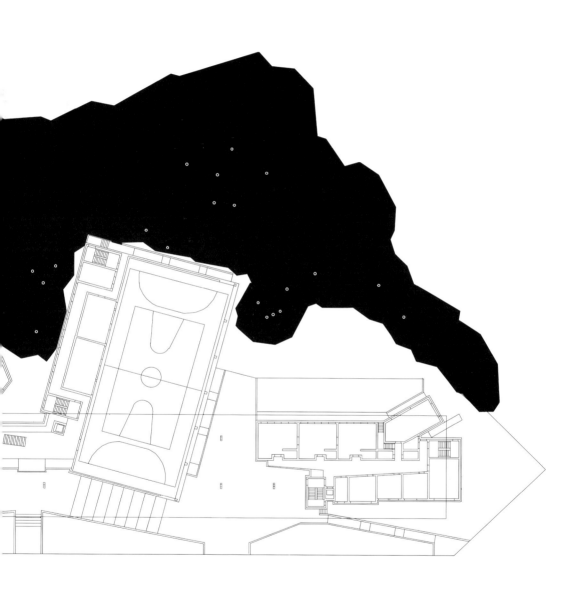

Kindergärten sind bei Architekten eine beliebte Aufgabe. Mancher Entwerfer fühlt sich zu Spielerei ermuntert. Daher ist Verschwendung von Formen und Farben bei diesen Gebäuden keine Seltenheit.

_Anders verhält sich die Kindertagesstätte Wiesenweg, ein Stück nördlich der breiten Heerstraße und ein Stück südlich des Dorfes Staaken weit im Westen von Berlin gelegen. Der Blick auf den Schwarzplan des kleinen Wohnparks aus den früheren neunziger Jahren verrät den Standort des Neubaus nicht. Denn durch ihre Länge von genau 50 Metern und ihre Breite wie Höhe von etwas unter zwölf Metern greift die Kita die Maße der Körper im Norden und Osten auf. Der einfache liegende Rechtkant stellt sich auch nicht schräg, sondern artig neben seine Nachbarn an den Wiesenweg. Ohne Zögern gehorcht das Gebäude im Südwesten der Anlage dem Gefüge der Häuserreihen und Reihenhäuser. Freie Ordnung? Der Lageplan suggeriert das Gegenteil.

_Von der Straßenkante durch zwei flache Betonwinkel geführt, tritt man auf den Vorplatz und durch den Windfang in die Eingangshalle, deren Wände ein wenig aus dem rechten Winkel laufen. Zwischen dem Aufzug rechts und der Treppe links sieht man vis-à-vis eine schlanke Stütze vom Boden zur Decke ragen. Sie bildet die Mitte des Hauses. Von hier aus findet die Architektur — entworfen von Georg Augustin und Ute Frank — in Aufriss und Grundriss, in Äußerem und Innerem zu ihrem Thema: freie Ordnung durch gestörte Spiegelung.

_Mit dem ohnehin nur behaupteten Rationalen der ›Berlinischen Architektur‹ haben Augustin und Frank wenig gemein. Das heißt, die Symmetrie um den durch besagte Rundstütze betonten Mittelpunkt bleibt stets Allusion, wird nie Perfektion. Der Kinderhort im Nordteil und der Kindergarten im Südteil des Hauses haben eine Nutzfläche von 1100 Quadratmetern. Beide Trakte haben bediente Gruppenräume und dienende Küchen, Büros und Toiletten. Doch im Halbkreis um die Stütze in der Halle gedreht, tauschen sie ihre Plätze, die einen von West nach Ost, die andern von Ost nach West. Helle Sonne scheint folglich morgens und abends in die Räume zum Spielen und Lernen. Der Mittelflur verjüngt sich nach seinen Enden; an der Nord- wie an der Südseite des Gebäudes liegen die Nebenräume. Im ersten und zweiten Obergeschoss wird diese Ordnung teils repetiert, teils variiert.

_Gleich ob man vorne oder hinten, vor der West- oder Ostseite der Kita steht, die linke Partie hat eine eher geöffnete, die rechte Partie eine eher geschlossene Fassade. Nur dass auch hier die Spiegelung um die Mitte des Hauses gebrochen wird, weil zur Straße im Westen die geschlossene, zum Garten im Osten die geöffnete Außenhaut länger ist. Wie rasch der Betrachter auf dem Wiesenweg entscheidet, ob er es mit zwei Hälften oder zwei Häusern zu tun hat, das freilich hängt allein von seiner Augen Übung ab.

_Die geöffnete linke Seite vor den bedienten Gruppenräumen macht aus ihrer Bauweise kein Geheimnis. Sie besteht von innen nach außen: erstens aus einer Reihe runder Stützen in gleichem Abstand; zweitens aus hölzernen Paneelen, deren Farbe zwischen Gelb und Braun changiert; drittens aus Vorhängen, die als Licht- und Lärmschutz dienen und in schmalen Kästen verschwinden; viertens aus stählernen Putzstegen vor sämtlichen Geschossen; fünftens aus hüfthohen Geländern und lauter schrägen dünnen Stäben, die vor dem Abstürzen bewahren.

_Die geschlossene rechte Seite vor den dienenden Küchen- und Büroräumen macht aus ihrer Bauweise eine subtile Persiflage der Berliner Tektonik. Sie besteht zum einen aus Mauerwerk und zum andern aus Faserzement. Die Platten wurden verschieden geschnitten, doch nicht gestrichen und schon gar nicht wie didaktische Elemente behandelt. Die schillernde Verkleidung braucht die Kinder kein Tragen und Lasten zu lehren. Nein, Wand und Loch bilden eine freie Textur. Wenn die Sonne scheint, sorgt die Schichtung der Platten für ein Spiel von hellen und dunklen Flächen.

_Die Kindertagesstätte Wiesenweg wurde aufgrund eines Städtebauvertrages zwischen dem Bezirksamt Spandau und dem Investor des Wohnparkes gebaut. 1995 fand ein Beschränkter Wettbewerb statt; 1998 wurde das Gebäude bezogen. R.S.

_Die Kindertagesstätte wird von der Westseite betreten. Den Eingang markiert ein Betonwinkel.

↑_Die weißen Vorhänge wurden aus Segeltuch genäht. Bei trübem Wetter verschwindet der Sonnenschutz in Klappkästen.
↓_Nördlich und südlich der Erschließung liegen einerseits Gruppenräume, andererseits Küche und Bäder. Die in Bezug auf ihre Nutzungen verwandten Anlagen erscheinen wie um den Mittelpunkt gedreht. Der Grundriss zeigt das Erdgeschoss.

_Die Fassaden sind teils eher tief und geöffnet, teils eher flach und geschlossen. Sie entsprechen dem Charakter der dahinter liegenden bedienten und dienenden Räume.

_Bei einem Blick in den Eingang der Kita von Osten fallen links die Mittelstütze und der Aufzugkasten, rechts der Windfang auf.

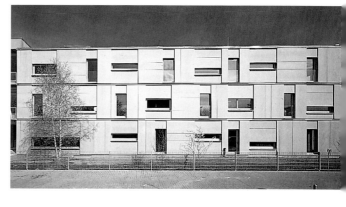

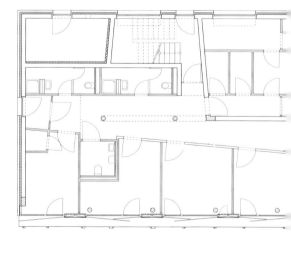

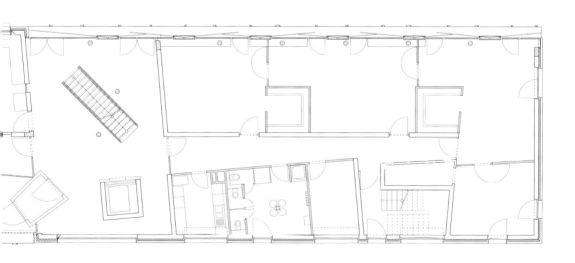

Die Projekte schaffen komplexe Strukturen in neuen Vierteln. Die Entwürfe übersetzen anhand von Regeln die Vielfalt eines Programms oder die Textur einer Landschaft in bauliche Figuren. Differenzierte Typologien erlauben verschiedene Wohnweisen. Der Städtebau wird zu einer nach Raum und Zeit offenen Entwicklung.

_INSTANT CITY →

Nüchtern gesagt sind es nur 115 Hektar, die ein Fünfeck bilden. Doch was im Norden von einer großen Siedlung und im Süden durch den Mauerstreifen, im Westen von einer S-Bahn-Strecke und im Osten durch eine Ausfallstraße begrenzt wird, das ist mehr als eine Gegend zwischen Stadt und Land tief im Süden von Berlin. »So rätselhaft wie unheimlich« empfindet der in London tätige Architekt Florian Beigel das Gelände, wo vier Räume und Zeiten einander durchdringen. Erstens: die geologischen Formationen der Eiszeit. Zweitens: die Feldflur des 18. Jahrhunderts. Drittens: das Militärtheater der US Army, die auf dem Terrain in den fünfziger Jahren eine Geisterstadt baute, um dort den Häuserkampf zu proben. Viertens: die ruderale Vegetation, einschließlich mehrerer kleinerer Birkenwälder, die nach Öffnung der Mauer und Abzug der Truppen in den neunziger Jahren entstand.

_1997 lobten die Eisenbahn Immobilien Management GmbH als der Besitzer und die Haberent Grundstücks GmbH als der Entwickler des Areals einen Städtebauwettbewerb aus, zu dessen Programm neben der Ansiedlung von Gewerbe auch die Errichtung von 3280 Wohnungen, fünf Kindergärten und einer Schule gehörte. Gewünscht wurde ein Quartier für 10000 Einwohner, zu großen Teilen angestellt bei Behörden des Bundes. Unterstützt von der Architecture Research Unit an der University of North London, nahm Beigel an beiden Stufen des Verfahrens teil. 1998 wurde seine Arbeit von der Jury mit dem Ersten Preis bedacht.

_Beigel möchte das Gelände nicht aufräumen, möchte keine Kante, also keine scharfe Trennung von Stadt und Land. Vielmehr habe der Raum die Potentiale der Peripherie. Er trage die Merkmale einer ›Zwischenstadt‹. Ihr von Abweichung und Verwandlung bestimmter Charakter, so Beigel, würde durch einen Masterplan mit deutlicher Relation von Figur und Grund nur zerstört. Der Londoner Architekt betreibt daher nicht Landschaftsbau noch Städtebau, sondern beschränkt sich auf die Schaffung einer zugleich robusten und flexiblen Infrastruktur, die den Faktor Raum mit dem Faktor Zeit verknüpft.

_Gegliedert und entwickelt wird das Fünfeck allein aus dem Bestand. Auf der Fläche zeichnen sich alle strukturellen Elemente ab. Lotrecht zur S-Bahn-Trasse ziehen dicht an dicht breite Streifen von West nach Ost. Dieses Bauland kreuzen in etwa gleichen Abständen sieben schmale Wege, die aus der früheren agri- und hortikulturalen Nutzung des Bodens rühren. Quer durch die

Architekten_**Florian Beigel und Architecture Research Unit an der University of North London/**
London_Florian Beigel, Philip Christou

nördliche Partie läuft die von den Militärs gebaute Straße, quer durch die südliche Partie ein alter Feldweg. Dazwischen bleibt ein Stück Mark; Sand und Gras, stille Wasser, sanfte Hügel, zarte Birken formen ein wertvolles Biotop, das die Auslober erhalten wollen.

_Die zur Bebauung bestimmten Felder werden an ihren langen Seiten deutlich gefasst: teils durch Reihen schlanker Pappeln; teils durch drei Meter hohe Gabione; teils durch drei Meter breite, flache Wassergräben, die den Regen tiefer in die Erde sickern lassen. Für die Wohnhäuser — mehrheitlich Wohnungen mit drei Schlafzimmern und rund 120 Quadratmetern — schlägt Beigel mehrere Typen vor. Mit ihren maximal vier Geschossen sollen sie nicht höher als die höchsten Bäume ragen, die Erfahrung der Landschaft vor der Tür nicht verstellen.

_Die Nahthäuser verbinden die West-Ost-Felder in Nord-Süd-Richtung und prägen sich durch ihre stumpfen Winkel ein. Die Reihenhäuser haben ihren Eingang im Norden und ihren Garten im Süden. Die Hofhäuser umschließen je zu dritt einen Freiraum. Die Baumhäuser stehen unter den Birken verstreut. Ständer und Fachwerk sind aus Holz; Eigenbau ist daher möglich. Wie an der Peripherie üblich, wird auch hier der vorhandene Verkehrsknoten durch ein kommerzielles und kulturelles Angebot bereichert. Die Bauten für Einkauf und Freizeit liegen an der S-Bahn-Station Lichterfelde Süd. Der Laden- und Büroriegel gleich östlich der Schienenstränge reicht bis zu der ehemals von Soldaten genutzten Straße.

_Mit dem Ersten Preis für den Entwurf von Beigel wähnte Peter Kulka, der den Vorsitz der prominent besetzten Jury hatte, eine »Schallmauer durchbrochen«, da man bei den Berliner Behörden das Ideal der Stadtlandschaft grundsätzlich ablehne. Um einen Plan für die Bebauung verfassen zu können, bat der Bezirk Steglitz die Autoren um eine Konkretion ihrer Konzeption. Diese Arbeit soll im Herbst 2000 vorliegen. R.S.

_Die Struktur des Entwurfs verknüpft vier Schichten. Dominant sind die Streifen der Feldflur des 18. Jahrhunderts.

_Auf dem Schwarzplan wird die Verschiedenheit der Haustypen erkennbar.

_Das »Wohnmenü« umfasst so genannte Naht-, Reihen-, Hof- und Baumhäuser.

_Im Modell mit Blick nach Süden erscheint in der Mitte der breite Wiesenstreifen. Drei schmale Fußgänger- und Radfahrerbrücken durchqueren das Biotop.

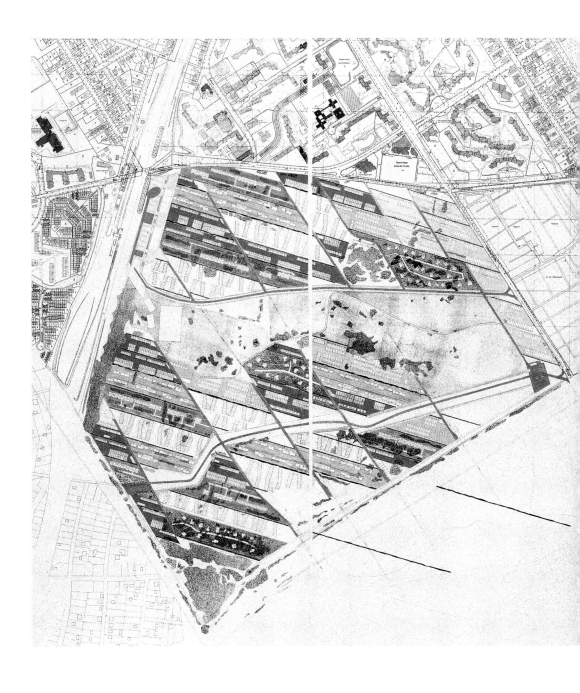

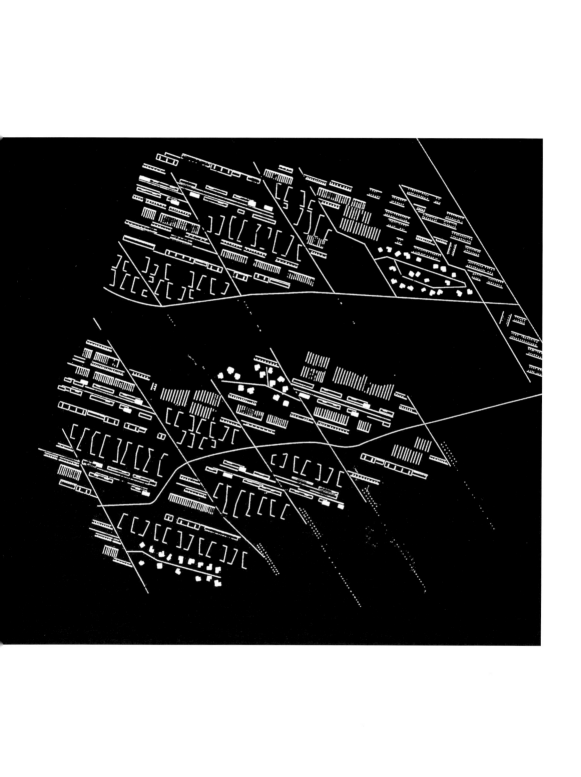

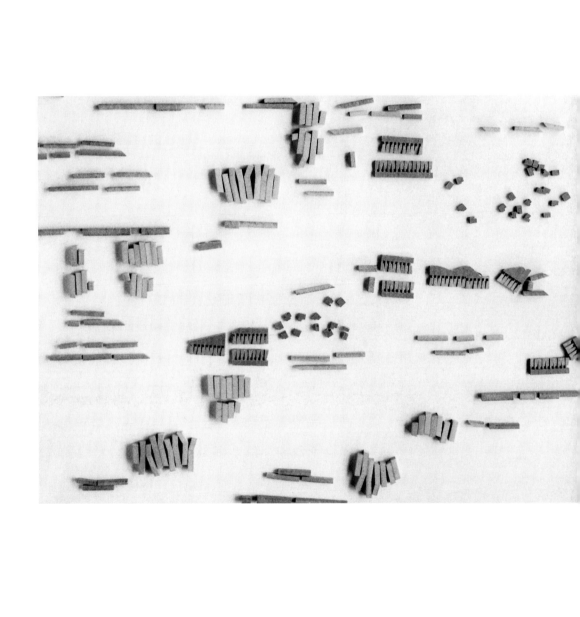

Unzufrieden mit ›Kritischer Rekonstruktion‹ und ›Berlinischer Architektur‹, suchte Mitte der neunziger Jahre eine Gruppe jüngerer Architekten und Architektinnen nach realistischen Alternativen zu den herrschenden, beinahe amtlichen Leitbildern der neuen Hauptstadt. Aus dem losen Zirkel unter dem Namen ›Berlin und seine Zeit‹ – die Mitglieder kamen aus Berlin, Hamburg, Leipzig, Frankfurt – stammt eine Reihe von Ideen und Projekten für eine Gemeinschafts- ausstellung, die jedoch niemals stattfand.

_Unter diese Entwürfe fällt auch eine Arbeit von Christine Edmaier. Ihr Vorhaben stützt sich einerseits auf die Anschauung von Wohnbauten in Kleingärten, andererseits auf die Anwendung des Prinzips zellulärer Automaten.

_Wie in zahlreichen, von Industrie geprägten Großstädten gibt es auch in Berlin seit Ende des 19. Jahrhunderts Lauben im Grünen. Etwa die Kolonie ›Sandkrug‹ im Bezirk Wedding, südlich der Bornholmer Straße. Gegründet Mitte der zwanziger Jahre, war der Sandkrug bald auch ein Ort ›wilden‹ Wohnens, das später legal wurde. Heute werden die winzigen Gebäude auf immerhin drei von fünf Parzellen als erster Wohnsitz genutzt. Viele Planer halten die Kolonien für ›antiurban‹. In den Augen der Senatsverwaltung für Stadtentwicklung handelt es sich um Fläche auf Vorrat; später müssten die jetzigen Nutzungen wohl Verkehrswegen, Wohnungs- und Bürobauten weichen.

_Lernen von Sandkrug aber heißt: zwischen dem Modell Einfamilienhaus und dem Modell Großsiedlung ein drittes Modell zu entwickeln. Die Kolonie statuiert das Exempel eines Wohnens auf kleiner Fläche mit hoher Dichte. Eigenbau und Nachbarschaft gehören zu einer solchen Anlage mit gewöhnlich geringen Mietpreisen. Christine Edmaier betrachtet Kolonien wie Organismen. Die Lauben und Gärten wirken demnach, als ob ihr Layout nie oktroyiert worden sei. Auf dem Luftbild sehe man, dass ihre Gestalt nicht aus einem fixen Planwerk, sondern aus ein paar simplen Regeln rühre.

_An dieser Stelle rekurriert die Architektin auf die erstmals während der fünfziger Jahre entwickelten ›zellulären Automaten‹. Das Prinzip der Generation biologischer und physikalischer Systeme, schrieb damals der Wissenschaftler John von Neumann, sei oft denkbar einfach.

Architekten_**Christine Edmaier**/Berlin_Christine Edmaier, Ingo Droß

Obwohl das Regularium der Reproduktion und Transformation jeder Zelle nur wenige Gesetze für die nähere Umgebung kenne, entstünden im Lauf der Zeit komplexe Strukturen mit ästhetischen Qualitäten.

_Wie John von Neumann möchte auch Christine Edmaier gleichsam neue zelluläre Automaten produzieren. Daher macht sie für den idealtypischen Städtebau einer Kleinsiedlung lediglich drei Vorgaben. Erstens: Die Haustypen des Riegels, des Blockes und des Winkels stehen im Raster eines Schachbretts, dessen Felder 16 mal zehn Meter messen. Horizontal und vertikal wechseln die Haustypen auf dem Schachbrett von Feld zu Feld. Zweitens: Jede Parzelle hat eine Drainage. Deren Gräben laufen nie am Haus entlang und nie Seite an Seite, sind jedoch über mehrere Parzellen verbunden. Drittens: Die Grundstücke haben Terrasse, Zierrasen und Nutzgarten. Die Terrassen liegen im Süden oder Westen, jedoch nie Seite an Seite.

_Die Verknüpfung von Kolonie und Automat, von Urbanismus und Informatik schafft interaktive Parzellen. Aber: So deutlich die Software den Entwurf bestimmt, so wenig verschwindet die Planerin im Computer. Denn die Prämisse, deren Resultat sie am Ende registriert, hat sie am Anfang selbst definiert. Christine Edmaier hat diese Erfahrung für andere Entwürfe fruchtbar gemacht. Ihre Beiträge zum Wettbewerb für die Bebauung eines Kasernengeländes in Berlin-Zehlendorf 1996 sowie zum Wettbewerb ›Das städtische Haus‹ 1997 — beide Male geht es um Einzel- und Doppelhäuser und um dichtes Wohnen — zehren vom Experiment der interaktiven Parzellen. R.S.

_Für die Bebauung werden die Haustypen von Riegel, Block und Winkel vorgeschlagen. Der Riegel öffnet sich nach Süden, der Block nach Westen und Osten. Der Winkel legt sich um die nach Süden und Westen gerichtete Terrasse.

_Aus den drei baulichen Vorgaben ergeben sich für die urbane Software fünf Regeln. Von oben nach unten zeigt das erste Bild den Raster der Parzellen, das zweite Bild die Verteilung der drei Haustypen, das dritte Bild die Drainage, das vierte Bild die Terrassen sowie Zier- und Nutzgärten.

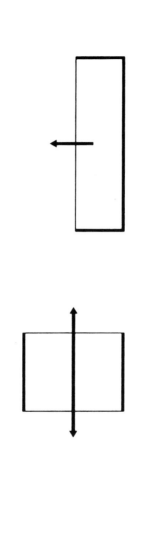

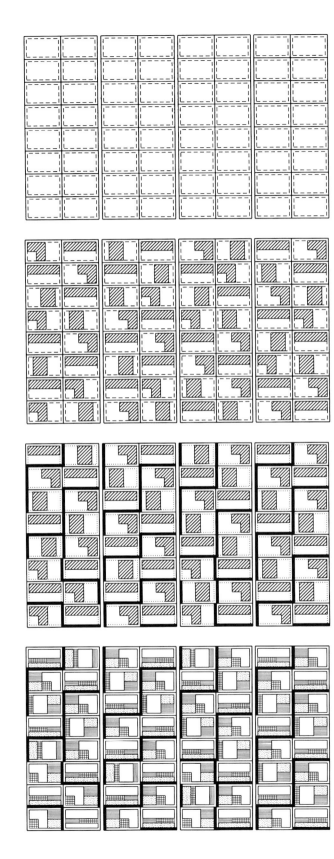

Die Fusion von Topographie mit Infrastruktur und Architektur ermöglicht die Interaktion der gewöhnlich getrennten Elemente. Die Entwürfe vereinen Stadtlandschaft und Landschaftsbau. Trotz mancher Brüche entsteht ein fließender und vielfältiger Raum.

_URBANE TOPOGRAPHIE →

Journalisten hätten vom ›schlafenden Dornröschen‹, Investoren vom ›Wohnen am Wasser‹ geschwärmt und beide dem Areal eine arkadische Perspektive versprochen. Nicht so Kerstin Bedau. Ihr Experiment teilnehmender Beobachtung und entwurflicher Veränderung des Mauerbands am Spreeufer von Friedrichshain konnte wohl nur im Rahmen eines Studiums zu solcher Reife geführt werden. Außerhalb der Hochschule hätte die Marktwirtschaft das Projekt schon früh unter lauter ›Sachzwang‹ sterben lassen.

_Zwischen der Straße der Pariser Kommune und der Warschauer Straße liegt am Spreeufer ein Landstreifen, der im Nordwesten etwa 90 und im Südosten etwa 30 Meter breit ist. Von der den Fluss begleitenden Mühlenstraße fällt das Terrain zum Wasser um zwei Meter. Hier stehen, außer ein paar Speichern und Lagern, noch über 1300 Meter Mauer. Nach dem Ende der DDR wurden ihre Betonstücke von Künstlern mit Bildern der Teilung bemalt; unter dem Namen ›East Side Gallery‹ rückte der Bau zu den touristischen Attraktionen auf. Die Aneignung und Umwandlung des Areals durch Kerstin Bedau erfolgt in vier Schritten.

_Der erste Schritt ist die Entdeckung, dass der Stadtraum, da durch den Gleiskörper der Eisenbahn von den Wohnblöcken in Friedrichshain getrennt, über die Spree nach Süden und Westen reicht und am liebsten zu einem Teil von Kreuzberg würde. Von da stoßen die Straßen im rechten Winkel auf das Ufer. Manche haben ein Pendant auf der andern Seite. Von dort nach hier und von hier nach dort würden sich Schneisen in die Tiefe des Raumes bilden, wenn nicht die Mauer noch stünde.

_Der zweite Schritt ist die Erkundung der örtlichen Geschichte. Im 19. Jahrhundert unbebaut, entstanden hier bis zum Beginn des Zweiten Weltkriegs zahlreiche Gewerbegebäude für den Güterumschlag von den Wasser- auf die Schienenwege. Bald nach dem Krieg wurde das Spreeufer Sperrgebiet; seit dem Mauerbau war es der Wahrnehmung entzogen. Zu Beginn der neunziger Jahre besetzten junge Leute das Terrain. Später machten Bulldozer ihrer Wagenburg ein Ende.

_Der dritte Schritt informiert und strukturiert das Areal. Die Kante der Mauer bleibt; doch nehmen auf dem Lageplan zahlreiche Quer- und einige Längsstriche die erwähnten räumlichen Bezüge auf. Die historischen Funktionen, die den schmalen Streifen im 20. Jahrhundert besetzt hielten, werden durch die Gestaltung in das Gedächtnis gerufen. Anders gesagt: Dichtere und höhere oder losere und niedere, künftige Bebauung rührt aus stärkeren oder schwächeren, früheren Nutzungen dieser Gelände.

_Der vierte Schritt führt aus der Fläche in die Räume. Kerstin Bedau schafft ihrer Architektur eine Typologie, die von Blöcken über Scheiben zu Wänden und von gestapelten zu gelöcherten Körpern reicht. Differente funktionale Intensität drückt sich aber nicht allein durch jeweils andere Bauformen, sondern auch durch jeweils andere Baustoffe aus. Für die Eigenschaft des Leichten etwa stehen Metall und Kiesel, für die Eigenschaft der Leere Holz und Sand.

_Die 1997 an der Technischen Universität Berlin bei den Professoren Matthias Sauerbruch und Kees Christiaanse eingereichte Diplomarbeit von Kerstin Bedau begann mit einer »Kartographie der Atmosphäre«, bei der die visuellen und historischen Spezifika auf dem Lageplan verzeichnet wurden. Im Procedere der Analogie folgte aus der alten Geschichte das neue »Geschichte«. Kein Wunder, dass im Modell die Bauten, Räume und Flächen auf dem Mauerstreifen an der Mühlenstraße so verschoben und versprungen wie Erdschichten erscheinen.

_Für den Ostbahnhof, die Gebiete um den Gleiskörper und das Spreeufer lobte die Senatsverwaltung für Stadtentwicklung und Umweltschutz 1992 einen Städtebauwettbewerb aus. Die Vorschläge der Preisträger Julia Tophof und Norbert Hemprich wurden 1994 Grundlage eines von Wulf Eichstädt verfassten Rahmenplans für das Spreeufer, den das Bezirksamt Friedrichshain bald zur sachlichen Planreife führen möchte. Demnach wird der Mauerstreifen an der Mühlenstraße geteilt. Auf dem Nord-West-Stück soll ein Stadtpark angelegt, auf dem Süd-Ost-Stück sollen Wohnbauten errichtet werden. R.S.

↑_Die urbane Topographie entsteht aus den sichtbaren räumlichen Bezügen des Ortes und aus dem losen oder dichten Charakter früherer Nutzungen des Streifens.

↓_Im Modell wird die Ganzheitlichkeit von Städte- und Landschaftsbau erkennbar. Die Abstufung voller und leerer Räume erfolgt analog zum Grad visueller und funktionaler Intensität.

_Auch die Bebauung gehorcht dieser Skala der Intensität. Die Typologie reicht von festen Körpern zu bloßen Linien, von größter Massivität zu größter Transparenz.

_Die Karte verzeichnet die Möglichkeiten der Wahrnehmungen von Passanten. Sichtbar werden die über die Spree führenden Korridore zwischen Kreuzberg im Südwesten und Friedrichshain im Nordosten.

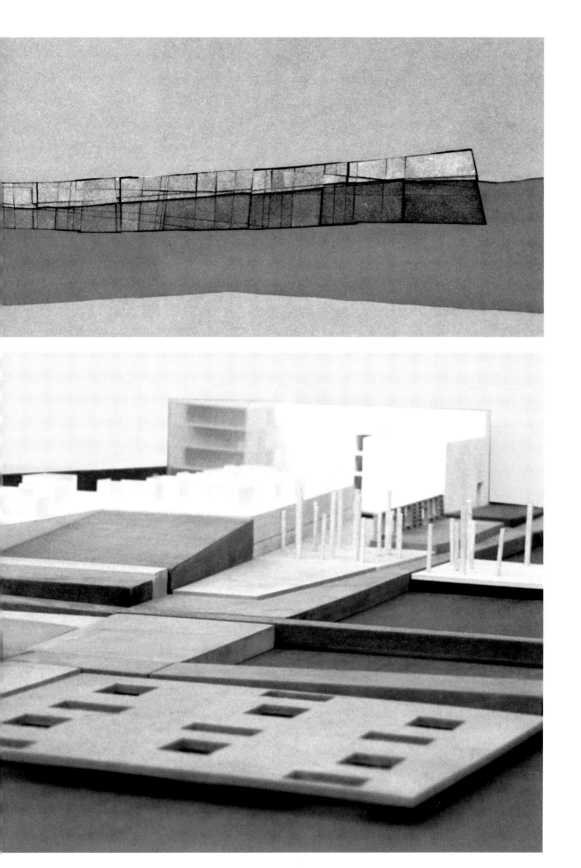

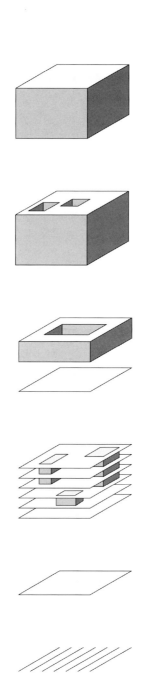

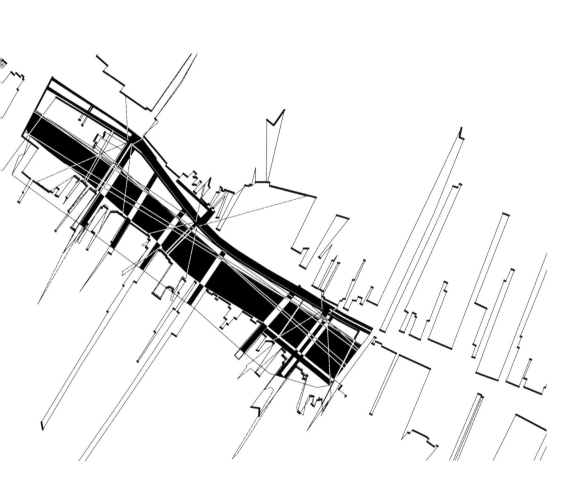

In Urbanismus und Architektur gibt es Projekte, die so einleuchten wie gefallen, weil sie einerseits das rein Utopische und das rein Pragmatische meiden, andererseits Sympathie für jene städtischen Abseiten hegen, die auf neues Leben nur zu warten scheinen. Der Zauber des Entwurfs wäre zu haben, ohne Mühe. Dennoch ist es unter den Akteuren ein offenes Geheimnis, dass er nie wahr wird. Schon gar nicht in Berlin, wo man krude Orte lieber anhält, als dass man sie aus der Reihe tanzen lässt.

_Etwa den Moritzplatz. Gebaut wurde er um 1850 nach Plänen Peter Joseph Lennés, der südöstlich der alten Mitte eine Straße mit drei Plätzen und einen Kanal mit zwei Becken zu einer kunstvollen Anlage vereinte. Der Moritzplatz ist ein Quadrat; seine Ecken stehen auf der Spitze und gehen in Straßen über. Nach dem Krieg lag er brach. Mit dem Mauerbau von 1961 verlor er den Kontakt nach Norden; mit dem Flächennutzungsplan von 1965 wäre er beinahe einer Autobahn geopfert worden. Ein Dutzend Jahre später hatte der Stillstand ein Ende. Während die jungen Maler der ›Neuen Wilden‹ die Gegend ob ihrer schmutzigen Wirklichkeit mochten, dachte die Internationale Bauausstellung (IBA) Berlin 1984/87 an ›Behutsame Stadterneuerung‹. Doch die Lücken blieben Lücken, auch nach dem Abriss der Mauer. Vor braunen Wänden machen sich heute Trödel- und Automärkte breit.

_Die Gruppe Raumlabor – eine Architektin und drei Architekten im Alter von Anfang dreißig – nimmt den Moritzplatz wie er liegt und steht. Das alte Viereck und die alten Kanten, durch Weltkrieg und Kahlschlag zerstört, sind für ihr Projekt ohne Belang. Wo andere den Mangel an Umriss beklagen, da arbeitet das Raumlabor mit dem Freiraum auf dem Schwarzplan. Man möchte keinen Neubau, der Ordnung oder Chaos stiftet. Vielmehr wird das heutige Polygon durch drei Alternativszenarien vitalisiert. Das »Feld«, der »Wald«, der »Berg«: Die neuen Räume machen den Bewohnern ein Angebot, das mit dem schlichten Vergnügen im nahen Böcklerpark und Prinzenbad konkurriert.

_Das Feld schafft Raum für Sport und Spiel. Die gesamte, waagrechte und senkrechte Oberfläche wird einheitlich befestigt, geglättet und gestrichen. Wie Schnittmuster erscheinen auf dem Platzboden und den Brandwänden farbige Linien etwa für Badminton und Minigolf. Gokartrennen und Autokino wären auf dem Asphalt möglich. Doch erst die menschliche Bewegung generiert und transformiert den Raum.

Architekten_**Raumlabor**/Berlin_Markus Bader, Erik Göngrich, Andrea Hofmann, Jan Liesegang, Christof Mayer

_Der Wald taucht das plane Terrain in lichtes Grün. Die Baumkronen reichen bis an die Traufhöhe und die Eingänge der Gebäude. Aus dem dichten Unterholz ragen Wohnhäuser wie Hochsitze. Dem Schalenbau aus Hartplastik verwandt, bilden die gut 30 Bauten auf Ständern Gruppen zu drei bis fünf. Die Kreuzung der beiden Verkehrsadern bleibt.

_Der Berg rührt aus dem Namen. Der berlinische Moritzplatz wird zum schweizerischen Sankt Moritz. Nach Verlassen der U-Bahn-Station mag der Städter auf einer Bergwiese mit Berghütte Ruhe finden. Der Hügel ist etwa 30 Meter hoch; sein Kamm zieht von den Wohnbauten im Norden zu der Baulücke im Süden. Unter dem Erdreich – 420000 Kubikmeter aus dem Kanal, der ohnehin geöffnet werden soll – rauscht der Verkehr wie durch zwei Alpentunnel. Oben mischen sich Grunewald und Tiergarten im kleinen Format. Grillen, Joggen und weitere Gelüste locken auf den neuen Kreuzberg.

_Dem Flaneur, so Walter Benjamin, werde die Großstadt »bald Landschaft, bald Stube«. Von einem solchen Lebensgefühl, das Intelligenz und Naivität verknüpft, zeugen auch die drei Vorschläge aus dem Raumlabor. Manche Darstellung der Vorhaben ähnelt Zeichnungen aus Kinderbüchern. Dabei zehrt die so romantische wie ironische Topographie auch von den Bauten und Bühnen im Lunapark am Halensee, wo bis Mitte der dreißiger Jahre der Berliner sein Vergnügen suchte.

_Die Szenarien für den Moritzplatz entstanden 1999. Markus Bader, Andrea Hofmann, Jan Liesegang, Christof Mayer und der Künstler Erik Göngrich reichten sie bei einem Verfahren ein, das den Namen ›Linie 8‹ trug. Angeregt und durchgeführt hatte diesen Wettbewerb – bei dem nach Ideen für sieben Orte in der Umgebung von Untergrundbahnhöfen einer alten Nord-Süd-Strecke gesucht werden sollte – die ›Gruppe 6 Architekten‹. Alle Bewerber mussten unter 40 Jahren sein; alle Teilnehmer mussten Gruppen bilden, in denen nicht allein Architekten, sondern auch Stadt- und Landschaftsplaner gewünscht waren.

_Heimlich hoffte man, die Bezirke würden später einige der Projekte aufgreifen. Kreuzberg aber staunte. Und sträubte sich. Zwar wolle man gemischte Nutzungen fördern, doch müsse die künftige Gestaltung des Moritzplatzes die früheren Blockränder und Traufhöhen wieder herstellen. R.S.

_Im Projekt »Wald« wird der Platz mit einer Gruppe aufgeständerter Wohnhäuser aus Hartplastik bebaut.

_Im Projekt »Feld« wird der Platz bis an die Kanten der Bauten erweitert. Das gesamte Gelände wird für Sport und Spiel farblich markiert.

_Im Projekt »Berg« wird der Platz durch eine hohe Aufschüttung verändert. Die Erdmasse stammt aus dem Luisenstädtischen Kanal und dem Engelbecken, die nach Plänen des Senats von Berlin ohnehin geöffnet werden sollen.

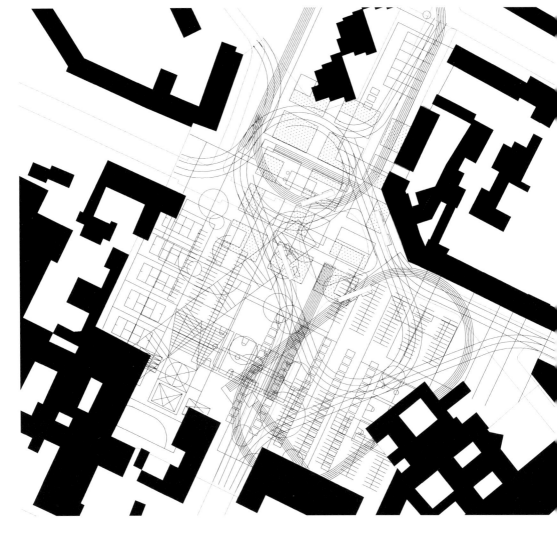

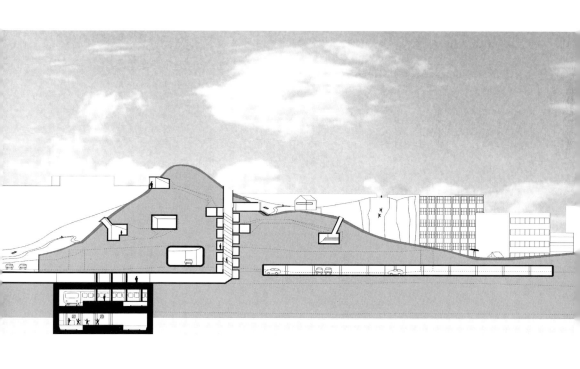

Mitte 1988 trafen sich in Madrid Vertreter aus neun west- und südeuropäischen Staaten, um nach dem Vorbild des erfolgreichen französischen ›Programme d'Architecture Nouvelle‹ einen losen Verbund von Wettbewerben zu gründen, die der Förderung junger Architekten dienen sollten. Die ersten dieser in allen neun Ländern gleichzeitigen Wettbewerbe hatten das Thema ›Entwicklung der Lebensweisen und Architektur des Wohnens‹. Schon damals wurden den Juroren 820 Arbeiten vorgelegt. Heute — nach vier weiteren Verfahren — ist ›Europan‹ ein Synonym für die Möglichkeit von Anfängern, sich in der Fachwelt einen Namen zu machen.

_Im Herbst 1988, als er kurz nach und sie kurz vor dem Diplom an der Technischen Universität Berlin stand, entschlossen sich Tim Heide und Verena von Beckerath, ›Europan‹ mit einem Architekturexperiment zu konfrontieren. Aus ihrer beider Leidenschaft für Parkhäuser — sie meinen, Zürich habe wohl die schönsten — wuchs der Wunsch, diesen Typus auch für einen anderen, besseren Gebrauch in Anspruch zu nehmen.

_Konstruktiv betrachtet, bietet der Entwurf ein Parkhaus wie aus dem Lehrbuch: zwei Rampenläufe, zwei Stützenreihen, mehr nicht. Gegeneinander und übereinander schrauben sich die Bänder der Helix nach oben. Jedes Niveau formt eine Acht; in der Mitte des Hofes spannen sich Brücken von der einen zur andern Schleife. Die schmalere Rampe dient als Fußweg, die breitere Rampe als Auf- und Abfahrt. Seitlich ihrer Spuren — zwei für die Straße, eine für die Treppe — liegen die Eingänge der Wohnungen, etwa 15 pro Geschoss mit Größen zwischen 45 und 180 Quadratmetern. Das Raster der Stützen macht tragende Wände, die Neigung der Rampen macht dienende Schächte überflüssig. Mehr noch: Beides erlaubt jeder Wohnung einen freien Grundriss.

_Das Ideal ist die Maisonette. Gleich an der Tür führt eine steile Treppe nach oben. Hinter den Stufen stehen leichte Trenn- und Klappwände. Mal verschlossen, mal geöffnet, ähnelt die Kreuzform einem nützlichen Schrankkoffer, der vom Boden zur Decke reicht. An einer der beiden Längswände bilden Küche und Bad einen Trennstreifen zum Schlafzimmer nebenan. Das Obergeschoss der Maisonette hat die Möglichkeit einer kleineren oder größeren Erweiterung. Von hier öffnet sich der Raum wie eine Garage in Richtung der Rampe mit dem Fußweg.

Architekten_ **Tim Heide und Verena von Beckerath**/Berlin

_Bei der Vorstellung, in einem Wohnhaus wie in einem Parkhaus zu leben, mögen bequeme Kritiker an eine unwirtliche Architektur, ja an eine brutale Maschine denken. In Wahrheit hat das Projekt ein großes Thema: die Kombination und Transformation suburbaner und urbaner Qualitäten. Denn Heide und von Beckerath schätzen beides, den Alltag vor der Stadt und den Alltag in der Stadt. Bekannten Raumfolgen widerfährt eine Wiederkehr in neuer Gestalt. Die ruhige Straße wird Rampe, das freundliche Haus wird Wohnung, der niedliche Schuppen wird Anbau. Abstrakter formuliert: Wie das Reihenhaus zur Kleinsiedlung verhalten sich die einzelnen Wohnungen zum gesamten Gebäude.

_Mitte der achtziger Jahre wurden Jogging und Biking, Skating und Surfing Mode. Von solcher Bewegung schwärmt das Auf und Ab der Rampen; von Mobilität schwärmt die ganze Architektur. Ob in zentraler oder peripherer Lage, der funktional avancierte Bau mit dem bruchlosen Übergang von der Straße in die Wohnung soll sich an vielen Orten behaupten können. Erst später suchten Heide und von Beckerath dem Vorhaben ein Gelände. Auf Streifzügen durch Westberlin fanden sie den »Nullraum« an der Ecke von Kurfürstenstraße und Genthiner Straße vis-à-vis der Zwölf-Apostel-Kirche. Brandwände und Parkpätze bestimmen das plane Terrain, das mit 130 Metern Länge für das Projekt besonders geeignet schien.

_Die deutsche Jury würdigte den Beitrag im Frühjahr 1989 durch einen der beiden Ersten Preise. Die Möglichkeit der Ausführung des Gebäudes bestand jedoch nicht. Zwar wollte ›Europan‹ den Gewinnern zu Aufträgen verhelfen, doch hatten die Auslober keinen Zugriff auf das Grundstück. Gleichwohl blieb der Erfolg des Entwurfs nicht ohne Einfluss auf spätere Arbeiten aus dem Büro Heide von Beckerath Alberts. Denn mit dem Thema Koffer nahm Haus Alsterblick in Hamburg, mit dem Thema Streifen nahmen zwei Wohnhäuser in Berlin Teile des prämierten Projektes auf. R.S.

↑_Konstruktiv beruht das Wohnhaus an der Kurfürstenstraße auf dem Schema der Rampen und Stützen eines normalen Parkhauses.
↓_Auf dem Grundriss sind unten die Straße und die Treppe vor dem Eingang zur Wohnung zu erkennen. Neben der Innentreppe der Maisonette sowie den Trenn- und Klappwänden liegen Küche und Toilette.

_Die Maisonettewohnungen führen im Erdgeschoss auf die Straße und im Obergeschoss auf den Fußweg.

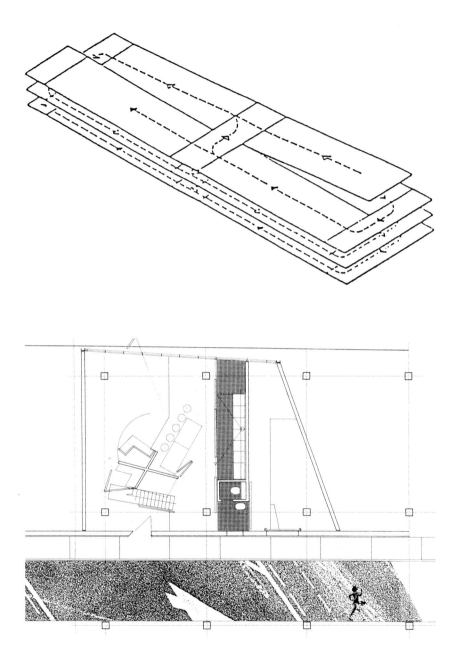

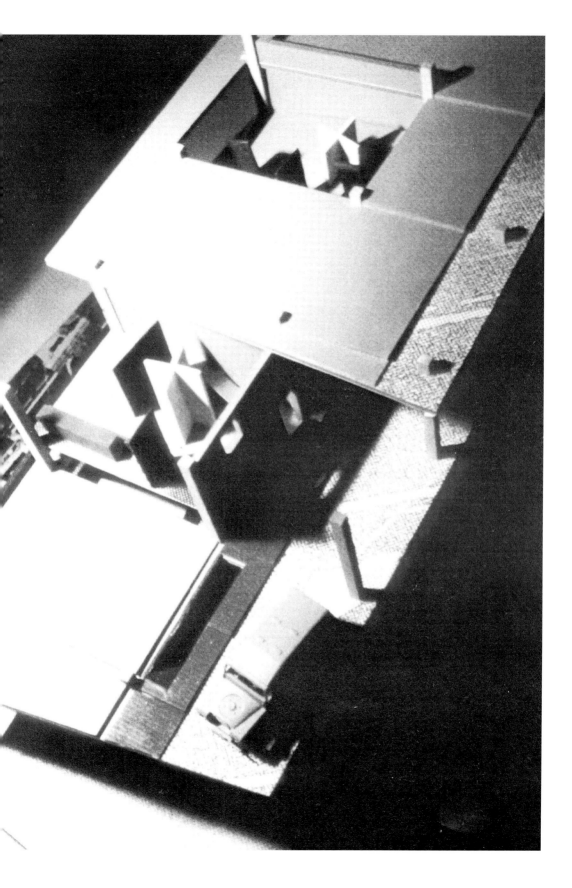

Großstädte haben die Bundesgartenschau seit je genutzt, um sich in grüne Schale zu werfen. Wenn das Ereignis im Jahr 2001 in Potsdam stattfindet, wird die Hauptstadt von Brandenburg die Aufmerksamkeit ihrer Sommergäste nicht allein auf die holländisch- und französisch-barocke Architektur, sondern auch auf den romantischen Landschaftsbau von Peter Joseph Lenné zu lenken suchen. In die malerischen Beziehungen von Blickpunkt zu Blickpunkt sollen sich die Anlagen der Ausstellung fügen. 202 Meter lang, 78 Meter breit, 11 Meter hoch, soll die Architektur der Biosphäre das Bornstedter Feld für das Reich der Potsdamer Schlösser und Gärten gewinnen.
_Doch halt. Kann man die Biosphäre nördlich der Pappelallee überhaupt ein Gebäude nennen? Was dort gebaut wird, sind nur zwei Wälle, eine Senke, ein Flachdach. Dazwischen wie darunter bleibt Freiraum, für den das Wort ›Halle‹ kaum passt. Und wer schreibt, die Biosphäre stehe auf dem Boden, täuscht sich und seine Leser. Denn in Wahrheit werden die neuen Höhenzüge fester Bestand eines Terrains, das durch zwei in mancher Hinsicht verwandte Gestalten aus Natur und Kultur – genau gesagt: die Moränen der Eiszeit und die Schießwälle der Sowjets – geprägt wurde.
_Auf dem Betonschrott der beiden Kämme liegen im Norden lange Rundhölzer und im Süden dünne Grasdecken. Getragen durch Stützen und Binder im Achsmaß von fünf Metern, schwebt das mit Reihen von Oberlichtern versehene Dach über den beiden Wällen. Die Biosphäre möchte ›Edutainment‹ bieten, eine Mischung aus Edukation und Entertainment in Sachen Natur. Flora und Fauna ferner Länder werden für den Rundgang attraktiv arrangiert. Man betritt den Neubau von Osten, läuft erst am Südwall und dann am Nordwall Richtung Westen, gelangt unter das Aquarium, kehrt um und steigt auf. Hängebrücken schwingen von Plateau zu Plateau über dem Urwald in der Senke. Von der Terrasse über dem Restaurant reicht der Blick einerseits nach Süden zum Ruinenberg des 18. und Kapellenberg des 19. Jahrhunderts, andererseits nach Norden auf das durch die Manöver der Militärs verbrauchte Gelände.
_Wo Frank Barkow und Regine Leibinger städtische Landschaften wahrnehmen, da suchen ihre Augen das Anwesende und nicht das Abwesende, das Volle und nicht das Leere. In Potsdam also schauten sie vor der Arbeit an dem Entwurf auf die Wälle und nicht auf die Fläche. Hier wie bei

Architekten_**Barkow Leibinge**r/Berlin_Frank Barkow, Regine Leibinger, Julien Monfort

anderen Projekten des jungen Büros steht und fällt die Architektur mit den geologischen Formationen des Ortes. Was immer den Laien an ein Haus denken lässt – Räume mit Wänden, Türen, Fenstern –, das versteckt die Biosphäre unter ihrem Nord- und Südwall.

_Das längliche Gebilde auf dem Bornstedter Feld bricht mit der typischen Verbindung von Gartenschau und Gewächshaus. Die Tradition des Londoner Crystal Palace von Joseph Paxton streichen Barkow und Leibinger mit roter Feder durch. Ihr ganzer Entwurf zielt auf eine andere Qualität. Sicher: Gläserne Membranen schließen und öffnen die schmalen Seiten im Osten und Westen. Aber: Das Thema der Transparenz und Transluzenz hat nur geringe Bedeutung. Wichtiger als die Durchdringung von Innen und Außen oder die Beziehung von Grundriss und Aufriss sind für die Anlage das Aufschütten und Abgraben, Einschneiden und Aushöhlen von Erdreich. Die Architektur borgt ihre Gestalt von der Land Art. Michael Heizer und seine Skulptur ›Stadt‹ – riesig lange Wälle in Nevada/USA – sind Vorbild der Biosphäre.

_Der Bau ist das Ergebnis eines Wettbewerbs von 1999. Bei der Entwicklungsträger Bornstedter Feld GmbH als dem Auslober hatten sich 103 Büros um die Teilnahme an dem Verfahren beworben. Nach einer zweiten Runde empfahl die Jury unter Vorsitz von Bernhard Winking, das Projekt der Preisträger Barkow und Leibinger zu verfolgen. Im Jahr 2001 werden die Anlage und die Umgebung Mittelpunkt der Gartenschau. Später erfolgt innen der Umbau zur Biosphäre. R.S.

_Um den Charakter der Biosphäre als einer in den Landschaftsraum integrierten Architektur zu wahren, sind alle Nebenräume unter den beiden Wällen verborgen.

260 261

_Die Ansicht des Modells von Osten zeigt die gläserne Begrenzung der Anlage. Der Raum zwischen den langgestreckten Aufschüttungen wird von den Rampen und Stegen über der Waldlandschaft bestimmt.

_Die Biosphäre Potsdam steht in räumlicher Beziehung zu den Schießwällen der Sowjets im Norden des Terrains.

262 263

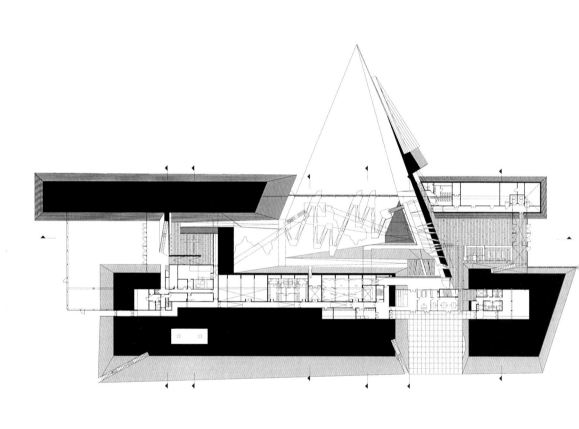

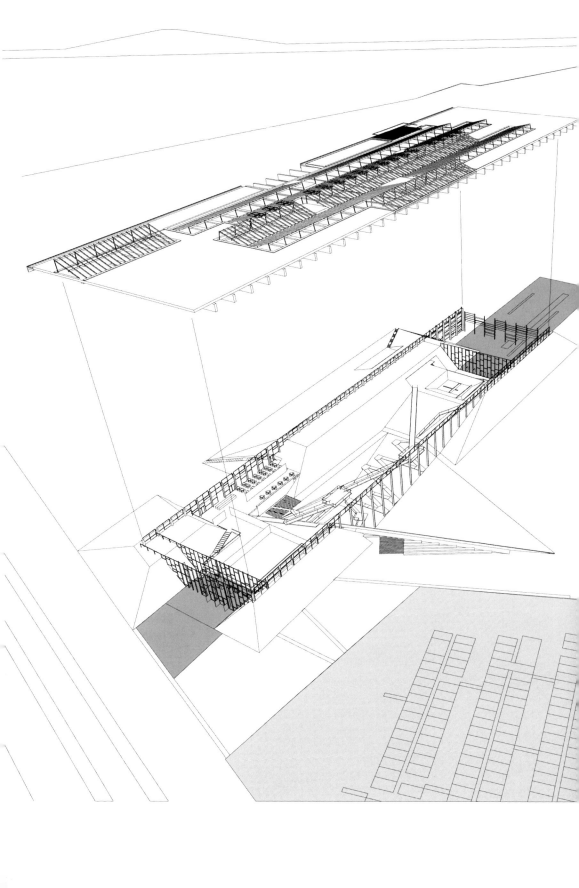

Temporäre Installationen verwandeln brachliegende Räume in Orte großer Lebendigkeit. Die Projekte operieren mit dem Recycling von Mobiliar. Leichte und schnelle Mittel erlauben die spontane Reaktion auf ökonomische und kulturelle Veränderungen. So werden diese Orte zum Treibhaus neuer Subkulturen und Lebensstile.

_TEMPORÄRER RAUM →

Seit den Bomben des Zweiten Weltkriegs ist das Vordergrundstück der Lychener Straße 60 am Prenzlauer Berg eine Brache. Zu Zeiten der DDR als Baustofflager genutzt, verwandelte nach der Wende eine Gruppe von jungen Architekten und Künstlern die Fläche erst in eine Bühne, dann in eine Bar und schließlich in ein Bad. Jede Bespielung des Vorplatzes stand in engem Zusammenhang mit den Bewohnern des Hinterhauses, die als Selbsthilfeverein das Grundstück 1992 übernommen, gekauft und in Eigenarbeit wieder hergerichtet haben. Von 1997 bis 1999 wurde jeden Sommer eine neue Gestaltung des Grundstückes verwirklicht.

_Alles begann mit der Absicht des Grünflächenamts des Bezirks Prenzlauer Berg, das Gelände an der Lychener Straße zu bepflanzen. Als Reaktion darauf lobten die Bewohner des Hauses einen offenen Wettbewerb für eine alternative Gestaltung des vorderen Grundstückes aus. Der Entwurf des Architekturstudenten Christoph Brucker – ein Stangenwald aus 50 je fünf Meter hohen Gerüstrohren im Raster von 1,3 Metern – wurde aus den Vorschlägen von Architekten, Künstlern und Nachbarn gewählt. Der Stangenwald als neutraler Raum sollte als Pionierpflanzung auf der Brache weiteres Leben nach sich ziehen.

_Die Gerüstrohre dienten jede Woche anderen Programmen. Zwischen die Stangen wurden Wäscheleinen gespannt, an die Kleidungsstücke für einen nicht kommerziellen Tauschmarkt gehängt wurden. Dann bildeten Stoffbahnen zwischen den Gerüstrohren ein Labyrinth. Gleichzeitig dienten sie der Projektion von Filmen. Die Stangen wurden auch zum Theaterraum; die Schauspieler saßen wie Zaunkönige auf den Rohren. Im Sommer gab es Aktionen, im Winter Installationen. Nach Weihnachten steckte auf jedem Gerüstrohr ein Tannenbaum.

_1998 wurde eine so genannte Raumerweiterungshalle aufgestellt. Aus einem ehemaligen Ferienlager der DDR an der Ostsee schleppten die Initiatoren des Happenings einen bis auf 17 Meter ausziehbaren Blechcontainer an. Das transportable Bauwerk wurde für einen Sommer in das gründerzeitliche Viertel am Prenzlauer Berg gepflanzt. Aus dem Freiraum an der Lychener Straße wurde ein Innenraum. Konzerte und absurdes Theater fanden in der Halle statt, die ursprünglich als Marktstand oder Umkleidekabine gedient hatte. Höhepunkt der Saison 1998 war eine Bar in einem Wohnwagen, den man in die Raumerweiterungshalle geschoben hatte.

_1999 verwandelte sich das Gelände in ein Freibad. Diese Idee entwickelten Benjamin Foerster-Baldenius und Peter Arlt. Hinter dem Bretterzaun lag der Strand. Eine Kaskade von Wasserbecken in Bauschuttcontainern diente als Schwimmbad. Auf der »Beautyfarm« gab es Gurkenmasken; hinter dem Drehkreuz wurden Gummibärchen verkauft, wie in einem echten Freibad. »Bad Ly« bot dem Kiez die Welt als Kindertraum, während die Szene am Prenzlauer Berg immer etablierter wurde.

_Trotz gelegentlicher Konflikte mit den Aufsichtsämtern — Bauen ohne Baugenehmigung, Verkauf von Lebensmitteln ohne Gewerbeschein, Betreiben eines öffentlichen Bades ohne hygienisch einwandfreie Verhältnisse — profitierte das Projekt von der Unterstützung durch das Kulturamt des Bezirks, das mehrheitlich von der PDS besetzt war. Neben der öffentlichen Förderung gab es jedoch immer auch Sponsoren, so dass die Kosten der Veranstaltungen gedeckt werden konnten. Die Künstler und Architekten, die die drei Installationen als so genanntes »Institut für angewandte Baukunst« auf die Beine gestellt haben, beschreiben ihr Konzept mit dem Motto: »Bauen ohne Rezept, die Dinge im Nachhinein erfinden«.

_Im Jahr 2000 soll der Vorplatz, wie im Bebauungsplan vorgesehen, ein Pocketpark werden. Noch ist offen, wie ein Platz geplant werden kann, der sich in seiner Idee jeder Planung entzieht. N.K.

_Der Stangenwald wurde im Sommer 1997 zum nächtlichen Bühnenraum. Die Schauspieler saßen auf den Querstücken der Stahlrohre.

_Durch Container, Plastikplanen und Bretterzaun entstand im Sommer 1999 ein Freibad.

_Im Sommer 1998 stand auf dem Grundstück eine ausziehbare Raumerweiterungshalle, darin ein Wohnwagen mit Bar.

Auf einer großen Freifläche am Spreeufer gegenüber dem Osthafen trifft sich seit 1995 im Sommer der Yaam-Klub. Ursprünglich als ›U-Klub‹ in einem Keller in Kreuzberg gestartet, sollte das Klubleben aus dem Untergrund geholt werden. Nach der Entdeckung eines fußballfeldgroßen Wassergrundstücks an der Eichenstraße in Treptow entwickelte sich die Idee, einen neuen Klub unter freiem Himmel ins Leben zu rufen.

_ Mit seinem Konglomerat unterschiedlicher Angebote und Nutzungen stieß der Klub in eine Lücke aus brach liegenden Industrieflächen, geschlossenen Jugendklubs und geringem Wasserbezug der Stadt. Der Klub findet vorwiegend an Wochenendnachmittagen statt. Neben Musik, Sport und Kinderprogrammen bietet er vor allem einen Ort zum ›Chill Out‹, also eine ruhige und entspannte Atmosphäre. Daher auch der Name »Yaam«. Er wird betont langsam ausgesprochen.

_ Der klar begrenzte Raum zwischen einer großen Industriehalle und dem Spreeufer ist zugleich Tanzfläche, Liegewiese, Spiel- und Sportfeld, Kindergarten und Volksküche. Das breit gefächerte Angebot zieht viel Publikum an: junge Familien, Ausländer, ehemalige GIs und Besucher jeden Alters. Bis zu 2000 Menschen kommen an einem Nachmittag in den Klub. Ohne Fördergelder und ohne Eigenkapital wurde das Yaam durch die Initiative der Besucher und die Öffentlichkeitsarbeit eines prominent besetzten Fördervereins zu einem szene- und schichtenübergreifenden Treffpunkt.

_ Bei der Gestaltung des Geländes wurde weniger auf einen Entwurf als vielmehr auf die schrittweise Entwicklung und Einrichtung des Areals Wert gelegt. Das Engagement des Publikums und der Einsatz vorgefundener Materialien machten eine Möblierung des Platzes auch mit kleinem Budget möglich. Mit den baurechtlichen Genehmigungen und den subtilen Eingriffen in das Gelände beschäftigten sich Wolfgang Grillitsch und Elke Knöß von peanutz Architekten. Das Notwendigste sollte mit wenig Aufwand zum Funktionieren gebracht werden.

_ Der erste Ort des Klubs war geprägt von einem Parcours über das gesamte Gelände. Bei einem Gewinnspiel konnten die Besucher zehn Stationen mit Minigolf, Skating, einem großen Puzzle und ähnlichen Vergnügen durchlaufen. Besonderer Höhepunkt war eine Seilbahn, die an zwei sechs Meter hohen Pylonen befestigt und 70 Meter lang über den Boden gespannt war.

Initiatoren_**Kult e. V.**/Berlin
Architekten_**peanutz**/Berlin_Wolfgang Grillitsch, Elke Knöß

_1997 musste das Yaam für zwei Saisons ein paar 100 Meter flussabwärts auf ein neues Gelände an der Cuvrystraße in Kreuzberg ausweichen. Die Fläche war zwar viel größer, aber quer und nicht längs zur Spree gelegen. Auf dem neuen Grundstück standen drei Hallen zur Verfügung, in die Markt, Musik und Gastronomie einzogen. Die Hallen wurden ein wenig adaptiert, Schallschleusen eingebaut und Sitzstufen vor die Eingänge montiert. Der spektakulärste Eingriff folgte der Idee, einen Strand an der Spree aufzuschütten. Das Gelände wurde dem Klub von einem Immobilienfonds zur Verfügung gestellt, der sich davon eine erhöhte öffentliche Aufmerksamkeit für das später zum Verkauf stehende Areal versprach.

_1999 kehrte der Klub auf sein ursprüngliches Gelände in Treptow zurück. Obwohl das temporäre Kultivieren einer Industriebrache zum Konzept gehört, hofft man nun darauf, nicht mehr länger wie ein Zirkus wandern zu müssen. Doch der Pachtvertrag ist auf zwei Jahre befristet. Der nächste Umzug des Yaam steht bevor. N.K.

↑←_In der Mitte des Treptower Geländes stand ein alter Doppeldecker. Über dem Grundstück lief eine 70 Meter lange Seilbahn. Der Klub feierte einen »Trip to Jamaica«.

↑→_Am Kreuzberger Spreeufer wurde Sand aufgeschüttet. Der Klub bot seinen Gästen einen Strand mitten in der Stadt.

↓_Die Anlagen für Sport und Spiel verteilten sich frei auf dem Landstreifen am Treptower Spreeufer. Das Gelände wurde vor allem mit vorgefundenem Material gestaltet.

↑_Vor den Kreuzberger Brandwänden stand eine Skateboardbahn. In der großen Lagerhalle dahinter gab es Platz für Veranstaltungen mit bis zu 1500 Zuschauern.

↓_Das Kreuzberger Gelände des Klubs wurde einerseits von hohen Brandwänden, andererseits von einer flachen Lagerhalle bestimmt. Gegenüber der Lagerhalle lagen Marktstände.

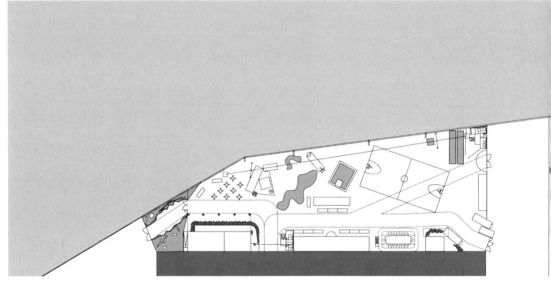

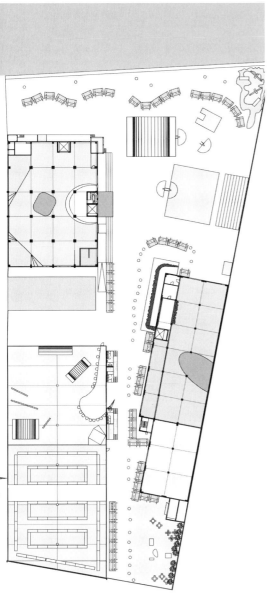

Für viele Berliner Klubs der neunziger Jahre war ihr Ort zugleich Programm, und ihr Name war Ausdruck einer auf kurze Zeit angelegten Zwischennutzung von Ruinen und Läden: ›Obst und Gemüse‹, ›E-Werk‹ und ›Frisör‹ heißen die bekanntesten Treffs. Auch das ›WMF‹ leitet seinen Namen aus einem existenten Ort, dem Haus der Württembergischen Metallwaren Fabrik in Berlin-Mitte, ab. Als Klub und Forum für elektronische Musik operiert das WMF seit zehn Jahren nach dem nomadischen Prinzip. Das Konzept der Zwischennutzung aber blieb gleich: Räume ohne Strom, Heizung und Wasser, die anders nicht nutzbar sind, werden bei geringer Miete und kurzfristigen Verträgen zu Klubräumen umfunktioniert. Das WMF bestand an seinen bisher fünf Orten immer aus zwei Räumen von ungefähr 200 Quadratmetern mit unterschiedlicher Atmosphäre. Dancefloor und Lounge, laut und leise, körperlich und kommunikativ.

_Besetzt wurde das Gebäude an der Ecke von Leipziger Straße und Mauerstraße 1990, im ›rechtsfreien‹ Raum der Wendezeit. Zuerst wurde das Dachgeschoss als Probe- und Partyraum benutzt. Nach dem Rückzug der Firmen aus den unteren Stockwerken wurde das Haus von oben nach unten eingenommen. Im Keller wurde der erste Klub eingerichtet und mit dort vorgefundenen originalen Prospekten der Württembergischen Metallwaren Fabrik tapeziert. Das Gebäude und seine Geschichte waren der Ausgangspunkt für die Arbeiten von Konzeptkünstlern, die unter anderem ehemalige Arbeiterinnen der WMF zu einem Gespräch luden.

_Von den Eigentumsansprüchen des Unternehmens vertrieben, zog der Klub 1992 aus. Für ein Jahr fand er in den alten, öffentlichen Toilettenanlagen unter dem ehemaligen Todesstreifen am Leipziger und Potsdamer Platz eine neue Bleibe. In einer Art Stadtarchäologie wurde dieser Ort entdeckt. Hinter zwei Treppen verbargen sich die aus Gründen der Sicherheit gefluteten Räume, die mit Tauchpumpen geleert wurden. Die Oberlichter der gekachelten Anlagen wurden entfernt, die Räume mit zu öffnenden Dächern versehen, so dass man im Sommer im Untergrund unter freiem Himmel feiern konnte. Zur Tarnung wurden zwei Container über die Eingänge gestellt und von unten aufgeschnitten. Das Prinzip des Recycling von Orten spiegelte sich auch in der Möblierung wider. Stahlteile der umliegenden Baustellen wurden zu neuen Objekten verarbeitet.

Künstler_ **Art Club 2000**/New York und **Fred Rubin**/Berlin
Initiatoren_ **Gerriet Schultz, Tom Prielop, Martin Dobbeck**/Berlin

_Auf dem Todesstreifen operierte das WMF in einer skurrilen Zwischenlage, da das früher von der Nationalen Volksarmee der DDR genutzte Gelände seit der Vereinigung dem Bundesgrenzschutz unterstand und die Berliner Polizei hier keine Hoheitsrechte besaß. Der illegale Klub konnte also nicht geräumt werden. Erst als das Gewerbeamt einschritt, musste der Klub die Türen wieder schließen.

_Der Umzug des WMF in die Burgstraße am Hackeschen Markt ging 1994 mit einem neuen Klubkonzept einher. Aus den illegalen Treffs wurde eine GmbH, die das gemietete Gebäude als »Schankgastronomie mit der besonderen Betriebseigentümlichkeit regelmäßiger Tanz-veranstaltungen« nutzte. Durch einen Bauantrag und ein Schallschutzgutachten gesichert, konnte man das Haus einrichten. In diesem Fall generierte nicht der Ort eine neue Idee, sondern das WMF als Idee fand einen neuen Ort.

_Der Art Club 2000, eine international tätige Künstlergruppe aus New York, gestaltete die Wände der Klubräume. Der Berliner Künstler Fred Rubin hingegen interpretierte das Prinzip des Recycling neu. Zur Zeit heftiger Diskussion um die Rekonstruktion des Berliner Stadtschlosses baute Rubin Teile des Interieurs und der Dekoration aus dem Palast der Republik aus. Die Bar aus dem ›Spreebowling‹ im Untergeschoss des Palastes wurde in den Klubräumen installiert. Inzwischen war auch das Klubkonzept ausgereift. Die Betreiber des WMF – Gerriet Schultz, Tom Prielop, Martin Dobbeck – gründeten ein Plattenlabel und eine Veranstaltungsagentur.

_Nach dem nächsten Umzug 1997 hatte das WMF seine Räume im ehemaligen Gästehaus des Ministerrats der DDR an der Johannisstraße. Das Strandgut der Wendezeit, vorgefundenes Meublement mit Furnier und Resopal, wurde durch Stücke aus geräumten amerikanischen Kasernen ergänzt. Die Möbel der ehemaligen ›Klassenfeinde‹ fügten sich zur gemütlichen Sitzecke. Auf alten Überwachungsmonitoren liefen die Getränkekarte, Hinweise auf Veranstaltungen und künstlerische Videos. Jetzt soll das Gebäude zu einem Media- und Businesscenter umgebaut werden. Im Sommer 2000 eröffnet das WMF an einem neuen Ort im Bezirk Mitte. N.K.

_Die ersten Treffen des Klubs fanden im Keller des Gebäudes der Württembergischen Metall-waren Fabrik (WMF) statt.

↑_Das dritte Domizil des Klubs lag im Keller eines Altbaus an der Burgstraße.
↓_Die Wände der Klubräume an der Burgstraße wurden von der New Yorker Künstlergruppe Art Club 2000 gestaltet.

↑_Die Klubräume an der Johannisstraße lebten von der Ästhetik des Interior Design der DDR. Furnier, Resopal und sechs alte Monitore be-stimmten den Raum hinter dem Eingang.
↓_Die Lounge, die Bar und alle übrigen Räume des Klubs an der Johannisstraße wurden mit Material und Möbeln aus dem ›Spreehotel‹ am Märkischen Museum gestaltet.

↑_Im Domizil an der Johannisstraße gab es, wie an den früheren Standorten des Klubs, einen großen Dancefloor.
↓_Auch die Bar des Klubs in der Johannisstraße stand ursprünglich im ›Spreehotel‹.

Die ehemals ›volkseigene‹ Kaufhalle an der Chausseestraße im Bezirk Mitte wurde 1998 und 1999 zur privaten Kunsthalle. Ihr Betreiber, der Kunstverein INIT, hatte sich 1997 gegründet. Anlass zur Nutzung der Halle war das Angebot des Grundstücksbesitzers, den Bau bis zu seinem Abriss ohne jede Miete zur Verfügung zu stellen.

_ Die Initiatoren Alex Schröder und Thilo Wermke, beide selber Galeristen, wollten mit der Kunsthalle ein Bindeglied zwischen den jungen Galerien und den etablierten Museen von Berlin schaffen. Die Einrichtung sollte jenen Künstlern ein Forum bieten, die einerseits schon Einfluss auf die jungen Künstler haben und andererseits noch nicht mit Arbeiten in den großen Institutionen vertreten sind. Im ersten Jahr wurden in der Halle vier Einzelausstellungen von Heimo Zobernig, Isa Genzken, Albert Oehlen und Martha Rosler gezeigt. Im zweiten Jahr folgte eine Gruppenausstellung.

_ Die Verwandlung eines alten Supermarkts in einen Ausstellungsraum hatte keinen direkten Einfluss auf Konzept und Programm der Kunsthalle. Im Vordergrund stand vielmehr die Gelegenheit, für den Kunstverein einen weitläufigen, zusammenhängenden Raum zu bekommen. Die eingeschossige, etwa 1000 Quadratmeter große Halle wurde von außen nicht verändert. Im Innenraum wurde eher ausgerichtet als eingerichtet. Die Halle wurde leer geräumt, die Wände wurden gesäubert, die Neonlampen erneuert. Die Fleisch- und Käsetheke verschwand hinter einer leichten Trennwand. Nur die Kabine des Marktleiters blieb als Objekt im sonst freien Raum stehen.

_ Neben der großen Halle wurde ein kleiner Raum zu einer Bar umgebaut. Im Kontrast mit der von weißem Neonlicht durchstrahlten Halle sollte die Bar das Flair einer Westentasche bekommen. Als Schnittstelle zwischen Halle und Bar wurde am Eingang ein Pult aufgestellt. Weit weg von der Ästhetik des Berliner ›trash‹, installierten die Architekten Frank Böhm, Theo Härtner und Wilfried Kühn ein Ensemble von Möbeln, die mit dunklem Holz laminiert und mit schwarzem Lack veredelt waren. Die Bar wurde durchgehend und unabhängig von der Kunsthalle betrieben, verband sich jedoch vor allem bei Vernissagen mit der Halle. Sonst nur vom Hinterhof zu erreichen, bot die Bar einen klaren Kontrast zum übrigen Gebäude.

_ Die Nebenräume der Kunsthalle waren auch Schauplatz von Arbeiten des Künstlers Daniel Pflumm, der hier mit ausrangierten Flughafenmöbeln und Videoscreens eine Mischung aus Klub

Initiatoren_**INIT Initiative zur Förderung zeitg. Kunst der 80er und 90er Jahre e. V.**/Berlin
Architekten_**Internat Architekten**/Wien und Mailand_Frank Böhm, Theo Härtner, Wilfried Kühn

und Lounge arrangierte. Elektronische Musik, Visuals und Raum verschmolzen durch den Eingriff zu einer ganzheitlichen Atmosphäre. 1999 wurde die Kunsthalle geschlossen, weil die Vorbereitung für die Neubebauung des Areals begann. Der Kunstverein INIT führt seine Tätigkeit seither ohne eigene Adresse fort. N.K.

_Die Kaufhalle an der Westseite der Chaussee-
straße wurde zur Kunsthalle umgebaut. In einem
Nebenraum entstand eine schmale Bar.

↑_1998 fand in der Kunsthalle eine Ausstellung
mit Werken der amerikanischen Künstlerin
Martha Rosler statt.
↓_Im selben Jahr nahm die leer geräumte
Kunsthalle eine Ausstellung mit Arbeiten von Isa
Genzken auf.

_Das Äußere der Kaufhalle, einschließlich des
Metalldekors, blieb unberührt. Die Eingriffe im
Inneren beschränkten sich auf die Schaffung
eines freien Raumes.

_Die Gestaltung der Bar bildete, vor allem durch
das Holz, einen starken Kontrast zum durchwegs
industriellen Material der Architektur der Halle.
An der Wand hängt der Leuchtkasten ›Panasonic‹
von Daniel Pflumm.

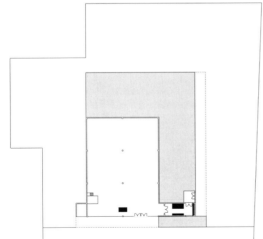

Die Vervielfachung von Elementen führt zu produktivem Wettbewerb untereinander. Das Einzelne muss nicht mehr jedes Bedürfnis durch ein Mittelmaß erfüllen. So kann jedes Element spezifisch werden. Aus der neuen Vielfalt wählt der Nutzer den seinem Befinden und seinen Ansprüchen gemäßen Raum.

Mitte der neunziger Jahre waren bei der Pixelpark Multimedia GmbH etwa 50 Storyboarder, Graphikdesigner und Programmierer beschäftigt. 1994 zog das noch junge Unternehmen in ein Gewerbegebäude aus den siebziger Jahren. Der Bau, für den das Wort Architektur ein Ehrenname wäre, liegt in der Nähe des großen westlichen Spreebogens. Dieses Areal in Moabit hat eine Tradition industrieller Innovationen. Aus dem dritten, von der Agentur genutzten Obergeschoss des Hauses im Block zwischen Huttenstraße und Kaiserin-Augusta-Allee sieht man nach Norden auf die AEG-Turbinen-Halle von Peter Behrens und nach Süden auf das Produktionstechnische Zentrum der Technischen Universität Berlin.

_Mit 30 Metern Breite, 27 Metern Tiefe, fünf Metern Höhe und acht Stützen bot sich das Stockwerk für schlichte Büros im Raster an. Wolfram Popp aber mied solche Sturheit und schuf den Werbeleuten freie Formen. Er baute flexible Strukturen, die jedem Nutzer so viel Ordnung und Chaos geben, wie er mag. Je nach Ansicht konvex oder konkav, stehen auf den 811 Quadratmetern des Pixelparks an der Nord- und Südseite je vier zum Teil gläserne, zum Teil hölzerne, raumhohe Rundwände. Westlich von einem »Propeller« aus drei milchigen Glastafeln, östlich von einer »Spirale« für den Empfangsbereich begleitet, steht in der Mitte das »Aquarium« mit dem »Surfbrett«.

_Propeller, Spirale, Aquarium, Surfbrett? Popp liebt die Möglichkeit der Bewegung. Die Flügel des Propellers bilden kleine Räume für das Gespräch unter vier Augen. Die Krümmung der Spirale nimmt die Biegung gleich hinter dem Eingang auf. Schon vor dem Empfang setzt der runde Schalter eine deutliche Fermate im Raum. Von hier aus schweift der Blick. Links und rechts wogen die Wände. Dazwischen liegt das Aquarium mit seinen Stahlrohren und Glastafeln von je zwei Metern Breite und 3,4 Metern Höhe. Die Scheiben changieren von Weiß nach Grau und Grün, lassen sich um die Stützen drehen und zu einem Kasten schließen. Meistens aber bleiben die Teile der Hülle offen. Wie Paravents umstehen sie eine Ellipse aus Erlenholz; in der Mitte steht ein schöner langer Tisch. Hier ist der Ort für den Kontakt mit dem Kunden. Multimediale Präsentationen können innen auf alle Geräte verzichten, da die Tafeln an den Seiten auch für die Projektion von außen taugen.

_Während der Tagesarbeit sitzen die Werbeleute in den sechs ›Konchen‹ nördlich und südlich der Mitte. Popp nennt die durch Pendeltüren lose verbundenen, so schwingenden wie schillernden Gebilde »Blubs«. Die von ihm erdachte Konstruktion aus liegendem Brettschichtholz und stehendem Glasfaltwerk ist frei von jener Haltung, die das Detail zum Fetisch macht. Aber: Die Blubs tragen sich selbst. Jede dieser Nischen hat acht Lagen Bretter, die – ohne Absicht – auch wie Regale fungieren. Die siebte Blase umhüllt einen weißen Kasten, der die Toiletten, die Teeküche und oben zwei kleine Räume für geschlossene Besprechungen enthält.

_Im Lauf der neunziger Jahre wurden in Berlin Tausende von Büroräumen mit einer Gesamtfläche von 7,5 Millionen Quadratmetern neu gebaut. Doch verliebt in die äußere, steinerne Erscheinung der Gebäude, hat es die Hauptstadt versäumt, von Investoren und Developern bessere funktionale, technologische und ökologische Bürostandards zu fordern. Was immer unter Stichworten wie ›lean office‹ und ›desk sharing‹ diskutiert wurde, wurde in Berlin von Politikern und Architekten kaum wahrgenommen.

_So bildet der Pixelpark, mit einer Handvoll anderer Gebäude, eine seltene Ausnahme. Popp spricht von der »phenomenal transparency« eines Colin Rowe; die Verschneidung und Durchdringung lasse dem Nutzer die Wahl, Räume zugleich als geöffnet und geschlossen, zugleich als Einheit und Zweiheit zu erfahren. Allerdings hat die auf solche Transparenz zielende Gestaltung der Etage auch mit dem Bemühen zu tun, neuen Arbeitsweisen die Möglichkeit der Entfaltung zu geben. Der Pixelpark meidet nicht allein die Monotonie von Zellen- und Gruppen-, sondern auch die Dualität von Kombibüros. Statt solcher Lösungen bietet er verschiedene Umgebungen zur Multiplikation der Kreativität.

_Je nach Bedürfnis und Tätigkeit wechselt man den Ort. Die Blubs dienen dem täglichen Arbeiten am Schreibtisch, die Propeller und der weiße Kasten dem Rückzug in das entspannte Nachdenken. Das Aquarium aber verdankt seine zentrale Position seiner Aufgabe, der Kommunikation von Auftraggeber und Auftragnehmer. Für das Gespräch mit dem Kunden offeriert die Agentur ein Tischbrett wie ein Surfboard. Doch ein Surfboard ist mehr als ein Tischbrett. Es ist das Symbol einer ganzen Kultur. R.S.

_Pixelpark residiert auf einer Etage in Moabit. Der Grundriss des Einraums bietet verschiedene Umgebungen. Je nach Art der Arbeit wechselt man den Ort.

↑_In den »Blubs« findet die Tagesarbeit statt. Für die Konstruktion aus Glas und Holz erhielt Popp Gebrauchsmusterschutz.
↓_Das »Aquarium« mit dem »Surfboard« bildet die Mitte der Etage. Die Hülle erlaubt zahlreiche räumliche Teilungen. Vorn rechts ist ein Teil der »Spirale« zu erkennen.

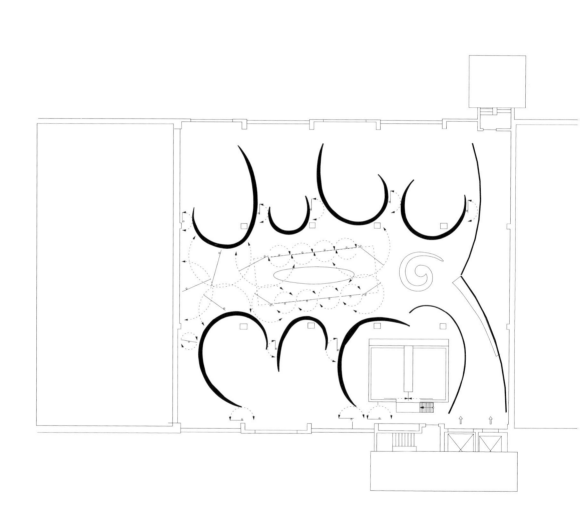

In den frühen neunziger Jahren zeigte die christdemokratisch geführte Senatsverwaltung für Stadtentwicklung und Umweltschutz in Sachen innovativer urbanistischer und architektonischer Konzepte weit größere Offenheit als die sozialdemokratisch geführte Senatsverwaltung für Bau- und Wohnungswesen. Im ›Stadtforum‹ etwa, das Senator Volker Hassemer im Frühjahr 1991 gegründet hatte, wurden in rascher Folge alle für die städtische Entwicklung wichtigen Themen und Terrains kontrovers diskutiert. Noch im selben Jahr gab das Stadtforum sechs Gruppen von Urbanisten, Architekten und Designern den Auftrag, so etwas wie ein »großes Ganzes« zu entwerfen und zu beschreiben. Berlin, erklärte Hassemer, brauche eine »Idee von sich selbst«, auch wenn die Stadt »nicht neu erfunden werden« müsse.

_Damals schlug Christoph Langhof vor, südlich von Berlin eine riesige Gartenstadt zu bauen. Die Grenzen dieses urbanen Korridors sollten ein Stück westlich von Ludwigsfelde und ein Stück östlich von Mittenwalde liegen; im Norden sollte »Delta« an die Autobahn reichen. Das etwa 25 Kilometer lange Raumband hätte die existenten kommunalen Strukturen verknüpft, hätte bis nach Leipzig und Dresden wie ein Magnet gewirkt. Leicht hätten die Einwohner der Gartenstadt all die Verkehrswege nutzen können, die seinerzeit – man denke nur an den Großflughafen ›Berlin International‹ – geplant wurden. Delta sollte binnen einer Dekade zu einem räumlichen Gefüge mit kleineren Einheiten avancierter Industrien wachsen; die Seen im Westen und Osten des Areals sollten durch schiffbare Kanäle verbunden werden.

_So groß der Plan auch scheinen mochte, bei der Gründung von Delta hätten die Länder Berlin und Brandenburg auf Vorbilder der Geschichte verweisen können: so auf die Berliner Friedrichstadt des späten 17. und das Potsdamer Holländische Viertel des frühen 18. Jahrhunderts oder auf jene Gartenstadt, die der Baugesellschafter Johann Anton Wilhelm Carstenn im 19. Jahrhundert zwischen Berlin und Potsdam aus dem Boden stampfen wollte.

_Das Projekt Delta hätte West und Ost einander näher rücken lassen. Für das Bundesland Berlin hätte sich die Möglichkeit ergeben, einerseits den damals vorhandenen ungeheuren Druck der Investoren und Developer auf die Mitte zu mildern, andererseits dem deutlichen Beharrungs-vermögen im Westen und Osten der Hauptstadt durch ein gemeinsames Unterfangen die Stirn zu bieten. Für das Bundesland Brandenburg hätte Delta eine in jeder Hinsicht stärkere Entwicklung bedeutet. In der jungen Gartenstadt erzielte Gewinne sollten nämlich von mancher Steuer befreit werden, wenn sie am Ort selbst oder in der an Mecklenburg-Vorpommern grenzenden, ärmeren nördlichen Region investiert worden wären.

_Delta war kein Masterplan; Delta war eine Stadtidee. Sie konnte nur in jenem Klima reifen, das Berlin für eine Weile Wachstumsschübe ohnegleichen versprach. Es war die kurze Spanne zwischen Mitte 1991 und Mitte 1993, nachdem der Deutsche Bundestag entschieden hatte, mit Regierung und Parlament nach Berlin zu ziehen, und bevor das Internationale Olympische Komitee beschlossen hatte, die Bewerbung der deutschen Hauptstadt um die Sommerspiele 2000 zu verwerfen.

_Von Delta bleibt das Ideal einer offenen und fruchtbaren Konkurrenz – denn Stadt und Land geben und nehmen – sowie das Ideal autonomer Regulierung urbaner Prozesse. Staatliche Instanzen sollen lediglich eine Richtung weisen, sollen weitere bauliche Entwicklung anregen. Drei Jahre nach dem Manifest mit Namen Delta, beim Wettbewerb um die Gestaltung der Mitte von Biesdorf Süd 1994, setzte Langhof mit seinem Modell »Eigentumsstädtebau« ganz auf die Steuerung städtischer Belange auf der Grundlage privater Interessen.

_Übrigens, wer heute über die Dörfer von Ludwigsfelde nach Mittenwalde fährt, sieht aus dem Auto die Geburt einer ›Zwischenstadt‹, wo längst eine Gartenstadt wachsen könnte. R.S.

_Die Gartenstadt »Delta« liegt wie ein breiter urbaner Korridor südlich von Berlin. Die Collage suggeriert ein Terrain für Romantiker und Pioniere. Delta soll Testfeld anderer Lebens- und Arbeitsweisen sein.

_Die Dreiheit von Westberlin, Ostberlin und Delta wird als eine fruchtbare Konkurrenz konzipiert.

DELTA ist eine Gartenstadt mit Kanälen, Flüssen und Seen.

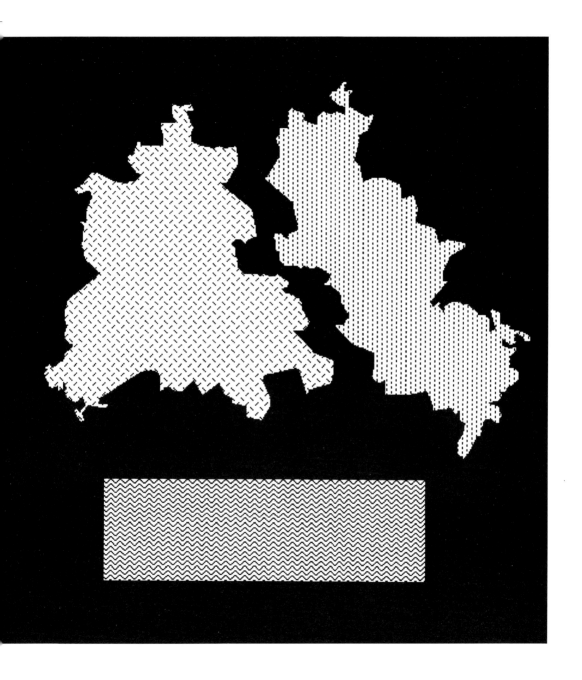

_ANHANG

LITERATUR_STUDIE
_URBANISMUS
_Aicher, Otl: Verplante Planungen, in: ulm, Zeitschrift der Hochschule für Gestaltung, 17/18/1967, S. 3 ff.
_Arch+, 117/1993, Thema: Rem Koolhaas. Die Entfaltung der Architektur
_Arch+, 132/1996, Thema: Rem Koolhaas. Texte und Projekte 1993–1996
_Beck, Ulrich: Die Erfindung des Politischen, Frankfurt am Main 1993
_Beck, Ulrich u.a.: Reflexive Modernisierung. Eine Kontroverse, Frankfurt am Main 1996
_Bois, Yve-Alain und Krauss, Rosalind E.: Formless. A User's Guide, New York 1997
_Giddens, Anthony: Konsequenzen der Moderne, Frankfurt am Main 1995
_Harvey, David: The Condition of Postmodernity, Cambridge/Mass. 1990
_Hubacher, Simon: Weak Urbanism, in: Daidalos 72/1999, S. 10 ff.
_Lévi-Strauss, Claude: Das wilde Denken, Frankfurt am Main 1968
_Simmel, Georg: Die Großstädte und das Geistesleben, in ders.: Das Individuum und die Freiheit, Berlin 1984, S. 192 ff.

_BERLIN ALLGEMEIN
_Baumeister Architekten Stadtplaner. Biographien zur baulichen Entwicklung Berlins, hg. v. Wolfgang Ribbe und Wolfgang Schäche, Berlin 1987
_Die Bauwerke und Kunstdenkmäler von Berlin. Bezirk Kreuzberg. Karten und Pläne, hg. v. Landeskonservator, Berlin 1980
_Berlin Handbuch. Das Lexikon der Bundeshauptstadt, Berlin 1992
_Berlin in Bewegung. Literarischer Spaziergang. 1. Bd.: Die Berliner, 2. Bd.: Die Stadt, hg. v. Klaus Strohmeyer, Reinbek bei Hamburg 1987
_Berlin (Ost) und sein Umland, hg. v. Alfred Zimm, Darmstadt 1990
_Geschichte Berlins. 1. Bd.: Von der Frühgeschichte bis zur Industrialisierung, 2. Bd.: Von der Märzrevolution bis zur Gegenwart, hg. v. Wolfgang Ribbe, München 1987
_Historischer Handatlas von Brandenburg und Berlin, hg. v. der Historischen Kommission zu Berlin, Berlin 1962 ff.
_Hofmeister, Burkhard: Berlin (West). Eine geographische Strukturanalyse der zwölf westlichen Bezirke, Darmstadt 1990
_Hüter, Karl-Heinz: Architektur in Berlin 1900–1933, Dresden 1988
_Leyden, Friedrich: Groß-Berlin. Geographie der Weltstadt, Berlin 1995
_Martin Mächler – Weltstadt Berlin, Schriften und Materialien, hg. v. Ilse Balg, Berlin 1986
_Pitz, Helge u. a.: Berlin-W. Geschichte und Schicksal einer Stadtmitte, 2 Bde, Berlin 1984
_Ribbe, Wolfgang und Schmädeke, Jürgen: Kleine Berlin-Geschichte, Berlin 1988
_Richie, Alexandra: Faust's Metropolis. A History of Berlin, London 1998
_Reuther, Hans: Die große Zerstörung Berlins. Zweihundert Jahre Stadtbaugeschichte, Frankfurt am Main und Berlin 1985

_Scheffler, Karl: Berlin – Ein Stadtschicksal, Nachdruck der Erstausgabe von 1910, Berlin 1989
_Schinz, Alfred: Berlin. Stadtschicksal und Städtebau, Braunschweig u. a. 1964
_Schulz, Günther: Die ältesten Stadtpläne Berlins, 1652 bis 1757, Weinheim 1986
_Schulz, Günther: Stadtpläne von Berlin 1652 bis 1920, Berlin 1998
_Stadt der Architektur, Architektur der Stadt, Berlin 1900–2000, Katalog der Ausstellung im Neuen Museum Berlin, hg. v. Thorsten Scheer u. a., Berlin 2000
_Statistisches Jahrbuch Berlin, hg. v. Statistischen Landesamt Berlin, Berlin 1959 ff.
_Topographischer Atlas Berlin, hg. v. der Senatsverwaltung für Bau- und Wohnungswesen Abteilung Vermessungswesen Berlin
_Wenders, Wim: The Act of Seeing. Essays, Reden und Gespräche, Frankfurt am Main 1992
_750 Jahre Architektur und Städtebau in Berlin. Die Internationale Bauausstellung im Kontext der Baugeschichte Berlins, hg. v. Josef Paul Kleihues, Stuttgart 1987

_KONGLOMERAT
_Aust, Bruno: Innere Stadt. Alter der Gebäude 1992/93. Erläuterungstext zum Kartenwerk, hg. v. der Senatsverwaltung für Stadtentwicklung und Umweltschutz Berlin, Berlin 1994
_Beck, Ulrich: Die offene Stadt, in: Süddeutsche Zeitung, 2./3. Juli 1994
_Beck, Ulrich: Risiko Stadt – Architektur in der reflexiven Moderne, in: Risiko Stadt, hg. v. Ullrich Schwarz, Hamburg 1995, S. 32 ff.
_Buttlar, Adrian von: Der Landschaftsgarten. Gartenkunst des Klassizismus und der Romantik, Köln 1989
_Deleuze, Gilles und Guattari, Félix: Tausend Plateaus, Berlin 1992
_Döblin, Alfred: Berlin Alexanderplatz. Die Geschichte von Franz Biberkopf, Berlin 1929
_Eco, Umberto: Das offene Kunstwerk, Frankfurt am Main 1973
_Koolhaas, Rem: La splendeur terrifiante du XXe siècle, in: L'Architecture d'aujourd'hui, 238/1985, S. 15 ff.
_Kracauer, Siegfried: Aus dem Fenster gesehen, in ders.: Straßen in Berlin und anderswo, Frankfurt am Main 1964
_Lévi-Strauss, Claude: Das wilde Denken, Frankfurt am Main 1968
_Planwerk Innenstadt Berlin. Ein erster Entwurf, Berlin Stadtentwicklung Bd. 4, hg. v. der Senatsverwaltung für Stadtentwicklung, Umweltschutz und Technologie Berlin, Berlin 1997
_Planwerk Innenstadt Berlin. Ergebnis, Prozeß, Sektorale Planungen und Werkstätten, Berlin Stadtentwicklung Bd. 25, hg. v. der Senatsverwaltung für Stadtentwicklung, Umweltschutz und Technologie Berlin, Berlin 1999
_Roters, Eberhard: Collage und Montage, in: Tendenzen der Zwanziger Jahre, Katalog der 15. Europäischen Kunstausstellung Berlin 1977, Berlin 1977, S. 3/30 ff.
_Simmel, Georg: Die Großstädte und das Geistesleben, in ders.: Das Individuum und die Freiheit. Essais, Berlin 1984, S. 192 ff.
_Stadtidee und Stadtgestalt. Beispiel Berlin, 7 Aufsätze, Berlin 1976

_ZERSTÖRUNG

_Bargeld, Blixa: Stimme frißt Feuer, Berlin 1988
_Baumgarth, Christa: Geschichte des Futurismus, Reinbek bei Hamburg 1966
_Bergius, Hanne: Das Lachen Dadas. Die Berliner Dadaisten und ihre Aktionen, Gießen 1993
_Berlin im Abriss. Beispiel Potsdamer Platz, hg. v. Janos Frecot und Helmut Geisert, Berlin 1981
_Berlin 1945. Eine Dokumentation, hg. v. Reinhard Rürup, Berlin 1995
_Berlino — Berlin. 1940, 1953, 1989, 2000, 2010. Physiognomie einer Großstadt, hg. v. Hans Stimmann, Genf und Mailand 2000
_Bloom, Harold: Eine Topographie des Fehllesens, Frankfurt am Main 1997
_Bodenschatz, Harald: Stadterneuerung in Berlin, in: Stadtentwicklung Berlins nach 1945, ISR Diskussionsbeiträge 17, Berlin 1985
_Bodenschatz, Harald: Platz frei für das Neue Berlin! Geschichte der Stadterneuerung seit 1871, Berlin 1987
_Bodenschatz, Harald: Berlin im Abriss. Bauten und Räume der Nachkriegsmoderne, in: Architektur in Berlin, Jahrbuch 2000, hg. v. der Architektenkammer Berlin, Hamburg und Dresden 2000, S. 50 ff.
_Buruma, Ian: Die kapitale Schnauze, Berlin — Selbstzerstörung und wiederkehrende Selbsterzeugung, in: Lettre International, Winter 1998, S. 36 ff.
_Davis, Mike: Berlin's Skeleton in Utah's Closet, in: Grandstreet 69, Sommer 1999, S. 91 ff.
_Hoffmann, Andreas: Verschwundene Orte. Prominente Abrisse in Berlin, Berlin o. J. (1998)
_Hoffmann-Axthelm, Dieter und Scarpa, Ludovica: Berliner Mauern und Durchbrüche, Berlin 1987
_Krieg — Zerstörung — Aufbau. Architektur und Stadtplanung 1940–1960, Katalog der Ausstellung der Akademie der Künste Berlin, Berlin 1995
_Maeck, Klaus: Hoer mit Schmerzen. Einstürzende Neubauten 1980–1996, Berlin 1996
_Reichhardt, Hans J. und Schäche, Wolfgang: Von Berlin nach Germania. Über die Zerstörungen der Reichshauptstadt durch Albert Speers Neugestaltungsplanungen, Berlin 1998
_Schumpeter, Joseph: Kapitalismus, Sozialismus und Demokratie, München 1950
_Siedler, Wolf Jobst: Phoenix im Sand. Glanz und Elend der Hauptstadt, Berlin 1998

_LEERE

_Ballard, J. G.: Concrete Island, London 1974
_Bloch, Ernst: Erbschaft dieser Zeit, Zürich 1935
_Doron, Gil M.: The Dead Zone and the architecture of transgression, in: archis, 4/2000, S. 48 ff.
_Libeskind, Daniel: Kein Ort an seiner Stelle. Schriften zur Architektur. Visionen für Berlin, Dresden und Basel 1995
_O.M.A., Koolhaas, Rem und Mau, Bruce: S,M,L,XL, Rotterdam 1995
_Raum Zeit Stille, Katalog des Kölnischen Kunstvereins 1985, hg. v. Wulf Herzogenrath, Köln 1985
_Schulte, Christoph: Zimzum in European Philosophy, in: Jewish Studies in a new Europe, hg. v. Ulf Haxen u. a., Kopenhagen 1998
_Shusterman, Richard: Ästhetik der Abwesenheit. Der Wert der Leere, Pragmatische Überlegungen zu Berlin, in: Lettre International, Winter 1998, S. 30 ff.

_Solà-Morales Rubió, Ignasi de: Terrain Vague, in: Anyplace, hg. v. Cynthia Davidson, Cambridge/Mass. 1995, S. 118 ff.
_Welzk, Stefan: Der todsichere Boom, in: Kursbuch 137/1999, S. 179 ff.
_Wenders, Wim: The Act of Seeing. Essays, Reden und Gespräche, Frankfurt am Main 1992
_Wohnbauflächenentwicklung Berlin. Baulücken und untergenutzte Grundstücke für den Wohnungsbau, Berlin Stadtentwicklung Bd. 6, hg. v. der Senatsverwaltung für Stadtentwicklung, Umweltschutz und Technologie Berlin, Berlin 1997

_TEMPORÄRES

_Arlt, Peter: Gewöhnliche Orte. Verortungen eines Zugewanderten, Berlin 1997
_Bauwelt, 28/1999, Thema: Zwischenzeit
_Benkert, Almut u. a.: Berlin. Now. 50 Projekte junger Kultur, Berlin 1999
_Die bewegte Stadt. Berlin am Ende der Neunziger, hg. v. Thomas Krüger, Berlin o. J. (1998)
_Bey, Hakim: T.A.Z. Die Temporäre Autonome Zone, Berlin und Amsterdam 1994
_Children of Berlin. Voices, Katalog der Ausstellung des P.S.1 New York, Berlin 1999
_Everyday Urbanism, hg. v. John Case u. a., New York 1999
_Henkel, Oliva und Wolff, Karsten: Berlin Underground. Techno und HipHop zwischen Mythos und Ausverkauf, Berlin 1996
_Localizer 1.0. the techno house book, hg. v. Die Gestalten Berlin und Chromapark e.V. Robert Klanten, Berlin 1995
_Wahjudi, Claudia: Metroloops. Berliner Kulturentwürfe, Berlin 1999
_Wahjudi, Claudia: Subkultur auf der Flucht, in: zitty, Illustrierte Stadtzeitung, 10/2000, S. 16 ff.

_KOLLISION

_Aengevelt Research: City Report Region Berlin-Potsdam, V/1995/1996, o. O. 1995
_Aengevelt Research: City Report Region Berlin-Potsdam, IX/1999/2000, o. O. 1999
_Berlin Handbuch. Das Lexikon der Bundeshauptstadt, Berlin 1992, hierin die Artikel ›Eisenbahn‹, ›Friedhöfe‹, ›Gasversorgung‹, ›Krankenhäuser‹, ›Scheunenviertel‹, ›Stadterweiterung‹
_Biehl, Jody K.: Der Angriff der Shopping Malls, in: zitty, Illustrierte Stadtzeitung, 22/1999, S. 14 ff.
_Escher, Felix: Berlin und sein Umland, Berlin 1985
_Freizeit und Entertainment in Berlin, hg. v. der Senatsverwaltung für Stadtentwicklung, Umweltschutz und Technologie Berlin, Berlin 1998
_Garreau, Joel: Edge City. Life on the New Frontier, New York 1991
_Geist, Johann Friedrich und Kürvers, Klaus: Das Berliner Mietshaus 1740–1862, München 1980
_Häußermann, Hartmut: Von der Stadt im Sozialismus zur Stadt im Kapitalismus, in: Stadtentwicklung in Ostdeutschland, hg. v. Hartmut Häußermann und Reiner Neef, Opladen 1996
_Hoffmann-Axthelm, Dieter und Scarpa, Ludovica: Berliner Mauern und Durchbrüche, Berlin 1987
_Kostof, Spiro: Die Anatomie der Stadt. Geschichte städtischer Strukturen, Frankfurt am Main 1993

_Leenhardt, Jacques: Eine Ästhetik des Randgebietes, in: Die Großstadt als Text, hg. v. Manfred Smuda, München 1992
_Meinke, Dieter: Grenze, in: Handwörterbuch der Raumordnung und Raumforschung, Hannover 1970, S. 1065 ff.
_Saalman, Howard: Medieval Cities, New York 1968
_Die städtebauliche Entwicklung Berlins seit 1650 in Karten, hg. v. der Senatsverwaltung für Stadtentwicklung und Umweltschutz Berlin, Berlin 1992

_DOPPELUNG

_Bader, Frido J. Walter: Berlin – Geteilte Stadt, doppelte Stadt?, in: Die Erde, 118/1987, S. 253 ff.
_Deleuze, Gilles: Michel Tournier und die Welt ohne anderen, in: ders., Logik des Sinns, Frankfurt am Main 1993
_Elkins, Thomas Henry und Hofmeister, Burkhard: The Spatial Structure of a Divided City, London und New York 1988
_Geografische Rundschau, 9/1985, Thema: Geteilte Städte
_Harris, Chauncy D. und Ullman, Edward: The Nature of Cities, in: The Annals of the American Academy, 1945, S. 7 ff.
_Hofmeister, Burkhard: Die Siedlungsentwicklung Groß-Berlins, in: Siedlungsforschung. Archäologie – Geschichte – Geographie 1, Bonn 1983, S. 39 ff.
_Lévi-Strauss, Claude: Die elementaren Strukturen der Verwandschafdt, Frankfurt am Main 1993
_Metzger, Karl-Heinz und Dunker, Ulrich: Der Kurfürstendamm. Leben und Mythos des Boulevards in 100 Jahren deutscher Geschichte, Berlin 1986
_Rumberg, Dirk: Neue Rathäuser in den Vororten Berlins an der Wende vom 19. zum 20. Jahrhundert, in: Berlin-Forschungen IV, hg. v. Wolfgang Ribbe, Berlin 1989, S. 105 ff.
_Schwartz, Hillel: Culture of the Copy, New York 1997
_Seger, Martin: Strukturelemente der Stadt Teheran und das Modell der modernen orientalischen Stadt, in: Erdkunde, 29/1975, S. 29 ff.
_Ungers, Oswald Mathias u. a.: Stadt in der Stadt, Köln und Ithaca/NY 1977

_SIMULATION

_Arch +, 122/1994, Thema: Von Berlin nach Neuteutonia
_Bartetzko, Dieter: Illusionen in Stein. Stimmungsarchitektur im deutschen Faschismus. Ihre Vorgeschichte in Theater- und Film-Bauten, Reinbek bei Hamburg 1985
_Baudrillard, Jean: Die Simulation, in: Wege aus der Moderne. Schlüsseltexte der Postmoderne-Diskussion, hg. v. Wolfgang Welsch, Weinheim 1988
_Berlin und seine Bauten, Teil VI: Sakralbauten, hg. v. Architekten- und Ingenieur-Verein zu Berlin, Berlin 1997
_Flierl, Bruno: Gebaute DDR. Über Stadtplaner, Architekten und die Macht. Kritische Reflexionen 1990–1997, Berlin 1998
_Geist, Johann Friedrich und Kürvers, Klaus: Das Berliner Mietshaus 1862–1945, München 1984
_Groys, Boris: Die gebaute Ideologie, in: Tyrannei des Schönen. Architektur der Stalinzeit, hg. v. Peter Noever, München 1994
_Hoffmann, Godehard: Architektur für die Nation? Der Reichstag und die Staatsbauten des Deutschen Kaiserreichs 1871–1918, Köln 2000

_Klingenburg, Karl-Heinz: Der Berliner Dom. Bauten, Ideen und Projekte vom 15. Jahrhundert bis zur Gegenwart, Berlin 1987
_Neue Berlinische Architektur. Eine Debatte, hg. v. Annegret Burg, Basel u. a. 1994
_Oswalt, Philipp: Berlin. Stadt des 20. Jahrhunderts, in: Berlin/Berlin, Katalog der ersten Berlin Biennale, hg. v. Miriam Wiesel, Ostfildern 1998, S. 12 ff.
_Plessner, Helmuth: Die verspätete Nation. Über die politische Verführbarkeit bürgerlichen Geistes, Frankfurt am Main 1974
_Reichel, Peter: Der schöne Schein des Dritten Reiches. Faszination und Gewalt des Faschismus, München/Wien 1991
_Schönberger, Angela: Die neue Reichskanzlei von Albert Speer, Berlin 1981
_Speicher, Stephan: Der Reichstag. Ort deutscher Geschichte, Berlin 1995

_MASSE

_Aengevelt Research: Private Immobilien IV. Der Markt für Ein- bis Zweifamilienhäuser und Eigentumswohnungen Region Berlin-Potsdam 1998/99, Berlin u. a. 1998
_Bauwelt, 12/2000, Thema: New Urbanism
_Bodenschatz, Harald: Platz frei für das Neue Berlin! Geschichte der Stadterneuerung seit 1871, Berlin 1987
_Eigenheimstandort Berlin, hg. v. der Berliner Landesentwicklungsgesellschaft mbH, Berlin 1995
_Geschichte des Wohnens, Bd. 5: 1945 bis heute, hg. v. Ingeborg Flagge, Stuttgart 1999
_Gessner, Albert: Das deutsche Mietshaus, München 1909
_Großsiedlungen. Montagebau in Berlin (Ost). Bestandsaufnahme und Bewertung der industriell errichteten Wohngebäude, Städtebau und Architektur Bericht 8, hg. v. der Senatsverwaltung für Bau- und Wohnungswesen Berlin, Berlin 1992
_Handbuch des Wohnungswesens und der Wohnungsfrage, hg. v. Rudolf Eberstadt, Jena 1920
_Hannemann, Christine: Die Platte. Industrialisierter Wohnungsbau in der DDR, Berlin 2000
_Hayes, Brian: Zelluläre Automaten, in: Spektrum der Wissenschaft, 6/1984, S. 6 ff.
_Mahler, Erhard: Kleingärten, in: Berlin und seine Bauten, Teil XI: Gartenwesen, hg. v. Architekten- und Ingenieur-Verein zu Berlin, Berlin u. a. 1972, S. 218 ff.
_Markt + Fakten. Marktbericht der Deutschen Immobilienpartner Nr. 10, o.O. 1998
_Stein, Hartwig: Inseln im Häusermeer. Eine Kulturgeschichte des deutschen Kleingartenwesens bis zum Ende des Zweiten Weltkriegs, Frankfurt am Main 1998
_test Spezial, Thema: Fertighäuser, hg. v. der Stiftung Warentest, Berlin 2000
_Weber, Olaf und Zimmermann, Gerd: Lauben und Datschen, in: form + zweck, 6/1987, S. 41 ff.
_Wohnen in Berlin. 100 Jahre Wohnungsbau in Berlin, hg. v. der Arbeitsgemeinschaft der Berliner Wohnungsbaugesellschaften, Berlin 1999
_Wohnparkführer Berlin-Brandenburg 5, hg. v. der Spree-Presse- und PR-Büro GmbH, Berlin 1999
_Wright, Frank Lloyd: The Disappearing City, New York 1932

_STOFFWECHSEL

_Berliner Umweltatlas. Erste Gesamtberliner Ausgabe, hg. v. der Senatsverwaltung für Stadtentwicklung und Umweltschutz Berlin, Bd. 3, Berlin 1996

_Bois, Yve-Alain und Krauss, Rosalind E.: Formless. A User's Guide, New York 1997
_Braunkohletagebau und Rekultivierung, hg. v. Wolfram Pflug, Berlin 1998
_Bruchstücke. Trümmerbahn und Trümmerfrauen, hg. v. Angela M. Arnold, Berlin 1999
_Fichtner, Volkmar: Die anthropogen bedingte Umwandlung des Reliefs durch Trümmeraufschüttung in Berlin (West) seit 1945, Abhandlungen des Geographischen Instituts der Freien Universität Berlin, Bd. 21, Berlin 1973
_Hobrecht, James: Die Canalization von Berlin. Im Auftrage des Magistrats der Königl. Haupt- und Residenzstadt Berlin entworfen und ausgeführt von James Hobrecht, Berlin 1884
_Hoffmann-Axthelm, Dieter: Die Herrschaft der Logistik. Das Logistikzentrum für den Potsdamer Platz, in: Arch +, 122/1994, S. 35 ff.
_Köhler, Eva: Rüdersdorf. Die Kalkhauptstadt am Rande Berlins, Berlin 1994
_Morgenstern, Winfried u. a.: Berliner Berg-Touren, Berlin 1993
_Müll von gestern? Eine umweltgeschichtliche Erkundung in Berlin und Umgebung 1880–1945, hg. v. Susanne Köstering und Renate Rüb, Berlin 1993
_Smithson, Robert: The Collected Writings, New York 1979
_Stadtökologie. Das Beispiel Berlin, hg. v. Herbert Sukopp, Berlin 1990
_Der Stoff, aus dem Berlin gemacht ist. Entdeckungs-reisen zu den Industriedenkmalen Brandenburgs, hg. v. der Deutschen Gesellschaft und dem Kreuzberg Museum, Berlin 1994
_Werner, Frank: Ballungsraum Berlin, Beiträge und Materialien zur Regionalen Geographie, Heft 4, Berlin 1990
_Wiederurbarmachung, Rekultivierung, Sanierung im Lausitzer Revier, hg. v. der Bergbausanierung und Land-schaftsgestaltung Brandenburg GmbH, Senftenberg 1999

LITERATUR/REGISTER_PROJEKTE
_**Alberts/Heide/Sassenroth** → S. 216 bis S. 221
_Schule Curtiusstraße, in: bilden. Tim Heide Verena von Beckerath, Katalog der Ausstellung der Galerie Aedes West Berlin, Berlin 1996
_Meyer, Ulf: Pause auf dem Dach, in: Der Tagesspiegel, 30. Juni 1998

_**Augustin/Frank** → S. 222 bis S. 227
_Geipel, Kaye: Haus in zwei Hälften, in: Bauwelt, 19/1998, S. 1020 ff.
_Käpplinger, Claus: Die Kunst der Fuge, in: Der Tagesspiegel, 14. August 1999

_**Barkow/Leibinger** → S. 258 bis S. 263
_Paul, Jochen: Biosphäre Potsdam, in: Bauwelt, 22/1999, S. 1199
_Cultivating the Landscape. Zwei Hallen Zwei Landschaften. Barkow Leibinger Architekten, Katalog der Ausstellung der Galerie Aedes West Berlin, Berlin 1999

_**B + B** → S. 170 bis S. 173
_Schröder, Thies: Hellersdorfer Graben, in: Garten + Landschaft, 1/1995, S. 23 ff.

_Hellersdorfer Graben, in: Ideen für Berlin. Städtebauliche und landschaftsplanerische Wettbewerbe von 1991 bis 1995, Berlin 1996, S. 92 f.

_**Beigel** → S. 230 bis S. 235
_Beigel, Florian und Christou, Philip: epic landscapes, in: new landscapes, new territories, Katalog der Ausstellung des Museu d'Art Contemporani de Barcelona, Barcelona 1997, S. 188 ff.
_Meyer, Ulf: Stadtlandschaft Lichterfelde Süd, in: Bauwelt, 26/1998, S. 1480 f.
_Entwicklung eines neuen Wohnquartiers in Lichterfelde Süd Berlin, in: wettbewerbe aktuell, 9/1998, S. 31 ff.
_Beigel, Florian und Christou, Philip: Time architecture. Stadtlandschaft Lichterfelde Süd Berlin, in: arq, architectural research quarterly, 3/1999, S. 202 ff.

_**Berger/Parkkinen** → S. 206 bis S. 211
_Jaeger, Falk: Das grüne Band der Sympathie, in: Der Tagesspiegel, 11. Oktober 1999
_Tietz, Jürgen: Landschafts-Architektur, in: Bauwelt, 42/1999, S. 2324 ff.
_Krause, Jan R.: Nordische Kombination, in: AIT, Architektur Innenarchitektur Technischer Ausbau, 12/1999, S. 45 ff.
_Botschaften der Nordischen Staaten Berlin, in: wettbewerbe aktuell, 1/2000, S. 99 ff.
_Davey, Peter: Dissecting the Diplomatic, in: The Architectural Review, 3/2000, S. 38 ff.

_**Bolles/Wilson** → S. 186 bis S. 189
_Forum auf dem Wasser, in: Das Schloß? Entwürfe zur Mitte Berlins, Katalog der Ausstellung der Galerie Aedes West Berlin, Berlin 1993

_**Brenner** → S. 164 bis S. 169
_Brenner, Klaus Theo: Heterotope Marzahn, in: Ideenwerkstatt Marzahn, Städtebau und Architektur Bericht 25, Berlin 1994, S. 20 ff.
_Brenner, Klaus Theo: Heterotope. Eine Urbanisierungs-strategie, Berlin 1995

_**Grüntuch/Ernst** → S. 212 bis S. 215
_Architekten Grüntuch/Ernst. Berliner Projekte 1992–1995, Wiesbaden 1996

_**Heide/von Beckerath** → S. 254 bis S. 257
_Straße und Heim, in: Europan. Prämierte Projekte 1989, o.O. o.J., S. 52 ff.
_Straßenhaus, in: bilden. Tim Heide, Verena von Beckerath, Katalog der Ausstellung der Galerie Aedes West Berlin, Berlin 1996

_**INIT** → S. 284 bis S. 289
_Hood, Robert: Sophisticcato, in: Bauwelt, 28/1999, S. 1560 f.

_**Langhof** → S. 154 bis S.157 und → S. 296 bis S. 299
_Langhof, Christoph: Gartenstadt Delta, in: Stadtidee Stadtforum, Katalog der Ausstellung der Senats-verwaltung für Stadtentwicklung und Umweltschutz Berlin, Berlin 1992
_Bahnhofsbereich Friedrichstraße, in: Ideen für Berlin. Städtebauliche und landschaftsplanerische Wettbewerbe von 1991 bis 1995, Berlin 1996, S. 48

_Langhof, Katalog der Ausstellung der Galerie Aedes East Berlin, Berlin 1998

_Léon/Wohlhage/Wernik → S. 158 bis S. 161
_Hilde Léon + Konrad Wohlhage. Bauten und Projekte 1987–1997, Basel u. a. 1997
_Krause, Jan R.: Innovative Zitrone, in: Intelligente Architektur, 8/1997, S. 29 ff.
_Stegers, Rudolf: Riegel, Linse, Mauer, in: Architektur in Berlin, Jahrbuch 1997, Hamburg 1997, S. 90 ff.

_Libeskind → S. 148 bis S. 153
_Alexanderplatz. Städtebaulicher Ideenwettbewerb, hg. v. Verein Entwicklungsgemeinschaft Alexanderplatz, Berlin 1994
_Libeskind, Daniel: Kein Ort an seiner Stelle. Schriften zur Architektur. Visionen für Berlin, Dresden und Basel 1995
_Alexanderplatz Project, in: el croquis, 80/1996, S. 86 ff.

_Lychener Straße 60 → S. 268 bis S. 273
_Tillmanns, Julika: Ein leerer Platz ist Bühne für absurdes Theater, in: Berliner Zeitung, 19. Dezember 1998

_MVRDV → S. 130 bis S. 135
_Berlin Voids, in: el croquis, 86/1997, S. 44 ff.
_MVRDV: Farmax. Excursions on Density, Rotterdam 1998

_O.M.A. → S. 140 bis S. 145
_Die Niederländische Botschaft in Berlin, Katalog der Ausstellung der Galerie Aedes East Berlin, Berlin 1998
_Niederländische Botschaft in Berlin, in: Arch+, 143/1998, S. 66 ff.

_Popp → S. 136 bis S. 139 und → S. 292 bis S. 295
_Popp, Wolfram: Schwünge, Pendel und Propeller, in: Office Design, 2/1995, S. 46 ff.
_Hoetzel, Dagmar: Das Estradenhaus, in: Bauwelt, 31/1998, S. 1726 ff.
_Hoffmann, Hans Wolfgang: Die Befreiung des Höhlenmenschen, in: Berliner Zeitung, 20. März 1999
_Corsten, Volker: Schade, flexibles Arbeiten ist unerwünscht, in: Frankfurter Allgemeine, Berliner Ausgabe, 9. Juni 2000

_Reidemeister/Glässel → S. 126 bis S. 129
_Andreas Reidemeister, Stadtkonzepte für Berlin. Mit einer Einführung von Julius Posener, Katalog der Ausstellung der Galerie Aedes Berlin, Berlin 1988

_Reitermann/Sassenroth → S. 190 bis S. 193
_Wagemann, Jutta: Kirche aus Lehm heilt alte Wunden, in: die tageszeitung, Berliner Ausgabe, 12. August 1998
_Wendland, Johannes: Versöhnung im Todesstreifen, in: Deutsches Allgemeines Sonntagsblatt, 15. Januar 1999
_Berliner Mauer. Gedenkstätte, Dokumentationszentrum und Versöhnungskapelle in der Bernauer Straße, Berlin 1999
_Richter, Manfred: Neubau einer Kapelle der Versöhnung, in: Kunst und Kirche, 1/2000, S. 44 f.

_Rubin → S. 194 bis S. 199
_Kohlenberg, Kerstin: Eine Bar ist eine Bar ist eine Bar, in: die tageszeitung, Berliner Ausgabe, 21. Oktober 1999

_Sauerbruch/Hutton → S. 174 bis S. 179
_sauerbruch hutton. projekte 1990–1996, Basel u. a. 1996
_Stadtmitte Marzahn, in: Arch+, 147/1999, S. 32 f.

_WMF → S. 278 bis S. 283
_Schultz, Gerriet: Ten years at it and still having fun, in: Children of Berlin. Voices, Katalog der Ausstellung des P.S.1 New York, Berlin 1999, S. 66 ff.
_Beanfield: Enchanting Sights, in: Bauwelt, 28/1999, S. 1566 f.
_Bunz, Mercedes: Die Berliner Clubszene als Rächer des Resopals, in: Frankfurter Allgemeine, Berliner Ausgabe, 15. Februar 2000
_Ehlert, Stefan: Ein Laden für den Höllensommer, in: Berliner Zeitung, 22. Mai 2000

_Yaam → S. 274 bis S. 277
_Wild, Holger: Neue Nischen braucht die Szene, in: Die Welt, 24. Juni 1997
_Erhard, Vanessa: Yaam wieder ohne Gelände, in: die tageszeitung, Berliner Ausgabe, 29. Juli 1998
_Dobberke, Cay: Für die Karibik ist in Kreuzberg kein Platz, in: Der Tagesspiegel, 4. August 1998

BILDNACHWEIS
_KARTEN
_S. 1 Geomorphologie, aus: Historischer Handatlas von Brandenburg und Berlin, Lieferung 28, Berlin 1969
_S. 2 Land Charte des Churfürstenthums Brandenburg, um 1720, Landesarchiv Berlin, Kartenabteilung, Sign.: A 2179
_S. 3 +Berlin+Plan.Geometral.De.Berlin.E.Des.Environs.1685+, Landesarchiv Berlin, Kartenabteilung, Sign.: A 22
_S. 4 Plan von Berlin nebst denen umliegenden Gegenden im Jahr 1802, Landesarchiv Berlin, Kartenabteilung, Sign.: A 371
_S. 5 Topographische Karte der Umgegend von Berlin, um 1870, Landesarchiv Berlin, Kartenabteilung, Sign.: Acc. 2197,2
_S. 6 Projectirte Schmuck: u. Grenzzüge v. Berlin mit nächster Umgegend, 1840, Stiftung Preußische Schlösser und Gärten Berlin-Brandenburg, P. J. Lenné Plan 282, Inventar 3820
_S. 7 Plan von Berlin und Umgegend bis Charlottenburg, 1862, Landesarchiv Berlin, Kartenabteilung, Sign.: Acc. 3142,3
_S. 8 Plan der Gleisanlagen in und um Berlin, 1904, Landesarchiv Berlin, Kartenabteilung, Sign.: Acc 3899,261
_S. 9 Freiflächenschema Stadtgemeinde Berlin und umgebende Zone, 1929, Stiftung Archiv der Akademie der Künste, Sammlung Baukunst, Martin Wagner WV9

_S. 10 Generalbebauungsplan für die Reichshauptstadt, 1942, Landesarchiv Berlin, Kartenabteilung, Sign.: Pr. Br. Rep. 107 (Karten) GBl 227
_S. 11 Kriegsschäden, 1945, Landesarchiv Berlin, Kartenabteilung, Sign.: Acc. 543
_S. 12 Strukturplan des Raumes Berlin, 1946, Stiftung Archiv der Akademie der Künste, Sammlung Baukunst, Hans Scharoun WV 162, F 33
_S. 13 Vier-Sektoren-Karte, um 1965, Landesarchiv Berlin, Kartenabteilung, Sign.: Acc. 1053,3
_S. 14 Karte der Betonwerke, Großsiedlungen und Sanierungsgebiete
_S. 15 Planwerk Innenstadt Berlin, Ein erster Entwurf, 1997, Senatsverwaltung für Stadtentwicklung, Umweltschutz und Technologie Berlin
_Die Karten auf den Seiten 1, 2, 4, 5, 9, 10, 11, 12 und 15 sind im Ausschnitt dargestellt.

_LUFTBILDER
_S. 22/23: Abraumhalde am südwestlichen Stadtrand
_S. 24/25: Autobahndreieck Funkturm mit ICC
_S. 46/47: Tiergarten von Südwesten
_S. 70/71: Friedrichstadt mit Leipziger Straße
_S. 98/99: Alexanderplatz
_S. 122/123: Karl-Marx-Allee am Frankfurter Tor
_S. 200/201: Biesdorfer Kreuz
_S. 203/204: Kolonie Mahlsdorf Nord
_S. 264/265: Nördliches Marzahn
_S. 300/301: Neubausiedlung am nordöstlichen Stadtrand
_Fotos: Philipp Oswalt

_STUDIE/KONZEPTBILDER
_S. 26: Berliner Billardspieler, Foto: Christoph Petras
_S. 38: Indonesisches Glasnudelgericht von Tiong Budiarto, Foto: Christoph Petras
_S. 48: Caravaggio, Judith und Holofernes, Ausschnitt, Sammlung Vincenzo Coppi, Rom
_S. 58: Garten des Ryoanjitempels in Kyoto, Foto: Fabian Knebel
_S. 64: Fluchttunnel zwischen Ost- und Westberlin, aus: Brennpunkt deutscher Geschichte, Berlin (DDR) 1965
_S. 72: Überschwemmung in Yuba City/Kalifornien, 1955, Foto: American Red Cross, Chicago
_S. 80: Zwillinge Ritta und Cristina, aus: Georg M. Gould und Walter Pyle, Anomalies and Curiosities of Medicine, 1896
_S. 88: C. Hénault, Maskenpaar, Zaire 1973, aus: I. Hahner-Herzog u. a., Afrikanische Masken, München 1997
_S. 100: Zellulärer Automat, Wolfram Research Inc., Champaign/Illinois
_S. 108: Robert Smithson, Glue Pour, Vancouver 1969, Estate of Robert Smithson, Courtesy James Cohan Gallery, New York
_S. 116: Berliner Betonmischer, Foto: Christoph Petras

_STUDIE
_S. 40: Ramon Prat _S. 41: Jordi Bernadó _S. 44: Ulrich Wüst _S. 45: Frank Hülsbömer _S. 50 links: Fragen an die deutsche Geschichte, Katalog der Ausstellung im Reichstagsgebäude Berlin, Bonn 1984 _S. 50 rechts: Staatsbibliothek Preußischer Kulturbesitz, Berlin, Sign.: Y 44252/1-422 A _S. 51 links: Stadtmuseum Berlin, Abteilung Fotografie _S. 51 rechts: Landesarchiv Berlin, Sign.: 61/4480 _S. 52 links: Stadtmuseum Berlin,

Abteilung Fotografie _S. 52 rechts: Ewald Gnilka, Bildarchiv Preußischer Kulturbesitz, Berlin, Sign.: W II 344
_S. 53 links: Landesarchiv Berlin, Sign.: 63/40
_S. 53 rechts: Deutsches Historisches Museum, Berlin, Sign.: BA:Shirner 26026 _S. 54 links: Landesbildstelle Berlin, Sign.: 25782 _S. 54 rechts: K. Kindermann
_S. 55 links: Landesbildstelle Berlin, Sign.: 73327
_S. 55 rechts: Landesbildstelle Berlin, Sign.: 204535
_S. 56 links: Landesbildstelle Berlin, Sign.: 265726
_S. 56 rechts: ADN Zentralbild, Berlin _S. 57 links: Gezett.de/G. Zörner _S. 57 rechts: Ulrich Wüst
_S. 61 oben: John Davies _S. 61 unten: Philipp Oswalt
_S. 62: Jordi Bernadó _S. 63: Gerrit Engel
_S. 66: Christoph Petras _S. 68 oben: Landesbildstelle Berlin, Sign.: 6048 _S. 68 unten: Karsten Burkert
_S. 78: Regioplan GmbH, Berlin _S. 82: Landesarchiv Berlin, Kartenabteilung, Sign.: A 45 _S. 84 oben links: Berlin. Einst und Jetzt, hg. v. F. Gottwald, Berlin 1926
_S. 84 oben rechts: Bildarchiv Preußischer Kulturbesitz, Berlin _S. 84 Mitte links: Landesbildstelle Berlin, Sign.: II 871 _S. 84 Mitte rechts: Die Baugilde, 20/1928
_S. 84 unten links: Landesbildstelle Berlin, Sign.: 178008
_S. 84 unten rechts: Landesbildstelle Berlin, Sign.: 141075
_S. 87: Jordi Bernadó _S. 91: Johann Friedrich Geist und Klaus Kürvers: Das Berliner Mietshaus 1862-1945, München 1984 _S. 92 links: Archiv Angela Schönberger, Berlin _S. 92 rechts: Rudolf Wolters, Neue Deutsche Baukunst, Berlin 1941 _S. 93: Landesbildstelle Berlin, Sign.: 57777 _S. 94 oben: H. Nicolaus und A. Obeth: Die Stalinallee, Berlin 1997 _S. 94 unten: Landesbildstelle Berlin, Sign.: 33797 _S. 96: Stefanie Bürkle
_S. 97: Stefanie Bürkle _S. 102 links: Franz Gerlach, Archiv Diethard Kerbs, Berlin _S. 102 rechts: Ullstein Bilderdienst, Berlin, Sign.: 00016234.0004 _S. 103: Klaus Taubert: Nationales Jugendfestival der DDR, Dresden 1979
_S. 104 links: Wolfgang Volz _S. 104 rechts: Landesbildstelle Berlin, Sign.: C 22358 _S. 112 links: Die Stalinallee, hg. v. der Deutschen Bauakademie u. a., Berlin (DDR) 1952 _S. 112 rechts: Archiv Helmut Pochadt, Berlin
_S. 113 links: Johann Friedrich Geist und Klaus Kürvers: Das Berliner Mietshaus 1945-1989, München 1989
_S. 113 rechts: Archiv Philipp Oswalt, Berlin _S. 114 oben: Günter Peters, Ullstein Bilderdienst, Berlin, Sign.: 00024892.0001 _Hier nicht aufgeführte Zeichnungen: Philipp Oswalt

_PROJEKTE
_S. 133: Pieter Vandermeer _S. 139: Isabell Simon _S. 143 und S. 145: Hans Werlemann _S. 151: Eric Schall _S. 152: Udo Hesse _S. 156 unten und S. 157: Wilmar Koenig _S. 160: Stefan Müller _S. 168/169: Reinhard Görner _S. 188: Christian Richters _S. 193 oben: Jakob von Dohnanyi _S. 193 unten: Rudolf Reitermann _S. 196: Palast der Republik, Dresden 1977 _S. 198: Fred Rubin _S. 208/209: Christian Richters _S. 210: Helikopter Luftbild Ost GmbH, Berlin _S. 218/219: Christian Gahl _S. 224 bis 227: Werner Huthmacher _S. 234: Philip Christou _S. 261: Simone Rosenberg _S. 270: Stefan Vens _S. 271: Martin Kaltwasser _S. 272: Max Lautenschläger/Berliner Verlag _S. 276/277: Boris Geilert/GAFF _S. 281 bis 283: Heike Ollertz _S. 286 bis 288: Jens Ziehe _S. 289: Stefan Wolf Lucks _S. 295: Wolfram Popp _Die Zeichnungen stammen von den Architekten.

INSTITUT FÜR BAUWERKSERHALTUNG | **BILF** GmbH

■ **Beratung, Gutachten** und **Diagnose** ■ **Planung** und **Bauüberwachung** ■ **Neubau**
■ **Instandsetzung/Modernisierung** ■ **Entwurf/Gestaltung, Visualisierung**

Institut für Bauwerkserhaltung BILF GmbH
Berlin-Dahlem, Königin Luise-Straße 35, 14195 Berlin
T (030) 83 00 96-0, F (030) 8 31 70 19, institut@bilf.de, www.bilf.de
Berlin-Marzahn, Allee der Kosmonauten 33 G, 12681 Berlin, T (030) 54 99 12-0

BILF Potsdam GmbH
Alt Nowawes 67, 14482 Potsdam, T (0331) 29 87 50, F (0331) 2 98 75 22

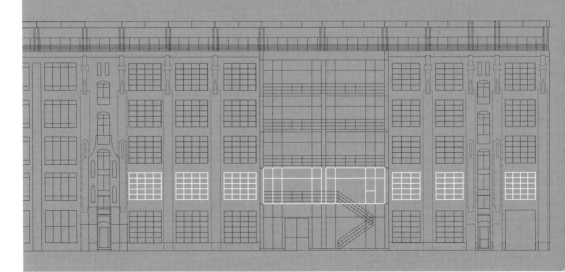

Bund Deutscher Architekten

Köpenicker Straße 48/49
10179 Berlin

T (030) 27 87 99-0
F (030) 27 87 99-15
bda@baunetz.de
www.bda.baunetz.de

BDA

Es kommt drauf an, was man draus macht.

BetonMarketing Ost Gesellschaft für Bauberatung und Marktförderung mbh
Luisenstraße 44, 10117 Berlin, bmo.berlin@t-online.de, www.beton-info.de

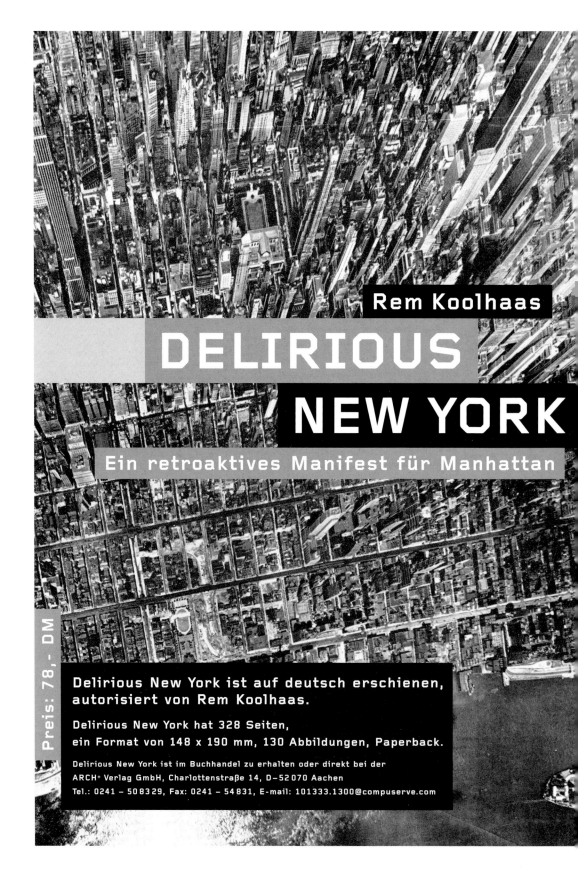

Tragwerksplanung
Gutachten/Beweissicherung
Prüfung/Bauüberwachung
Bauphysik
Objektplanung/Bauleitung
Facility Management

BERATENDE INGENIEURE
SPECHT, KALLEJA + PARTNER GMBH
INGENIEURBÜRO FÜR BAUWESEN
Reuchlinstraße 10/11, 10553 Berlin, T (030) 34 97 72-0, F (030) 34 97 72-66, service@specht-kalleja.de

© Prestel Verlag, München • London • New York, 2000
© für die abgebildeten Werke bei den Architekten, ihren Erben oder Rechtsnachfolgern, 2000;
für das abgebildete Werk von Robert Smithson bei VG Bild-Kunst, Bonn 2000

Umschlagfoto: Christoph Petras

Die Deutsche Bibliothek – CIP-Einheitsaufnahme
Berlin – Stadt ohne Form : Strategien einer anderen Architektur / Philipp Oswalt. – München :
Prestel 2000
ISBN 3-7913-2440-3

Prestel Verlag
Mandlstraße 26, D-80802 München
Telefon (089) 38 17 09-0, Fax (089) 38 17 09-35
www.prestel.de

_LEKTORAT_Katharina Wurm
_GESTALTUNG_Stephan Müller, Berlin
_REPRODUKTIONEN_LVD GmbH, Berlin
_DRUCK UND BINDUNG_Westermann Druck Zwickau GmbH, Zwickau

Printed in Germany
ISBN 3-7913-2440-3